MostUsedWords.com presents

Italian Frequency Dictionary

Advanced Vocabulary

5001-7500 Most Common Italian Words

Book 3

Frequency list & word database established in the Netherlands

First Printing, 2017

Jolie Laide LTD
12/F, 67 Percival Street, Hong Kong

www.MostUsedWords.com

Contents

Why This Book?

Hello, dear reader.

Thank you for purchasing this book. We hope it serves you well on your language learning journey.

Not all words are created equal. The purpose of this frequency dictionary is to list the most used words in descending order, to enable you to learn a language as fast and efficiently as possible.

First, we would like to illustrate the value of a frequency dictionary. For the purpose of example, we have combined frequency data from various languages (mainly Romance, Slavic and Germanic languages) and made it into a single chart.

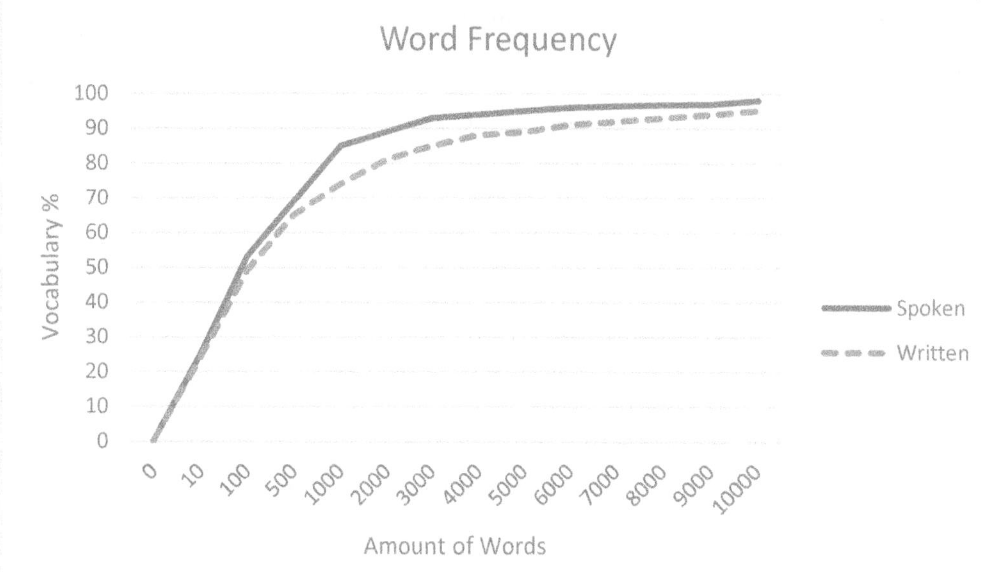

The sweet spots, according to the data seem to be:

Amount of Words	Spoken	Written
• 100	53%	49%
• 1.000	85%	74%
• 2.500	92%	82%
• 5.000	95%	89%
• 7.500	97%	93%
• 10.000	98%	95%

Above data corresponds with Zipfs law and Pareto´s law.

Zipf's law states that given some corpus of natural language utterances, the frequency of any word is inversely proportional to its rank in the frequency table. Thus the most frequent word will occur approximately twice as often as the second most frequent word, three times as often as the third most frequent word, etc.: the rank-frequency distribution is an inverse relation.

For example, in the Brown Corpus of American English text, the word "the" is the most frequently occurring word, and by itself accounts for nearly 7% of all word occurrences (69,971 out of slightly over 1 million). True to Zipf's Law, the second-place word "of" accounts for slightly over 3.5% of words (36,411 occurrences), followed by "and" (28,852). Only 135 vocabulary items are needed to account for half the Brown Corpus.

Pareto's law, also known as the 80/20 rule, states that, for many events, roughly 80% of the effects come from 20% of the causes.

In language learning, this principle seems to be on steroids. It seems that just 20% of the 20% of the most used words in a language account for roughly all vocabulary you need.

To put his further in perspective: The Concise Oxford Paravia Italian Dictionary has over 175.000 words in current use, while you will only need to know 2.9% (5000 words) to achieve 95% and 89% fluency in speaking and writing. Knowing the most common 10.000 words, or 5.6%, will net you 98% fluency in spoken language and 95% fluency in written texts.

Keeping this in mind, the value of a frequency dictionary is immense. At least, that is if you want to speak a language fast. Study the most frequent words, build your vocabulary and progress naturally. Sounds logical, right?

But how many words do you need to know for varying levels of fluency?

While it's important to note that it is impossible to pin down these numbers and statistics with 100% accuracy, these are a global average of multiple sources.

According to research, this is the amount of vocabulary needed for varying levels of fluency.

1. 250 words: the essential core of a language. Without these words, you cannot construct any sentence.
2. 750 words: those that are used every single day by every person who speaks the language.
3. 2500 words: those that should enable you to express everything you could possibly want to say, although some creativity might be required.
4. 5000 words: the active vocabulary of native speakers without higher education.
5. 10,000 words: the active vocabulary of native speakers with higher education.
6. 20,000 words: what you need to recognize passively to read, understand, and enjoy a work of literature such as a novel by a notable author.

Caveats & Limitations.

A frequency list is never "The Definite Frequency List."

Depending on what source material was analyzed, you may get different lists. A corpus on spoken word differs from source texts based on a written language.

That is why we chose subtitles as our source, because, according to science, they cover the best of both worlds: both spoken and written Italian.

The frequency list is based on analysis of roughly 20 gigabytes of Italian subtitles.

Visualize a book with almost 16 million pages, or 80.000 books of 200 pages each, to get an idea of the amount words that have been analyzed for this book. A large base text is vital in order to develop an accurate frequency list.

The raw data included over 1 million entries. The raw data has been lemmatized; words are given in their root form.

Some entries you might find odd, in their respective frequency rankings. We were surprised a couple of time ourselves. But the data does not lie. Keep in mind that this book is compiled from a large amount of subtitle data, and may include words you wouldn't use yourself.

You might find non-Italian loanwords in this dictionary. We decided to include them, because if they´re being used in subtitle translation, it is safe to assume the word has been integrated into the Italian general vocabulary.

We tried our best to keep out proper nouns, such as "James, Ryan, Alice as well as "Rome, Washington" or "the Louvre, the Capitol".

Some words have multiple meanings. For the ease of explanation, the examples are given in English.

"Jack" is a very common first name, but also a noun (a jack to lift up a vehicle) and a verb (to steal something). So is the word "can" It is a conjugation of the verb "to be able" as well as a noun (a tin can, or a can of soft drink).

This skews the frequency rankings slightly. With the current technology, it is unfortunately not possible to rightly identify the correct frequency placements of above words. Luckily, these words are very few, and thus negligible in the grand scheme of things.

If you encounter a word you think you won't need in your vocabulary, just skip learning it. The frequency list includes 25 extra words to compensate for any irregularities you might encounter.

The big secret to learning language is this: build your vocabulary, learn basic grammar and go out there and speak. Make mistakes, have a laugh and learn from them.

We hope you enjoy this frequency dictionary, and that it helps you in your quest of speaking Italian.

How To Use This Dictionary

abbreviation	*abr*
adjective	*adj*
adverb	*adv*
article	*art*
auxiliary verb	*av*
conjunction	*con*
interjection	*int*
noun	*gli, i, il, le, la, lo*
numeral	*num*
particle	*part*
phrase	*phr*
prefix	*pfx*
preposition	*prp*
pronoun	*prn*
suffix	*sfx*
verb	*vb*
singular	*sg*
plural	*pl*

Word Order

The most common translations are generally given first. This resets by every new respective part of speech. Different parts of speech are divided by ";".

Translations

We made the decision to give the most common translation(s) of a word, and respectively the most common part(s) of speech. It does, however, not mean that this is the only possible translations or the only part of speech the word can be used for.

Italian English Frequency Dictionary

Rank Italian English Translation
Part of Speech Italian Example Sentence
[IPA] -English Example Sentence

5001 **caricato** **loaded**
adj Joe ha caricato il camion.
[karikato] -Joe loaded the truck.

5002 **annusare** **smell**
vb Riesco ad annusare la libertà nel vento!
[annuzare] -I can smell the freedom on the wind!

5003 **imbrogliare** **cheat|fool**
vb Non imbrogliare.
[imbroʎʎare] -Don't cheat.

5004 **navale** **naval**
adj Una vecchia base navale giapponese, Pacifico Sud.
[navale] -It's an old Japanese naval base down in the South Pacific.

5005 **insinuare** **insinuate**
vb E' scorretto insinuare che il nostro gruppo è stato l'unico ad avere presentato tutti gli emendamenti.
[insinware] -It is unfair to imply that our group is solely responsible for all the amendments.

5006 **portavoce** **spokesman**
il Lei è la portavoce ufficiale di Google.
[portavotʃe] -She's the official spokesperson for Google.

5007 **bastonare** **beat|club**
vb Puoi anche bastonare una foca, se vuoi.
[bastonare] -You can even club a seal if you want.

5008 **sauna** **sauna**
la Le piace andare alla sauna.
[sauna] -She likes to go to the sauna.

5009 **strage** **massacre|heartbreaker**
la Avremo la colpa di aver voltato le spalle alla strage di madri di cui sono vittime i paesi in via di sviluppo.
[stradʒe] -We will be guilty of turning our backs on a maternal carnage such as we see in developing countries.

5010 **shuttle** **space shuttle**
lo Siamo decollati dalla struttura dove lo shuttle decolla ed atterra.
[suttle] -We took off from the shuttle landing facility, where the shuttle takes off and lands.

5011 **precipitato** **precipitate**
nn Prima di agitare, Gardasil può presentarsi come un liquido limpido con un precipitato bianco.
[pretʃipitato] -Prior to agitation, Gardasil may appear as a clear liquid with a white precipitate.

5012 **cinquecento** **five hundred**
num Le ho prestato cinquecento dollari senza interessi.
[tʃiŋkwetʃento] -I lent her 500 dollars free of interest.

5013 **traiettoria** **trajectory|path**

la
[trajettorja]
Ad esempio, ecco la traiettoria di Marc Chagall, un artista nato nel 1887.
-For instance, here's the trajectory of Marc Chagall, an artist born in 1887.

5014 **asse**
il
[asse]
axis|axle
Ha piantato dei chiodi nell'asse.
-He hammered nails into the plank.

5015 **Messia**
il
[messja]
Messiah
In sostanza era il Redentore, il Salvatore, il Messia.
-In substance He was the Redeemer, the Saviour, the Messiah.

5016 **scozzese**
adj; il
[skottseze]
Scottish; Scots
Il gaelico scozzese è molto interessante, vero?
-Scottish Gaelic is very interesting, isn't it?

5017 **misericordioso**
adj
[mizerikordjozo]
merciful
Sii misericordioso.
-Be merciful.

5018 **percorrere**
vb
[perkorrere]
travel|walk
I cammelli possono percorrere centinaia di chilometri, durante diversi giorni, senza bere una goccia d'acqua.
-Camels can travel over hundreds of kilometers during several days without drinking a drop of water.

5019 **tuffo**
il
[tuffo]
dip|dive
Si tuffa per cercare di aiutarmi.
-He dives in to try to help me.

5020 **bombardiere**
il
[bombardjere]
bomber
E' come il bombardiere invisibile dell'oceano
-This is like the stealth bomber of the ocean.

5021 **incanto**
il
[iŋkanto]
charm|enchantment
L'incanto è davvero potente, ma ogni potere ha i suoi limiti.
-The enchantment is indeed powerful, but all power has its limits.

5022 **insegnamento**
il
[inseɲɲamento]
teaching|tuition
Il suo metodo di insegnamento dell'inglese è assurdo.
-Your method of teaching English is absurd.

5023 **mimare**
vb
[mimare]
mimic
Mi piace mimare il Presidente Bush.
-I like to mime President Bush.

5024 **giustificare**
vb
[dʒustifikare]
justify|excuse
Può giustificare la sua affermazione?
-Can you justify your claim?

5025 **criticare**
vb
[kritikare]
criticize|comment
Come regola generale, è facile criticare, ma è difficile produrre delle proposte alternative.
-As a general rule, it's simple to criticize, but difficult to produce alternative suggestions.

5026 **perverso**
adj
[perverso]
perverse
Non essere così perverso!
-Don't be so perverse!

5027 **annoiare**
vb
[annojare]
bore|get bored
Ora non vi annoio più perché annoiare non è una bella cosa.
-Now I don't want to bore you any more because it's not a nice thing to bore people.

5028 **proteina**
protein

	la	Questi geni vengono attivati da una proteina regolatrice dei geni detta FOXO.
	[proteina]	-And the way that they're switched on is by a gene regulator protein called FOXO.
5029	**sessione**	**session|term**
	la	Garantisce condizioni più giuste ai musicisti di sessione rispetto ai solisti.
	[sessjone]	-It guarantees fairer conditions for session musicians in relation to soloists.
5030	**varietà**	**variety|vaudeville**
	la	Voglio solo un po' più di varietà nella mia vita.
	[varjetˈa]	-I just want a little more variety in my life.
5031	**miliardario**	**billionaire**
	il	Si dice che sia un miliardario.
	[miljardarjo]	-It is said that he is a billionaire.
5032	**tiranno**	**tyrant**
	il	L'imperatore Nero era un tiranno estremamente cattivo.
	[tiranno]	-Emperor Nero was an extremely evil tyrant.
5033	**tranquillità**	**tranquility|peace**
	la	Nessuno ha momenti di tranquillità con Miss Fisher.
	[traŋkwillitˈa]	-You should know by now, Collins, no–one has a quiet time around Miss Fisher.
5034	**illuminato**	**illuminated**
	adj	Lei ha illuminato la mia giornata.
	[illuminato]	-You've brightened my day.
5035	**forchetta**	**fork**
	la	Non riesco a usare bene la forchetta.
	[forketta]	-I can't use a fork well.
5036	**commerciare**	**trade|traffic**
	vb	Abbiamo inoltre creato un mercato unico in cui i cittadini possono commerciare e concludere affari senza ostacoli.
	[kommertʃare]	-We have also created a single market where our people can trade and do business without barriers.
5037	**coniglietto**	**bunny**
	il	Era un coniglietto cattivo.
	[koniʎʎetto]	-That was an evil bunny.
5038	**coltivare**	**cultivate|grow**
	vb	Dovete coltivare la mente.
	[koltivare]	-You must cultivate your mind.
5039	**immorale**	**immoral**
	adj	Lei è immorale.
	[immorale]	-You're unethical.
5040	**altitudine**	**altitude**
	le	Non mi sento bene a una tale altitudine.
	[altitudine]	-I don't feel well at such a high altitude.
5041	**sponda**	**bank**
	la	La aspetterò dall'altra sponda.
	[sponda]	-I'll be waiting for you on the other side.
5042	**concentramento**	**concentration**
	il	Gli ospedali psichiatrici coreani sono stati paragonati ai campi di concentramento. I pazienti si dice che siano stati trattati come animali che subiscono violenze e maltrattamenti, piuttosto che una terapia.
	[kontʃentramento]	-Korean mental hospitals have been compared to concentration camps.

Patients are said to be treated like animals who are subjected to violence and maltreatment rather than therapy.

5043 **giornalismo** — **journalism**
il
[dʒornalismo]
In una democrazia è importante che il giornalismo sia indipendente.
-In a democracy, it is important for journalism to be independent.

5044 **impermeabile** — **waterproof; raincoat**
adj; il
[impermeabile]
La mia macchina fotografica è impermeabile.
-My camera is waterproof.

5045 **adesivo** — **adhesive; adhesive**
adj; il
[adezivo]
Mostrami il nastro adesivo.
-Show me the tape.

5046 **sommare** — **add; all in all; all things considered**
vb; adv; phr
[sommare]
Il dolore non si può sommare; non esiste una coscienza collettiva che subisca una sofferenza maggiore di una singola coscienza.
-You cannot tot up pain. There is no aggregate consciousness that would suffer more distress than a single one.

5047 **etto** — **hectogram**
lo
[etto]
Io e te ci dividiamo 3200 dollari ogni mezzo etto.
-You and I split $2,000 per ounce.

5048 **e-mail** — **e-mail**
il
[email]
Joe, dimmi la tua e-mail.
-Joe, tell me your email.

5049 **mania** — **mania|craze**
la
[manja]
The mania for privatisation needs to be stopped and reversed.
-La mania della privatizzazione deve essere fermata e invertita.

5050 **tenerezza** — **tenderness|sweetness**
la
[tenerettsa]
♫ Che hai dato con amore e tenerezza ♫
-♫ You gave in love with tenderness ♫

5051 **mentalmente** — **mentally**
adv
[mentalmente]
Joe è fisicamente e mentalmente ancora molto attivo.
-Joe is physically and mentally still very active.

5052 **oppio** — **opium**
il
[oppjo]
Signora Presidente, Karl Marx disse che la religione è l'oppio dei popoli.
-Madam President, Marx once said that religion is the opium of the people.

5053 **decreto** — **decree**
il
[dekreto]
Tuttavia, l'Unione dovrebbe iniziare in un'area di evidente incoerenza che richiede più di un decreto ministeriale per essere risolta.
-But the Union should start in one area of glaring inconsistency which requires little more than ministerial fiat to fix.

5054 **torrente** — **torrent**
il
[torrente]
Con l'indurimento della palude, col torrente in secca...
-With the swamp hardening, the creek drying up...

5055 **rappresentazione** — **representation|performance**
la
[rapprezentattsjone]
Oggi la scuola è considerata come una rappresentazione del mondo.
-Nowadays school is considered a representation of the world.

5056 **intrusione** — **intrusion**
la
[intruzjone]
Perdonate l'intrusione.
-Forgive the intrusion.

5057 **indirizzo** — **address**

i
[indiriddzo]
Hai un indirizzo?
-Do you have an address?

5058 **equivoco** **misunderstanding; equivocal**
il; adj
[ekwivoko]
È equivoco.
-That's confusing.

5059 **stabilimento** **establishment|plant**
lo
[stabilimento]
Noi abbiamo uno stabilimento a Boston.
-We have a plant in Boston.

5060 **rapinatore** **robber**
il
[rapinatore]
E mi ha ricordato una vecchia barzelletta in cui il rapinatore esce ammanettato dal tribunale e il giornalista gli urla: "Hey,Willy.
-And it reminded me of that old joke where the bank robber comes out of the courthouse handcuffed, and the reporter yells, "Hey, Willy.

5061 **apprendere** **learn|understand**
vb
[apprendere]
Fu sorpresa di apprendere la notizia.
-She was surprised when she heard the news.

5062 **affettuoso** **affectionate|loving**
adj
[affettwozo]
Una risposta corretta è come un bacio affettuoso.
-A correct answer is like an affectionate kiss.

5063 **premuroso** **considerate**
adj
[premurozo]
Lei è stato premuroso a non disturbarci.
-You were considerate not to disturb us.

5064 **sussultare** **wince**
vb
[sussultare]
Una cosa mi ha fatto sussultare, signor Presidente in carica del Consiglio.
-There was one thing that made me wince, Mr President-in-Office.

5065 **palpebra** **eyelid**
la
[palpebra]
La mia palpebra sinistra si è congelata.
-My left eyelid's frozen shut.

5066 **navigatore** **navigator**
il
[navigatore]
In any case, the way it works is that an intelligent navigator basically maps the entire surface of these walls.
-In ogni caso, il modo in cui funziona è che un navigatore intelligente mappa l'intera superficie di queste mura.

5067 **comunione** **Communion**
la
[komunjone]
Rompa quel che vuole, è la sua comunione.
-It's his communion, he can break whatever he wants.

5068 **magnetico** **magnetic**
adj
[maɲɲetiko]
I piccioni riescono a trovare la via di casa con l'aiuto del campo magnetico terrestre.
-Pigeons can find their way home with the help of the Earth's magnetic field.

5069 **paranoia** **paranoia**
la
[paranoja]
Il composto causa paranoia e allucinazioni.
-It compounds the effects of paranoia and delusions.

5070 **esclusivamente** **exclusively**
adv
[eskluzivamente]
"Metroid Prime 3: Corruption" è un videogioco della Nintendo venduto esclusivamente per Wii.
-"Metroid Prime 3: Corruption" is a videogame by Nintendo sold exclusively for the Wii.

5071 **nono** **ninth**

num
[n'ɔno]
Ci siamo inoltre impegnati chiaramente per il nono FES e la prospettiva finanziaria.
-We also have a clear commitment on the ninth EDF and the financial perspective.

5072 **truffatore** **crook|cheat**
il
[truffatore]
Io non sono un truffatore.
-I'm not a crook.

5073 **telescopio** **telescope**
il
[teleskopjo]
Joe ha guardato attraverso il telescopio.
-Joe looked through the telescope.

5074 **prepotente** **overbearing**
adj
[prepotente]
Joe non è prepotente.
-Joe isn't bossy.

5075 **bevanda** **drink|fizz**
la
[bevanda]
Qual è la tua bevanda preferita in un giorno freddo?
-What's your favorite cold weather drink?

5076 **filosofo** **philosopher**
il
[filozofo]
Lei è un discreto filosofo.
-You're quite a philosopher.

5077 **sciare** **ski**
vb
[ʃare]
A Mary piace sciare più di ogni altra cosa.
-Mary likes skiing the best of all.

5078 **vettura** **car|coach**
la
[vettura]
La polizia trovò delle scatole che contenevano marijuana e altre droghe all'interno del bagagliaio della vettura.
-The police found boxes that contained marijuana and other drugs inside the trunk of the car.

5079 **babbeo** **sucker|dupe**
il
[babbeo]
Questo processo è una messinscena, babbeo.
-This trial is a performance, you oaf.

5080 **al di là** **outside**
prp
[al di l'a]
Otterremo un'effettiva Unione di valori o non andremo al di là di vuote promesse?
-Will we get a real Union of values or will we not move beyond empty promises?

5081 **spontaneo** **spontaneous|natural**
adj
[spontaneo]
Sei spontaneo.
-You're spontaneous.

5082 **bilancio** **balance**
il
[bilantʃo]
Il governo francese ha lanciato sul mercato un gioco online, che sfida i contribuenti ad appianare il bilancio dello stato.
-The French government has launched an online game that challenges taxpayers to balance the national budget.

5083 **cinico** **cynical; cynic**
adj; il
[tʃiniko]
Joe è cinico, vero?
-Joe is cynical, isn't he?

5084 **sbarazzare** **rid**
vb
[zbarattsare]
Ci dobbiamo sbarazzare di loro.
-We must get rid of them.

5085 **flipper** **pinball**

il [flipper] He's coming up to one of my graduate students and flipper patting, which he would do to a female penguin.
-Questo è Turbo, si avvicina a una mia dottoranda e le dà dei colpetti con la pinna come avrebbe fatto con un pinguino femmina.

5086 **pezzetto** **piece|bit**
il
[pettsetto]
Vi mostrerò alcuni distinti pezzetti del nostro indice.
-I'm going to show you some of the separate bits of our index.

5087 **localizzare** **locate|localize**
vb
[lokaliddzare]
Ha distrutto il telefono così nessuno lo può localizzare.
-He destroyed his phone so no one could track him.

5088 **cappellano** **chaplain**
il
[kappellano]
Sei più interessata a flirtare col cappellano.
-You're more interested in flirting with the chaplain.

5089 **celibato** **celibacy**
il
[tʃelibato]
Faceva parte di una setta buddista che pratica il celibato.
-He was practicing celibacy as part of a Buddhist sect.

5090 **modifica** **modification**
la
[modifika]
Occorre pertanto approvare la modifica del programma.
-The amendment to the programme should therefore be approved.

5091 **consolazione** **consolation|joy**
la
[konsolattsjone]
Sulle loro ferite scenda benefico il balsamo della consolazione e della speranza.
-May the balm of consolation and hope beneficently descend upon their wounds.

5092 **Iddio** **God**
il
[iddjo]
Prego Iddio che possa l'anima trattenermi.
-I pray the Lord my soul to take.

5093 **diffusione** **spread**
la
[diffuzjone]
La velocità della diffusione dell'AIDS è spaventosamente veloce.
-The speed of the spread of AIDS is horrifyingly fast.

5094 **prestigio** **prestige|glamor**
il
[prestidʒo]
Spesso si presume che questo successo significhi ricchezza, prestigio o notorietà.
-It is often assumed that this success means wealth, prestige or fame.

5095 **pretesto** **pretext|excuse**
il
[pretesto]
Lui ha ritardato il pagamento con un pretesto o un altro.
-He delayed payment on some pretext or other.

5096 **prevenire** **prevent|forestall**
vb
[prevenire]
Dobbiamo prevenire la guerra ad ogni costo.
-We must prevent war at any cost.

5097 **rivincita** **revenge**
la
[rivintʃita]
Sarebbe una giusta rivincita, pugile contro picchiatore.
-This would be a legitimate rematch, the boxer against the puncher.

5098 **rogo** **stake**
il
[rogo]
300 anni fa sarebbe stato bruciato sul rogo per questo.
-300 years ago he'd have been burnt at the stake for that.

5099 **illuminazione** **lighting**
la
[illuminattsjone]
L'illuminazione mi ha accecata per un po'.
-The lighting blinded me for a while.

5100 **celebre** **famous|great**

adj | La California è celebre per i suoi frutti.
[tʃelebre] | -California is famous for its fruit.

5101 **raffinato** | **refined|fine**
adj | Un buon brandy completa un pasto raffinato.
[raffinato] | -A good brandy completes a fine meal.

5102 **delirio** | **delirium**
il | Fa tutto parte del suo delirio narcisistico.
[delirjo] | -It's all part of his narcissistic delirium.

5103 **sottoposto** | **subject**
adj | È stato sottoposto alla tortura da parte della polizia.
[sottoposto] | -He was subjected to torture by the police.

5104 **azzardare** | **venture|dare**
vb | La proposta dell'ex Commissario non è approdata a nulla e ora è tempo di azzardare un nuovo tentativo.
[attsardare] | -Mr Frattini's proposal came to nought; it is now time to venture a new attempt.

5105 **socialista** | **socialist; socialist**
adj; il/la | Il socialista era accompagnato da una interprete.
[sotʃalista] | -The socialist was accompanied by a female interpreter.

5106 **pannolino** | **diaper**
il | Hai mai cambiato un pannolino prima?
[pannolino] | -Have you ever changed a diaper before?

5107 **limare** | **file**
vb | C'è ancora qualche... piccolo dettaglio che vorremmo limare prima di...
[limare] | -There are still a few small details we'd like to iron out before...

5108 **convivere** | **live together**
vb | I grecociprioti e i turcociprioti hanno diritto di convivere e desiderano farlo.
[konvivere] | -Greek and Turkish Cypriots have the right to coexist, and they want to do so.

5109 **dragone** | **dragoon**
il | So the dragon couldn't eat the child just born, the Redeemer.
[dragone] | -Quindi il drago non riuscì a mangiarsi il Bimbo che nasceva, il Redentore.

5110 **condannato** | **convict**
il | L'Iran ha condannato gli attacchi di Israele contro la Siria.
[kondannato] | -Iran condemned the attacks of Israel against Syria.

5111 **infedele** | **unfaithful**
adj | Alice è stata infedele a Eric.
[infedele] | -Alice was unfaithful to Eric.

5112 **luna** | **moon**
la | La luna sembra così perfettamente rotonda. In realtà è la base di un cono, sapete.
[luna] | -The moon looks so perfectly round. It's actually the base of a cone, you know.

5113 **incantare** | **enchant|be charmed**
vb | Dopo aver speso tutto il denaro della prima moglie, Ethan non ci ha messo molto a trovare un'altra donna benestante da incantare, sposare, e poi gettare in mare.
[iŋkantare] | -After the first wife's money ran out, Ethan didn't take long to find the next wealthy woman to woo, marry, and throw overboard into the sea.

5114 **aspirapolvere** **vacuum cleaner**
gli
[aspirapolvere]
È colpa dell'aspirapolvere che la camera è piena di polvere?
-Is it the vacuum cleaner's fault that the room is dusty?

5115 **istituzione** **institution|establishment**
la
[istituttsjone]
Qui la questione è tra l'istituzione come agente abilitante e l'istituzione come ostacolo.
-And the tension here is between institution as enabler and institution as obstacle.

5116 **sepoltura** **burial|grave**
la
[sepoltura]
Scoperto ultimi due luoghi di sepoltura.
-The girl who found the last two burial sites.

5117 **sistemazione** **accommodation|placing**
la
[sistemattsjone]
L'hotel dispone di una buona sistemazione.
-The hotel has good accommodation.

5118 **triplo** **triple|triplicate**
adj
[triplo]
Lo spazio abitativo medio americano è il triplo di quello in Giappone.
-The average American living space is twice as large as the living space in Japan.

5119 **resoconto** **report|statement**
il
[rezokonto]
Hai consegnato il tuo resoconto?
-Have you turned in your report?

5120 **amnesia** **amnesia**
le
[amnezja]
Amnesia vuol dire "perdita di memoria".
-Amnesia means "loss of memory".

5121 **meschino** **petty|mean**
adj
[meskino]
Joe è meschino, vero?
-Joe's mean, isn't he?

5122 **viaggiatore** **traveler; traveling**
il; adj
[vjaddʒatore]
Non sono un gran viaggiatore.
-I am not much of a traveller.

5123 **vocazione** **vocation|call**
la
[vokattsjone]
È una vocazione.
-It's a vocation.

5124 **calo** **drop|slump**
il
[kalo]
Il crimine è in calo.
-Crime is down.

5125 **plasma** **plasma; plasm**
la; sfx
[plasma]
Queste sono le persone attorno alle quali volete plasmare la vostra politica estera dell'energia.
-These are the people around whom you want to mould your foreign policy on energy.

5126 **ronzio** **buzz|hum**
il
[rontsjo]
E il ronzio nelle orecchie, l'ho sentito solo per qualche istante.
-And the buzzing in my ears, I mean, I only heard it for a few seconds.

5127 **microonda** **microwave**
la
[mikroonda]
Potrebbe non sembrarlo, ma se foste una microonda, ecco come lo vedreste.
-It may not seem that, but if you were a microwave, this is how you would view it.

5128 **marcio** **rotten**

adj Questo cibo odora di marcio.
[martʃo] -This food smells rotten.

5129 **barbaro** **barbarian; barbarian**
adj; il Com'è barbaro!
[barbaro] -How barbaric!

5130 **irresistibile** **irresistible**
adj Lei è irresistibile.
[irrezistibile] -She is irresistible.

5131 **assalire** **attack|storm**
vb Chi ricorre ai servizi di informazione per avere notizie sulla situazione viene assalito da numerosi dubbi.
[assalire] -Would it not make more sense to send British expertise in the other direction, across the Atlantic?

5132 **glorioso** **glorious**
adj Era un glorioso dipartimento di soldati.
[glorjozo] -This used to be a glorious soldier's department.

5133 **idolo** **idol**
il Questa cantante è un idolo della gioventù.
[idolo] -This singer is an idol of the youth.

5134 **impalare** **impale**
vb Si dice che il pascia di Tazert, al mattino facesse impalare attraverso la loro natura femminile, sotto i suoi occhi sognanti, le piccole concubine il cui servizio notturno non l'aveva interamente soddisfatto.
[impalare] -It's said that long ago, the Pasha of Tazert, in the morning, his eyes still dreamy, would impale their female parts the little concubines, whose nightly service hadn't entirely satisfied him...

5135 **caposquadra** **foreman**
il Il capo ha assunto due caposquadra.
[kaposkwadra] -The boss hired two foremen.

5136 **appendere** **hang|append**
vb L'ho aiutata ad appendere la fotografia al muro.
[appendere] -I helped her hang the picture on the wall.

5137 **picco** **peak**
lo Il secolo passato ci ha insegnato una cosa con i suoi picchi e i suoi insondabili abissi: la storia non è un destino imperscrutabile che si accanisce contro i popoli.
[pikko] -The last century, with its climaxes and terrible low points, has taught us one thing. History is not a mysterious destiny that is visited on peoples.

5138 **lattina** **can**
la La lattina è vuota.
[lattina] -The can is empty.

5139 **paralizzare** **paralyze**
vb Si tratta di limitazioni che possono paralizzare un progetto altrimenti quanto mai valido.
[paraliddzare] -These shortcomings can paralyse otherwise rational projects.

5140 **espulsione** **expulsion**
la Chiunque violi queste regole sarà soggetto a espulsione immediata dal complesso.
[espulsjone] -Anybody that violates these rules is subject to immediate expulsion from the complex.

5141 **incluso** **included**

adj
[iŋkluzo]
Vennero invitati in sei, incluso il ragazzo.
-Six were invited, including the boy.

5142 **bancario**
adj; il
[baŋkarjo]
banking; bank clerk
C'è una mancanza di denaro nel portafoglio e nel conto bancario di Brian.
-There is a shortage of money in Brian's wallet and bank account.

5143 **disperdere**
vb
[disperdere]
disperse|disband
Ieri ad Aden un giovane manifestante è stato ucciso in uno scontro a fuoco con la polizia, che ha sparato per disperdere un assembramento.
-Yesterday in Aden, a young demonstrator was shot dead during clashes with the police, who opened fire to disperse a gathering.

5144 **puzzle**
il
[puttsle]
puzzle
Joe completò il puzzle.
-Joe completed the jigsaw puzzle.

5145 **diffondere**
vb
[diffondere]
spread|disseminate
Come possiamo diffondere l'esperanto?
-How can we spread Esperanto?

5146 **polpetta**
la
[polpetta]
patty
E allora i governi ci ripropongono la solita polpetta avvelenata: risaniamo i conti pubblici e poi vediamo chi rimane vivo.
-Now the governments are again offering us the usual poisoned bait: let us sort out our public accounts and then we will see who is left alive.

5147 **lottatore**
il
[lottatore]
wrestler
Sei sempre stato un lottatore.
-You have always been a fighter.

5148 **ricovero**
il
[rikovero]
shelter
Le difficoltà logistiche saranno superate - acqua pulita, medicine, generi alimentari e ricoveri - e tutto avverrà al momento debito.
-The logistical difficulties will be overcome - clean water, medication, food and shelter - these will all happen in due course.

5149 **meteorite**
il
[meteorite]
meteorite
Da un meteorite spaziale, passiamo ad uno Sputnik originale.
-From a meteorite from space, we're over here with an original Sputnik.

5150 **maturo**
adj
[maturo]
mature|adult
Vestire un completo a giacca non fa di te un membro responsabile e maturo della società.
-Wearing a suit doesn't turn you into a mature, responsible member of society.

5151 **processare**
vb
[protʃessare]
try
Ha 120,:,000 processori in grado di processare 10 quadrilioni di bit di informazione al secondo.
-It's got 120,000 processors; they can basically process 10 quadrillion bits of information per second.

5152 **alcolizzato**
adj
[alkoliddzato]
alcoholic
Sono un alcolizzato.
-I'm an alcoholic.

5153 **crocifisso**
il
[krotʃifisso]
crucifix
Voglio un prete ed un crocifisso da baciare!
-I want a priest, and a crucifix, so that I may kiss it!

5154 **fogna**
la
[foɲɲa]
sewer
Non tornerò a vivere nella fogna.
-I'm not going back to live in the sewer.

5155 **contribuire** — vb — [kontribwire]
contribute|concur
La smetta di contribuire a Google. Lei è drogato.
-Stop contributing to Google. You're addicted.

5156 **cercatore** — il — [tʃerkatore]
seeker
Il cercatore che acchiappa il boccino pone fine alla partita.
-The Seeker who catches the Snitch ends the game.

5157 **elemosina** — le — [elemozina]
alms
Non siamo un mendicante che chiede l'elemosina alla porta dell'Europa.
-We are not a mendicant seeking alms at the European door.

5158 **combustibile** — il; adj — [kombustibile]
fuel; combustible
La benzina non è più un combustibile economico.
-Petrol is no longer a cheap fuel.

5159 **composizione** — la — [kompozittsjone]
composition|settlement
Ciò che è importante quando si scrive una composizione è rendere chiare le proprie idee chiare.
-What is important in writing a composition is to make your ideas clear.

5160 **protestare** — vb — [protestare]
protest
Io devo protestare.
-I must protest.

5161 **evadere** — vb — [evadere]
escape|evade
Purtroppo è riuscito ad evadere e a raggiungere il Portogallo.
-Unfortunately he was able to escape from prison and make his way back to Portugal.

5162 **mostruoso** — adj — [mostrwozo]
monstrous
Questo mostruoso spreco di denaro dei contribuenti viene climatizzato con gli HFC!
-This monstrous waste of taxpayers' money is cooled using HFCs!

5163 **polmonite** — la — [polmonite]
pneumonia
Lui morì di polmonite.
-He died of pneumonia.

5164 **danza** — la — [dantsa]
dance
La danza dei nostri sguardi, sfida, rinuncia, cancellazione, il profumo della nostra costernazione.
-The dance of our glances, challenge, abdication, effacement, the perfume of our consternation.

5165 **avido** — adj — [avido]
greedy|eager
Io penso che Joe sia avido.
-I think Joe is greedy.

5166 **incosciente** — adj — [iŋkoʃʃente]
unconscious
Joe era incosciente.
-Joe was unconscious.

5167 **riduzione** — la — [riduttsjone]
reduction|cut
I lavoratori presso l'azienda di Joe stanno chiedendo una riduzione dell'orario di lavoro.
-The workers at Joe's company are demanding shorter working hours.

5168 **ketchup** — il — [ketkup]
ketchup
Mi passereste il ketchup?
-Would you pass me the ketchup?

5169 **aragosta** — la — [aragosta]
lobster
Joe ordinò l'aragosta.
-Joe ordered the lobster.

5170 **suspense** **suspense**
la
[suspense]
C'è stato effettivamente un problema, ma mantengo ancora un momento la suspense.
-There really was a problem, but I am going to keep you in suspense for a little longer.

5171 **piramide** **pyramid**
la
[piramide]
È una piramide, con i virus che vanno verso l'alto, dagli animali agli uomini.
-But only at the very top of this pyramid do these things become completely human.

5172 **estinzione** **extinction**
le
[estintsjone]
Gli elefanti sono una specie in via di estinzione.
-Elephants are an endangered species.

5173 **lampadina** **bulb**
la
[lampadina]
Chi mi può dire come funziona una lampadina?
-Who can tell me how a light bulb works?

5174 **capitalismo** **capitalism**
il
[kapitalismo]
Il capitalismo tende a erodere le fondamenta morali su cui è stato costruito.
-Capitalism tends to erode the moral foundations on which it was built.

5175 **urina** **urine**
la
[urina]
La mia urina è chiara.
-My urine is clear.

5176 **soprano** **soprano|descant**
il
[soprano]
Nel pezzo c'era anche un breve assolo per soprano, quindi ci furono le audizioni.
-There was even a little soprano solo in the piece, and so I had auditions.

5177 **piaga** **sore|nuisance**
la
[pjaga]
Un nastro blu quale simbolo silenzioso della lotta quotidiana, della condanna sociale contro il terrorismo sorto nei Paesi Baschi spagnoli, zona particolarmente colpita da questa piaga sociale.
-A blue bond which is the silent witness of a daily struggle, of social rejection of terrorism in the Basque Country of Spain, an area particularly scarred by this social ulcer.

5178 **risarcimento** **compensation|reparation**
il
[rizartʃimento]
Chiederemo un risarcimento anche per lui.
-We'll be tacking on compensation for him, too.

5179 **annegato** **drowned**
adj
[annegato]
Bacco ha annegato più uomini di Nettuno.
-Bacchus has drowned more men than Neptune.

5180 **dimettere** **resign**
vb
[dimettere]
Dimettere qcn dalle sue funzioni.
-To discharge sb from his duties.

5181 **devoto** **devotee; devoted**
il; adj
[devoto]
Joe era estremamente devoto.
-Joe was extremely devout.

5182 **massacrare** **massacre**
vb
[massakrare]
Non importa se ciò significa il massacro, anche fisico, dei libanesi.
-It does not matter if this means massacre, even the physical massacre, of the Lebanese.

5183 **repubblicano** **republican; Rep**

	adj; abr [repubblikano]	Io sono sempre stato un repubblicano. -I've always been a Republican.
5184	**idiozia** la [idjottsja]	**idiocy** Sono certa che... qualche parte di te crede a questa idiozia. -I'm sure that some part of you believes this idiocy.
5185	**vegetale** adj [vedʒetale]	**vegetable** 1° passo. Scaldate l'olio vegetale (0,5 L) (qualsiasi grasso o una miscela di olio e grasso) nella pentola a fuoco vivace, aggiungete le cipolle a fette (400 g), friggete fino a quando le cipolle prendono un colore giallo, poi aggiungete la carne (di qualsiasi tipo) (1 kg). -Step 1. Heat the vegetable oil (0.5L) (any grease or a mixture of oil and grease) in the pot on high heat, add sliced onions (400g), fry until the onions take a yellow color, then add meat (any kind) (1kg).
5186	**sbarrare** vb [zbarrare]	**bar|cross** Sbarrarono il fiume Tennessee. -They had dammed up the Tennessee River.
5187	**integrità** la [integrit'a]	**integrity|entirety** Stai mettendo in dubbio la mia integrità? -Are you questioning my integrity?
5188	**incognito** adj; il [iŋkoɲɲito]	**incognito; incognito** For times when you want to browse in stealth mode, Google Chrome offers the incognito browsing mode. -Se desideri navigare sul Web in incognito, Google Chrome offre la modalità di navigazione in incognito.
5189	**oracolo** il [orakolo]	**oracle** Tuttavia, la delusione è forte quando l'oracolo aggiunge: "ma non durante il tuo mandato". -Disappointingly enough for him, the oracle adds, 'but not during your term in office'.
5190	**quieto** adj [kwjeto]	**quiet** Una profonda tristezza unita a un vigore quieto che la facevano apparire incredibilmente bella. -A deep sadness, combined with a quiet strength... that made her seem incredibly beautiful.
5191	**assedio** il [assedjo]	**siege** Organizzano una mostra per ricordare l'assedio. -They're organizing a show, to commemorate the Siege.
5192	**alimentazione** le [alimentattsjone]	**supply|feeding** L'alimentazione principale in Giappone è il riso. -The main diet in Japan is rice.
5193	**beccata** le [bekkata]	**peck** Mi ha beccata. -You've got me.
5194	**forzare** vb [fortsare]	**force|compel** Noi non possiamo forzare Joe a dare le dimissioni. -We can't force Joe to resign.
5195	**rompiscatole** i [rompiskatole]	**nuisance** Un rompiscatole che crede di essere profondo è persino peggio di un semplice rompiscatole. -A nudnik who believes he's profound is even worse than just a plain nudnik.

5196 **caricatore** **loader|magazine**
il
[karikatore]
Ma abbiamo mezzo caricatore in tutto.
-But we've got half a clip between us.

5197 **gregge** **flock|herd**
il
[greddʒe]
Io sto iniziando a pensare che i leader religiosi sono popolari perché assecondano i pregiudizi del branco che chiamano loro gregge.
-I'm beginning to think that religious leaders are popular because they pander to the prejudices of the pack they call their flock.

5198 **irritante** **irritating; irritant**
adj; il
[irritante]
L'errore più irritante è il paragrafo 2 della relazione oggi all'esame dell'Assemblea.
-The most annoying mistake is paragraph 2 of the text before the House today.

5199 **belare** **bleat**
vb
[belare]
Devi belare dal profondo della gola.
-You got to bleat from the bottom of your throat.

5200 **olimpiade** **Olympiad**
le
[olimpjade]
Tutto questo mentre la seduta plenaria è presieduta da un collega della stessa nazionalità, il che rende la seduta attuale una vera e propria olimpiade politica greca, alla quale sono lieto di partecipare.
-This is all happening at a time when plenary is being led by a colleague of same nationality, which is making this sitting a veritable Greek political Olympiad, which I am delighted to share in.

5201 **splendere** **shine**
vb
[splendere]
Far splendere la luce in quell'oscuro cinema.
-Shine a little light in that darkened cinema.

5202 **ariete** **battering-ram**
gli
[arjete]
Signora Presidente, vorrei innanzi tutto porgere i miei migliori auguri al Presidente Barroso. è del segno zodiacale dell'ariete, come me e come gli onorevoli de Sarnez e Daul.
-He is an Aries like me and like Marielle de Sarnez and Joseph Daul.

5203 **interferenza** **interference**
le
[interferentsa]
Capisco questi timori perché una simile interferenza non sarebbe utile.
-I can understand that concern, for such interference would not be helpful.

5204 **donatore** **donor|contributor**
il
[donatore]
Preleva del sangue dal donatore.
-Take blood from the donor.

5205 **server** **server**
i
[server]
Qualcuno qui sa come installare un web server?
-Does anybody here know how to set up a web server?

5206 **misero** **miserable|unfortunate**
adj
[mizero]
Misero Joe in prigione.
-They put Joe in jail.

5207 **gelo** **frost; cold**
il; adj
[dʒelo]
Il gelo ha toccato i fiori.
-Frost touched the flowers.

5208 **pregiudizio** **prejudice|prepossession**
il
[predʒudittsjo]
Come mi ha detto Joe, l'esperanto ha due nemici, l'ignoranza e il pregiudizio.
-As Joe told me, Esperanto has two enemies, ignorance and prejudice.

5209 **trasmettitore** **transmitter**

	il [trasmettitore]	Probabilmente il trasmettitore si è danneggiato nello schianto. -It's because the transmitter's probably been damaged in the crash.
5210	**recluta** la [rekluta]	**recruit** C'è una recluta fuori con informazioni vitali sull'organizzazione. -There's a recruit out there with vital information about this organization.
5211	**accusato** i [akkuzato]	**defendant** Il poliziotto mi ha accusato di avere ignorato le regole del traffico. -The policeman blamed me for ignoring traffic rules.
5212	**porzione** la [portsjone]	**portion|helping** Joe ha preso una piccola porzione di torta. -Joe got a small portion of pie.
5213	**crosta** la [krosta]	**crust** Le nostre case e città sono cementate nella crosta terrestre. -Our homes and cities are cemented into the earth's crust.
5214	**storpio** adj [storpjo]	**cripple** Se sono storpio in Irlanda, lo sono in tutta l' Europa. -If I am a cripple in Ireland, I am a cripple in Europe.
5215	**sorvegliante** il/la [sorveʎʎante]	**supervisor** Così, ad esempio, i sorveglianti del museo possono figurare come interpreti di una scena prestabilita dall'artista. -So, for example, the museum attendants could appear as interpreters of a sequence of events planned in advance.
5216	**sovrintendere** vb [sovrintendere]	**supervise** Il vertice non è riuscito a concordare un regime efficace per sovrintendere al sistema finanziario in Europa. -The Summit failed to agree an effective regime to supervise the financial system in Europe.
5217	**risorsa** la [rizorsa]	**resource** I corpora forniscono una ricca risorsa per lo studio della lingua. -Corpora provide a rich resource for investigating language.
5218	**prateria** la [praterja]	**prairie** Ma, in effetti, essi sono praterie, habitat per uccelli e piante da prateria. -But, in fact, they're grassland habitats for grassland birds and plants.
5219	**convegno** il [konveɲɲo]	**convention** Io andrò al convegno. -I will go to the meeting.
5220	**fluido** adj [flwido]	**fluid** L'acqua è un fluido. -Water is a fluid.
5221	**yogurt** lo [ogurt]	**yogurt** Lo yogurt è delizioso. -The yogurt is delicious.
5222	**lussuria** la [lussurja]	**lust** Non ho la lussuria di sorridere alle altre persone. -I don't have the luxury of smiling for other people.
5223	**vaccino** il [vattʃino]	**vaccine** Ho fatto il vaccino contro l'influenza. -I had a flu shot.
5224	**sparto**	**esparto**

lo [sparto] Tale cinismo si basa sulla tattica di spargere a piene mani il pessimismo, chiedendo contemporaneamente agli altri politici di agire.
-This cynicism is based on peddling pessimism while calling on other politicians to do something.

5225 **marketing** **marketing**
il [marketiŋg] Lei lavora nel campo del marketing.
-She works in marketing.

5226 **abuso** **abuse|excess**
il [abuzo] L'Organizzazione Mondiale della Sanità dice che l'abuso di alcol è la terza causa di morte e disabilità nel mondo.
-The World Health Organization says alcohol abuse is the third leading cause of death and disability in the world.

5227 **emicrania** **migraine**
la [emikranja] Se parliamo di emicrania, il 40 per cento della popolazione soffre di mal di testa episodici.
-If I talk about migraine, 40 percent of the population suffer episodic headaches.

5228 **accogliente** **cozy|hospitable**
adj [akkoʎʎente] Mi piace questa casa perché è molto accogliente.
-I like this house, because it is very comfortable.

5229 **furfante** **villain; miscreant**
il; adj [furfante] Il furfante era Joe.
-The crook was Joe.

5230 **pressare** **press**
vb [pressare] Continueremo a insistere presso le autorità della Tunisia affinché li sblocchino entro breve tempo.
-We shall continue to press the Tunisian authorities to rapidly unblock these.

5231 **cappuccio** **cap|hood**
il [kapputtʃo] Ecco perché pensava avessi un cappuccio.
-That's why he thought it had a hood.

5232 **stregoneria** **witchcraft**
la [stregonerja] Il pentagramma è un simbolo importante nella stregoneria.
-The pentagram is an important symbol in witchcraft.

5233 **favorevole** **favorable|favor**
adj [favorevole] Forse, la congiuntura economica favorevole ci nasconde l'importanza di questo aspetto.
-Perhaps favourable economic conditions are masking the importance of this issue.

5234 **barra** **bar**
la [barra] Ha letteralmente ignorando questa intera metà della barra.
-He's literally ignoring this entire half of the bar.

5235 **magistrato** **magistrate**
il [madʒistrato] Desideriamo informarvi che abbiamo assunto un magistrato.
-We wish to inform you that we have hired a magistrate.

5236 **peloso** **hairy|furry**
adj [pelozo] È lui il piccoletto peloso da compatire.
-Now there's a hairy little fellow with a genuine beef.

5237 **avviare** **start|initiate**
vb [avvjare] Per piacere ditemi come avviare il motore.
-Please tell me how to start the engine.

5238 **radere** **shave|raze**
vb
[radere]
È ora di radere al suolo qualche villaggio.
-It's time to ground some villages.

5239 **profugo** **refugee; fugitive**
il; adj
[profugo]
Era un bambino, un giovane profugo, nelle ultime fasi della Seconda guerra mondiale.
-You were young, a child refugee, during the final stages of the Second World War.

5240 **ciglio** **edge|eyelash**
il
[tʃiʎʎo]
L'abbiamo trovata sul ciglio di un dirupo.
-We found her at the edge of a cliff.

5241 **qualificare** **qualify|describe**
vb
[kwalifikare]
Come qualificare il suo comportamento?
-How can we describe his behaviour?

5242 **merdoso** **shitty**
adj
[merdozo]
– No. Troveremo qualcosa di ancora più adorabile del loro merdoso bisonte bianco.
-No, we're gonna find something even more adorable than their shitty white buffalo.

5243 **sparso** **stray**
adj
[sparso]
Intendo dire, vedete, tutto sembra essere stato sparso alla rinfusa nello spazio.
-I mean, you see, everything seems to have been scattered aimlessly around the space.

5244 **nuca** **nape**
la
[nuka]
Solo un brutto livido sulla nuca.
-Just a nasty bruise on the back of the head.

5245 **opposizione** **opposition**
le
[oppozittsjone]
La polizia governativa fu criticata dal partito di opposizione.
-The policy of the government was criticized by the opposition party.

5246 **bilanciare** **balance**
vb
[bilantʃare]
Noi dobbiamo bilanciare il nostro budget.
-We must balance our budget.

5247 **preliminare** **preliminary**
adj
[preliminare]
Tuttavia, tale ragionamento non è applicabile al progetto accademico preliminare.
-However, this reasoning does not apply to the academic preliminary draft.

5248 **adattamento** **adaptation|adjustment**
lo
[adattamento]
È solamente una questione di adattamento.
-It's only a matter of adaptation.

5249 **cucire** **sew|needle**
vb
[kutʃire]
Ho una macchina da cucire, ma la uso raramente.
-I have a sewing machine, but I rarely use it.

5250 **pidocchio** **louse**
il
[pidokkjo]
Il campione che abbiamo mandato era una sorta di pidocchio.
-The sample we took was a louse of some sort.

5251 **tonfo** **thud|splash**
il
[tonfo]
Fare un gran tonfo nell'acqua.
-To make a big splash.

5252 **conosciuto** **known**

adj
[konoʃʃuto]
Ho conosciuto Joe l'altro giorno.
-I met Joe the other day.

5253 **snob**
gli; adj
[znob]
snob; snobbish
Lei è un tale snob.
-You're such a snob.

5254 **riparazione**
la
[riparattsjone]
repair|repairs
La mia macchina è in riparazione.
-My car is under repair.

5255 **igiene**
le
[idʒjene]
hygiene
Questo problema di igiene dipende dalla disponibilità degli Stati membri.
-This hygiene problem is a matter of acceptance in the Member States.

5256 **padella**
la
[padella]
pan
Ho fritto in padella delle verdure.
-I pan-fried vegetables.

5257 **ingoiare**
vb
[iŋgojare]
gobble
Dovete ingoiare il vostro orgoglio.
-You need to swallow your pride.

5258 **viale**
il[vjale]
avenue|driveway
Un viale di pioppi. -An avenue of poplars.

5259 **Irlanda**
la
[irlanda]
Ireland
Andrà in Irlanda.
-He'll go to Ireland.

5260 **compromettere**
vb
[kompromettere]
compromise
Questo potrebbe compromettere la principale priorità della Presidenza portoghese del Consiglio.
-This could compromise the main priority of the Portuguese Presidency of the Council.

5261 **consultare**
vb
[konsultare]
consult|examine
Lui non ha nessuno da consultare.
-He has nobody to consult.

5262 **esattezza**
le
[ezattettsa]
accuracy|exactness
Non lo posso dire con esattezza.
-I can't say exactly.

5263 **scioccare**
vb
[ʃokkare]
shock
Il piano è scioccare e sbalordire.
-The plan is shock and awe.

5264 **sugo**
il
[sugo]
sauce
A Joe piace mangiare il purè con molto sugo.
-Joe likes to eat mashed potatoes with lots of gravy.

5265 **tavoletta**
la
[tavoletta]
tablet|bar
Tavola rotonda su "Attese e desideri delle contemplative francescane"
-Round Table: Expectations and Wishes of the Contemplative Franciscans.

5266 **fondere**
vb
[fondere]
melt|merge
In realtà sta usando un laser per fondere il nuovo strato di materiale sul vecchio.
-It's actually using a laser to fuse the new layer of material to the old layer.

5267 **infiltrare**
vb
[infiltrare]
infiltrate
Sicuramente per potersi infiltrare nella Cupola Centrale.
-No doubt, so it could infiltrate the Central Dome.

5268 **esplorazione**
exploration

la
[esplorattsjone]
Abbiamo avuto una questione sull'esplorazione dello spazio, esplorazione dello spazio 'fai-da-te'.
-We just had an issue on space exploration, DIY space exploration.

5269 **boa** **buoy**
lo
[boa]
Quella boa ha causato altri incidenti navali.
-That buoy's caused three other boating accidents.

5270 **soul** **soul**
il
[soul]
musica soul
-soul music

5271 **moschea** **mosque**
la
[moskea]
Hai mai pregato in una moschea?
-Have you ever prayed in a mosque?

5272 **avo** **grandfather**
il
[avo]
Sono stati davvero ingegnosi i nostri avi a inventare questa tecnologia incredibile.
-So this ingenuity of our ancestors, to invent this most marvelous technology.

5273 **orale** **oral**
adj
[orale]
Continuano a non piacermi Cavalieri, Tonelli e Fubini... e domani ho già il mio esame orale di analisi.
-I still don't like Cavalieri, Tonelli, or Fubini... and my oral calculus exam is already tomorrow.

5274 **composto** **composed; compound**
adj; il
[komposto]
Il Regno Unito è composto da Inghilterra, Scozia, Galles e Irlanda del Nord.
-The United Kingdom is comprised of England, Scotland, Wales, and Northern Ireland.

5275 **budino** **pudding**
il
[budino]
Significa che paghiamo troppo il budino.
-It means that we're overpaying for pudding.

5276 **carnevale** **carnival**
il
[karnevale]
Dimentichi che sono un clinico osservatore del carnevale umano.
-You forget you're dealing with a clinical observer of the human carnival.

5277 **smarrito** **lost**
adj
[smarrito]
Ho trovato un gatto smarrito che stava venendo cercato dal suo padrone.
-I found a lost cat for which its owner had been searching.

5278 **saldo** **balance; firm**
il; adj
[saldo]
Potrebbe darmi il mio saldo, per piacere?
-Could you give me my bank balance, please?

5279 **imitazione** **imitation|fake**
le
[imitattsjone]
È un'imitazione.
-That's an imitation.

5280 **rimpiangere** **regret**
vb
[rimpjandʒere]
Visti i recenti fatti, siamo certi di doverla rimpiangere.
-In view of recent events, we are sure we will miss you.

5281 **vestaglia** **dressing gown**
la
[vestaʎʎa]
Aspetterò qui fuori mentre indossa la vestaglia.
-I'll step outside, and you'll get in your robe.

5282 **paragrafo** **paragraph**
il
[paragrafo]
Memorizza questo paragrafo finché non riesci a dirlo fluentemente.
-Memorize this paragraph until you can say it fluently.

5283 **eroico** **heroic**
adj
[eroiko]
Joe è eroico.
-Joe is heroic.

5284 **componente** **component|member**
la
[komponente]
Ma la compassione ha un'altra componente, e questa componente è davvero essenziale.
-But compassion has another component, and that component is really essential.

5285 **argentino** **Argentine**
adj
[ardʒentino]
È usato sui servizi di trasporto pubblico all'interno dell'area metropolitana di Buenos Aires ed è stato promosso dal Segretario argentino dei Trasporti.
-It is used on public transport services within the Buenos Aires metropolitan area and was promoted by the Argentine Secretary of Transportation.

5286 **modella** **model**
la
[modella]
Lei è una modella.
-She's a model.

5287 **invadere** **invade|raid**
vb
[invadere]
Non devi invadere la privacy degli altri.
-You must not invade the privacy of others.

5288 **inutilmente** **uselessly**
adv
[inutilmente]
Potremmo creare nuovi posti di lavoro, non si eviterà di spendere inutilmente per l'energia il denaro che invece potrebbe servire per altre cose a tutto beneficio dell'economia.
-We would create jobs, money would not be spent uselessly on energy and would be available to be spent on other things, helping the economy.

5289 **sbarco** **landing**
lo
[zbarko]
I soldati ricevettero l'ordine di sbarcare.
-The soldiers were ordered to disembark.

5290 **dormitorio** **dormitory**
il
[dormitorjo]
Joe ha perso la chiave della sua stanza nel dormitorio.
-Joe lost the key to his dorm room.

5291 **diarrea** **diarrhea**
la
[djarrea]
Perché ha la diarrea?
-Why do you have diarrhea?

5292 **decifrare** **decipher|crack**
vb
[detʃifrare]
Speravamo che potessi decifrare questi incartamenti.
-We were hoping you could decipher these job sheets.

5293 **blindare** **armor**
vb
[blindare]
Sfortunatamente gli hanno anche insegnato come blindare un cellulare.
-Unfortunately, they taught him how to brick a cell phone as well.

5294 **rilevante** **considerable**
adj
[rilevante]
Questo è rilevante.
-This is outstanding.

5295 **animazione** **animation**
le
[animattsjone]
Il problema con l'industria dell'animazione svedese è che è, in generale, inesistente.
-The problem with the Swedish animation industry is that it is, by and large, non-existent.

5296 **satellitare** **satellite**

adj Applicazioni per i trasporti del sistema globale di navigazione satellitare:
[satellitare] -Transport applications of the Global Navigation Satellite Systems:

5297 **strettamente** **closely|tightly**
adv Ho seguito strettamente la dieta.
[strettamente] -I followed the diet strictly.

5298 **citare** **quote|mention**
vb Mi può citare.
[tʃitare] -You may quote me.

5299 **radicale** **radical; radical**
adj; il Sono un radicale libero.
[radikale] -I'm a free radical.

5300 **mercenario** **mercenary; mercenary**
adj; il È un mercenario.
[mertʃenarjo] -He's a hired gun.

5301 **legione** **legion**
la At the same time, it is precisely the large groups here that allocate themselves legions of staff who are loyal to their party.
[ledʒone] -Nel contempo, sono proprio i grandi gruppi che si concedono schiere di collaboratori fedeli al loro partito.

5302 **investigazione** **investigation**
le Devo far parte di quest'investigazione.
[investigattsjone] -I need to be a part of this investigation.

5303 **caduta** **fall|falling**
la Io sono caduta.
[kaduta] -I fell.

5304 **avidità** **greed|avidity**
le Un vecchio disse a suo nipote: "Figlio mio, c'è una battaglia tra due lupi dentro tutti noi. Uno è il male. È rabbia, gelosia, avidità, risentimento, inferiorità, bugie ed ego. L'altro è buono. È gioia, pace, amore, speranza, umiltà, gentilezza, empatia e verità." Il ragazzo ci pensò su e chiese: "Nonno, che lupo vince?" Il vecchio con calma rispose: "Quello che nutri."
[avidit'a] -An old man told his grandson, "My son, there is a battle between two wolves inside us all. One is evil. It is anger, jealousy, greed, resentment, inferiority, lies and ego. The other is good. It is joy, peace, love, hope, humility, kindness, empathy and truth." The boy thought about it and asked, "Grandfather, which wolf wins?" The old man quietly replied, "The one you feed."

5305 **trincea** **trench**
la Ha riempito la trincea con i propri morti.
[trintʃa] -He fills trench with his own dead.

5306 **manciata** **handful**
la Solamente una manciata di persone conoscono il fatto.
[mantʃata] -Only a handful of people know the fact.

5307 **suocero** **father-in-law**
il Ipotizzate che io chieda loro di contattare, ad esempio, lo spirito di mio suocero.
[swotʃero] -The second question that I'd like to ask, rather simple: Suppose I ask them to contact the spirit of my deceased father-in-law, as an example.

5308 **preservare** **preserve|keep**
vb Ma è ugualmente importante preservare le cose che sono importanti per le funzioni.
[prezervare] -But equally important is to preserve things that are important for function.

5309 **presunto** **alleged**
adj
[prezunto]
Lui è il presunto assassino.
-He is allegedly the murderer.

5310 **tubatura** **pipe|plumbing**
la
[tubatura]
Mi riferisco al PVC sfuso delle tubature, tubi, profilati edili, infissi, tegole e altri rifiuti del settore edile.
-This is what we call bulk PVC, and includes pipework, tubes, construction profiles, window and door frames, eaves and other waste from the building trade.

5311 **mischia** **melee|fray**
la
[miskja]
E mi ha lanciato direttamente nella mischia della conservazione.
-And it brought me straight into the conservation fray.

5312 **estrazione** **extraction**
la
[estrattsjone]
C'è un altro modo oltre all'estrazione?
-Is there any other way besides extraction?

5313 **anticipato** **premature**
adj
[antitʃipato]
Come anticipato, abbiamo avuto qualche problema.
-As anticipated, we have had some problems.

5314 **confermato** **confirmed**
adj
[konfermato]
Ha confermato che era il relitto del Titanic.
-He confirmed that it was the wreck of the Titanic.

5315 **istanza** **instance|application**
le
[istantsa]
Questa società ha presentato istanza di fallimento.
-This company has filed for bankruptcy.

5316 **minerale** **mineral; mineral**
adj; il
[minerale]
Questa non è una roccia. È un minerale.
-This is not a rock. It's a mineral.

5317 **costa** **coast|coastline**
la
[kosta]
Quanto costa una sedia di legno?
-How much does a wooden chair cost?

5318 **retromarcia** **reverse**
la
[retrom]
Questa però ce l'ha la retromarcia, perciò...
-This, though, does have a reverse gear.

5319 **reddito** **income**
il
[reddito]
Ha un reddito adeguato.
-He has a fair income.

5320 **diabolico** **diabolical**
adj
[djaboliko]
Ma, appunto perché tale, il male lo avversò con tutto il suo diabolico furore.
-But, precisely because such evil the adverse all its diabolical fury.

5321 **vibrazione** **vibration|chatter**
la
[vibrattsjone]
Abbiamo un profumo unico, una vibrazione unica.
-You have a unique smell, a unique vibration.

5322 **calice** **cup|chalice**
il
[kalitʃe]
Questo calice è fatto d'oro.
-This goblet is made of gold.

5323 **adeguare** **adapt|adjust**
vb
[adegware]
I governi avranno poi il compito di adeguare le proprie politiche sulla base delle esperienze compiute dai colleghi degli altri paesi.
-Governments will then be able to modify their policies based on experience from their colleagues in other countries.

5324 **classificare** **classify|rank**
vb
[klassifikare]
Non riesco proprio a classificare il suo accento straniero.
-I can't quite place his accent.

5325 **metallico** **metallic**
adj
[metalliko]
Questo avvitatore contiene nichel-cadmio, mentre questo contiene idruro di nichel metallico.
-This screwdriver contains nickel cadmium, while this one (contains nickel metal hydride.

5326 **scanner** **scanner**
lo
[skanner]
Joe, puoi far vedere a Mary come si usa lo scanner?
-Joe, can you show Mary how to use the scanner?

5327 **affermazione** **statement|claim**
le
[affermattsjone]
"Oh" può dare enfasi all'affermazione.
-"Oh" can give emphasis to the statement.

5328 **censurare** **censor**
vb
[tʃensurare]
Mi chiedo quale sarà il primo paese a censurare Google.
-I wonder which country will be the first to censor Google.

5329 **guidatore** **driver**
il
[gwidatore]
Un impaziente guidatore attraversò l'incrocio malgrado il semaforo rosso.
-An impatient driver forced his way through the crossing against the red light.

5330 **sospendere** **suspend**
vb
[sospendere]
Il mio medico mi ha suggerito di sospendere la somministrazione di questo farmaco.
-My doctor has advised me to stop taking this medicine.

5331 **immigrato** **immigrant**
adj
[immigrato]
Lei si è innamorata di un immigrato russo.
-She fell in love with a Russian immigrant.

5332 **citazione** **quote|quotation**
la
[tʃitattsjone]
Qual è la tua citazione divertente preferita?
-What's your favorite funny quote?

5333 **stimolante** **stimulant; stimulant**
adj; lo
[stimolante]
È stimolante.
-It's inspiring.

5334 **profumare** **perfume|smell**
vb
[profumare]
Voleva tornarvi per esalare in mezzo ai diletti Frati i1 profumo dell'ultimo respiro.
-He wanted to return to exhale among beloved Friars i1 scent of breath.

5335 **valoroso** **valiant|gallant**
adj
[valorozo]
Nonostante i suoi valorosi sforzi, neppure il Commissario Vitorino – al quale vorrei rendere onore e dire che sentirò moltissimo la sua mancanza – può fare miracoli in seno al Consiglio.
-In spite of the valiant efforts of Mr Vitorino – whom I salute and will greatly miss – even he cannot work miracles on the Council.

5336 **affascinante** **charming|fascinating**
adj
[affaʃʃinante]
Questa biografia è affascinante.
-This biography is fascinating.

5337 **corrente** **current; current**
adj; la
[korrente]
È al corrente di qualcosa.
-You're on to something.

5338 **ammirazione** **admiration**

le
[ammirattsjone]
Il dipinto era oggetto di ammirazione.
-The painting was the object of admiration.

5339 **reclamare**
vb
[reklamare]
claim
Voglio reclamare contro i disservizi postali.
-I want to complain about the inefficiency of the postal service.

5340 **intruso**
il; adj
[intruzo]
intruder; intrusive
Non si possono mantenere privilegi e discriminazioni che fanno sì che i suddetti Stati vengano considerati come intrusi nei mari che appartengono a tutti.
-We must not uphold privileges and discrimination that allows these States still to be considered as intruders in seas that belong to us all.

5341 **modificare**
vb
[modifikare]
change|modify
Benvenuta su Wikipedia, l'enciclopedia libera che chiunque può modificare.
-Welcome to Wikipedia, the free encyclopedia that anyone can edit.

5342 **deviazione**
la
[devjattsjone]
deviation|detour
Joe ha dovuto prendere una deviazione.
-Joe had to take a detour.

5343 **veterano**
adj; il; abr
[veterano]
veteran; veteran; vet
Si congratularono con il veterano per la sua promozione.
-They congratulated the veteran on his promotion.

5344 **ungherese**
adj; il/la
[uŋgereze]
Hungarian; Hungarian
Parli ungherese?
-Do you speak Hungarian?

5345 **ricercato**
adj
[ritʃerkato]
refined|wanted
Sono ricercato dalla polizia.
-I'm wanted by the police.

5346 **bikini**
il
[bikini]
bikini
La ragazza carina in bikini è la sorella di Joe.
-The pretty girl in the bikini is Joe's sister.

5347 **prurito**
il
[prurito]
itch
Io ho prurito su tutto il corpo.
-My whole body itches.

5348 **maionese**
la
[majoneze]
mayonnaise
È la prima volta che mischio il chilli con la maionese.
-It's the first time I mix chilli with mayonnaise.

5349 **ano**
lo
[ano]
anus
L'autorità di bilancio assicura che si ano soddisfatti gli standard più elevati di efficienza.
-The budgetary authority should ensure that the best standards of efficiency are met.

5350 **spaventapasseri**
lo
[spaventapasseri]
scarecrow
(Risate) Come mai lo spaventapasseri è stato invitato a TED?
-(Laughter) Why was the scarecrow invited to TED?

5351 **invincibile**
adj
[invintʃibile]
invincible
Joe pensa di essere invincibile.
-Joe thinks he's invincible.

5352 **resistente**
adj
[rezistente]
resistant
Sono resistente.
-I'm resilient.

5353 **rimorchiare**
tow

vb
[rimorkjare]
Lui vuole fare musica e rimorchiare ragazze.
-He wants to play music and pick up girls.

5354 **avvoltoio**
il
[avvoltojo]
vulture
Un avvoltoio nero ucciderebbe un membro infedele della sua specie.
-A black vulture will even try to kill an unfaithful member of its own species.

5355 **vegetariano**
adj; il
[vedʒetarjano]
vegetarian; vegetarian food
Ero vegetariano.
-I used to be a vegetarian.

5356 **giudiziario**
adj; lo
[dʒudittsjarjo]
judicial; judiciary
Il giudice ha dichiarato un errore giudiziario.
-The judge declared a mistrial.

5357 **Ahimè!**
int
[aim'ɛ!]
Alas!
Ahimè, i suoi piani hanno incontrato un ostacolo costituito dalla volontà del popolo irlandese.
-Alas, your plans have hit a snag in the form of the will of the Irish people.

5358 **zuccherare**
vb
[tsukkerare]
sweeten
Zuccherare il bordo del bicchiere.
-Sugar the rim of the glass.

5359 **ficcanaso**
adj; i
[fikkanazo]
nosy; busybody
Tuo padre era un ficcanaso come te.
-Your father was a busybody like you.

5360 **casalingo**
adj
[kazaliŋgo]
home|homemade
Gli elettrodomestici hanno reso più facile il lavoro casalingo.
-Electrical appliances have made housework easier.

5361 **semaforo**
il
[semaforo]
traffic light
Lui non fermò la macchina al semaforo rosso.
-He did not stop his car at the red light.

5362 **getto**
il
[dʒetto]
jet|cast
Ora vieni là fuori... così ti spacco a metà e getto via i pezzi.
-Now come on out there... ...so as I can break you in half and throw away the pieces.

5363 **oltrepassare**
vb
[oltrepassare]
exceed|cross
Dovrebbe essere vietato oltrepassare tale valore.
-Exceeding this value would be prohibited.

5364 **mirino**
il
[mirino]
viewfinder|sight
In secondo luogo, la direttiva non deve mirare specificamente a ridurre i rischi.
-Secondly, this directive should not specifically aim to reduce the risks.

5365 **tarlo**
il
[tarlo]
worm
Dobbiamo entrare e copiare il tarlo.
-We must get inside and copy the worm.

5366 **cono**
il
[kono]
cone
Posso avere un cono di silenzio?
-Can I have the cone of silence?

5367 **omega**
la
[omega]
omega
Io sono l'Alfa e l'Omega, il primo e l'ultimo, l'inizio e la fine.
-I am the Alpha and the Omega, the first and the last, the beginning and the end.

5368 **tariffa**
rate

la
[tariffa]
Quant'è la tariffa dell'autobus?
-How much is the bus fare?

5369 **prevedibile**
adj
[prevedibile]
predictable
Ho letto con attenzione la sua lettera, e la sua situazione mi è parsa molto tipica e prevedibile in una relazione di coppia.
-I have read your letter closely, and your situation seems very typical and foreseeable in a relationship.

5370 **rivivere**
vb
[rivivere]
relive
L'articolo sul buddismo ha fatto rivivere il mio interesse per le religioni orientali.
-The article on Buddhism revived my interest in Oriental religions.

5371 **colomba**
la
[kolomba]
dove
La colomba rappresenta la pace.
-The dove stands for peace.

5372 **rotolo**
il
[rotolo]
roll|reel
Un rotolo di scotch.
-A roll of adhesive tape.

5373 **pneumatico**
lo; adj
[pneumatiko]
tire; pneumatic
Il pneumatico perde aria.
-The tire leaks air.

5374 **goal**
il
[goal]
goal
Segnai un goal.
-I scored a goal.

5375 **dentifricio**
il
[dentifritʃo]
toothpaste
Dov'è il dentifricio?
-Where's the toothpaste?

5376 **dedizione**
la
[dedittsjone]
dedication
Vuoi della dedizione, vero?
-You want commitment, don't you?

5377 **schizzo**
lo
[skiddzo]
sketch|splash
Jiro ha fatto uno schizzo del Monte Fuji.
-Jiro made a sketch of Mt. Fuji.

5378 **imbroglio**
il
[imbroʎʎo]
cheat|imbroglio
Sam, la cassa automatica è un enorme imbroglio.
-Sam, self–checkout is the biggest scam.

5379 **carota**
la
[karota]
carrot
Aggiungete la carota tagliuzzata nel ripieno.
-Add the shredded carrot to the stuffing.

5380 **organizzato**
adj
[organiddzato]
organized
Joe sembra essere organizzato.
-Joe seems to be organized.

5381 **pungere**
vb
[pundʒere]
sting|tingle
Possono pungere proprio come da vive.
-They can sting you just as bad as live ones.

5382 **permanenza**
la
[permanentsa]
stay|permanence
Si goda la permanenza.
-Enjoy your stay.

5383 **referenza**
la
[referentsa]
reference
Se solo poteste acconsentire a darle una referenza.
-If you could just see it fit to give her a reference...

5384 **confidenziale** adj [konfidentsjale]
confidential
Questo è confidenziale.
-This is classified.

5385 **alveare** il [alveare]
hive
Non soffiare in un alveare.
-Don't blow in a beehive.

5386 **antiproiettile** adj [antiprojettile]
bulletproof
Comunque, abbiamo... vetro polarizzato antiproiettile.
-Anyway, so we got bulletproof, polarized glass.

5387 **manico** il [maniko]
handle|neck
Il manico della tazza è rotto.
-The handle of the cup is broken.

5388 **dilemma** il [dilemma]
dilemma
Essere o non essere, quello è il dilemma.
-To be or not to be, that is the question.

5389 **elmetto** il [elmetto]
helmet
Che cosa intende fare, piazzarsi in mezzo alla strada con un elmetto di latta in testa?
-What is he going to do – stand in the middle of the street with a tin hat on his head?

5390 **squadriglia** la [skwadriʎʎa]
squadron
Facevano parte della 97° squadriglia della base RAF di Bourn, nel Cambridgeshire.
-They were part of 97 Squadron based at RAF Bourn in Cambridgeshire.

5391 **istruire** vb [istrwire]
instruct|educate
Utilizzo gli animali per istruire la gente.
-I use animals to instruct people.

5392 **fastidioso** adj [fastidjozo]
annoying|troublesome
Le mie amiche dicono sempre che io sono troppo calmo, però la mia famiglia dice sempre che sono troppo fastidioso.
-My friends always say I'm too calm, but my family always says I'm too annoying.

5393 **motivazione** la [motivattsjone]
motivation
Desidero ricevere una motivazione soddisfacente per la sua condotta.
-I want to get a satisfactory explanation for your conduct.

5394 **scansione** la [skansjone]
scan
Voglio una scansione dell'intero perimetro.
-I want a scan of the entire perimeter.

5395 **dischetto** il [disketto]
diskette
Questo inserisce semplicemente il nuovo filesystem nel dischetto.
-This simply puts the new file system on the disk.

5396 **liquidare** vb [likwidare]
liquidate|settle
Così potremo liquidare il nostro piccolo problema di nome Angie.
-Then we can liquidate our little Angie problem.

5397 **commesso** il [kommesso]
salesman|clerk
Avete commesso degli errori.
-You made mistakes.

5398 **proverbio** il [proverbjo]
proverb|saying
Tuttavia, secondo uno straordinario proverbio, prevenire è meglio che curare.

-However, according to an excellent proverb, prevention is better than cure.

5399 **confortevole** **comfortable|cozy**
adj
[konfortevole]
Questa camera è confortevole.
-This room is comfortable.

5400 **accidentalmente** **accidentally**
adv
[attʃidentalmente]
Sami è morto accidentalmente.
-Sami died accidentally.

5401 **lepre** **hare**
la
[lepre]
La stessa lepre, l'animale -- non un gatto e nemmeno un cane, ma una lepre -- perché una lepre?
-The hare itself, the animal -- not a cat, not a dog, a hare -- why a hare?

5402 **storcere** **twist|wrench**
vb
[stortʃere]
Visto? Mi ha fatto storcere tutto un tacco.
-You've made me twist a heel.

5403 **trarre** **draw|get**
vb
[trarre]
Joe dovrebbe trarre vantaggio da questa opportunità.
-Joe should take advantage of this opportunity.

5404 **allenare** **train|exercise**
vb
[allenare]
Allenare è la mia vita.
-Coaching is my life.

5405 **scavo** **excavation|groundwork**
lo
[skavo]
Eravamo nel nostro scavo quando è scoppiata una guerra civile.
-We were well into our excavation when a civil war broke out.

5406 **scoop** **scoop**
lo
[skoop]
Inizio a pensare che il vero scoop riguardi qualcos'altro.
-Now I'm starting to think the real story is something else entirely.

5407 **armeno** **Armenian; Armenian**
adj; gli
[armeno]
L'Armenia si chiama "Hayastan" in armeno.
-Armenia is called "Hayastan" in Armenian.

5408 **ananas** **pineapple**
gli
[ananas]
A lei piacciono le bevande all'ananas?
-Do you like pineapple drinks?

5409 **parroco** **vicar**
il
[parroko]
Dal 2006 al presente: in Mozambico, come Rettore e Parroco della Chiesa Cattedrale di Inhambane.
-From 2006 to the present: in Mozambique, as rector and pastor of the Cathedral Church of Inhambane.

5410 **pivello** **greenhorn**
il
[pivello]
Avrei potuto farle partire, pivello.
-I could've got them out, probie.

5411 **elevare** **raise|rise**
vb
[elevare]
Posso elevare la tua posizione con altri mezzi...
-I can raise your station, by other means, in ways no one can defy.

5412 **risvegliare** **awaken|revive**
vb
[rizveʎʎare]
Ma la politica di Kigali non è mai riuscita a risvegliare nei profughi la fiducia necessaria per tornare in patria.
-But at no time has Kigali's policy inspired the refugees with the confidence to go back.

5413 **intatto** **intact**

adj
[intatto]
Joe è intatto.
-Joe's unharmed.

5414 **lavatrice**
la
[lavatritʃe]
washer
Mi piacerebbe comprare una lavatrice.
-I'd like to buy a washing machine.

5415 **siringa**
la
[siriŋga]
syringe
C'era del sangue nella siringa.
-There was blood in the syringe.

5416 **distrarre**
vb
[distrarre]
distract
Per piacere, non mi distrarre dal mio lavoro.
-Please don't distract me from my work.

5417 **rimpianto**
il
[rimpjanto]
regret
Joe non ha alcun rimpianto.
-Joe has no regrets.

5418 **acre**
adj
[akre]
acrid
Questo era un grande centro commerciale, che si estendeva su un enorme isolato di 100 acri.
-This was a very large mall on a hundred-acre superblock.

5419 **invio**
lo
[invjo]
sending|dispatch
Dobbiamo evitare di inviare un segnale sbagliato ai paesi candidati.
-We must be careful not to send out the wrong signal to the applicant countries.

5420 **determinazione**
la
[determinattsjone]
determination
Ogni individuo ha diritto, in posizione di piena eguaglianza, ad una equa e pubblica udienza davanti ad un tribunale indipendente e imparziale, al fine della determinazione dei suoi diritti e dei suoi doveri, nonché della fondatezza di ogni accusa penale che gli venga rivolta.
-Everyone is entitled in full equality to a fair and public hearing by an independent and impartial tribunal, in the determination of his rights and obligations and of any criminal charge against him.

5421 **temporaneamente**
adv
[temporaneamente]
temporarily
Google era temporaneamente non disponibile.
-Google was temporarily unavailable.

5422 **solenne**
adj
[solenne]
solemn|impressive
Era piuttosto solenne.
-It was pretty solemn.

5423 **aziendale**
adj
[addzjendale]
corporate
Non è compito nostro imporre uno specifico modello aziendale.
-It is not up to us to enforce a particular business model.

5424 **fradicio**
adj
[fraditʃo]
wet|soggy
L'ultima volta che ho visto Joe era ubriaco fradicio.
-The last time I saw Joe he was as drunk as a skunk.

5425 **nascondino**
il
[naskondino]
hide-and-seek
Giochiamo a nascondino!
-Let's play hide-and-seek!

5426 **ampio**
adj
[ampjo]
large|wide
Dal momento che una vasta area è stata devastata dal terremoto del Tohoku del 2011, si cerca un sostegno di ampio respiro.
-Since a large area was devastated by the Tohoku earthquake of 2011, a sustained help effort is sought.

5427 **sipario**
curtain

il
[siparjo]
Allora... Hai sbirciato dietro il sipario.
-So... you got a glimpse behind the curtain.

5428 **novanta** **ninety**
num
[novanta]
La Cina ha ottanta o novanta lingue.
-China has 80 or 90 languages.

5429 **segretamente** **underground**
adv
[segretamente]
Joe era segretamente innamorato di Mary.
-Joe was secretly in love with Mary.

5430 **subconscio** **subconscious**
il
[subkonʃo]
Il comportamentale è pure subconscio, e ne siamo inconsapevoli.
-Behavioral is subconscious, you're unaware of it.

5431 **arteria** **artery**
le
[arterja]
È l'arteria principale dello stomaco.
-It's the main artery of the stomach.

5432 **violoncello** **cello**
il
[vjolontʃello]
Ho un interesse per il violoncello e il pianoforte.
-I have an interest in cello and piano.

5433 **prototipo** **prototype**
il
[prototipo]
E non sarà nemmeno il prototipo delle forme dei dizionari.
-And it's not going to be the prototype for the shapes dictionaries come in.

5434 **penitenza** **penance|forfeit**
la
[penitentsa]
Ecco perché la Madonna ha detto: "penitenza e preghiera, preghiera e penitenza".
-Here is why Our Lady said:" penance and prayer, prayer and penance."

5435 **abortire** **abort**
vb
[abortire]
Per tale motivo l' onorevole Vasco Graça Moura può ben chiedere di far abortire questo dibattito, ma non può riuscirci.
-Mr Graça Moura may, therefore, wish all he likes to abort this debate, but he has no way of doing so.

5436 **esorcismo** **exorcism**
il
[ezortʃismo]
Penso sia più importante sradicare la pratica dell'esorcismo.
-I have much more important work eradicating the practice of exorcism.

5437 **celia** **badinage**
la
[tʃelja]
Naturalmente il termine banana genera risolini e risate e la celia euroscettica alla moda che spesso sentiamo riferita alla banana.
-Of course the very word banana produces an easy snigger and a laugh and the fashionable Euro-sceptic banter we hear often relates to bananas.

5438 **concessione** **grant|bestowal**
la
[kontʃessjone]
Provocano limitazioni drastiche alla concessione dell'asilo.
-They result in drastic limitations on the granting of asylum.

5439 **festeggiamento** **celebration**
il
[festeddʒamento]
Ma si potrebbe immaginare un festeggiamento in onore della Scozia senza buon cibo e buone bevande?
-But what would a celebration of Scotland be without good food and drink?

5440 **taverna** **tavern**
la
[taverna]
Sarebbe andato spesso a quella taverna.
-He would often go to that tavern.

5441 **velluto** **velvet**
il
[velluto]
Forse qui potremmo aggiungere del velluto.
-Maybe we could add some velvet to this one.

5442 **consumato** **consummate**
adj
[konsumato]
Il purè di patate è spesso consumato con del sugo.
-Mashed potatoes are often eaten with gravy.

5443 **miglioramento** **improvement|amelioration**
il
[miʎʎoramento]
È un grande miglioramento rispetto a come era l'anno scorso.
-It is great improvement as compared with what it was last year.

5444 **vipera** **viper**
la
[vipera]
Ho avuto il piacere di essere molto vicino a questo grande cobra quando ha catturato una vipera velenosa.
-I had the pleasure of being close to this large king cobra who had caught a venomous pit viper.

5445 **rovesciare** **overthrow|topple**
vb
[roveʃʃare]
Dobbiamo rovesciare questa logica.
-We need to reverse this way of thinking.

5446 **provino** **specimen**
il
[provino]
Dovete sostenere un provino prima di unirvi al coro.
-You have to have an audition before you can join the choir.

5447 **buca** **hole|pit**
la
[buka]
Ha mai scavato una buca profonda come questa?
-Have you ever dug a hole as deep as this one?

5448 **impiccagione** **hanging**
le
[impikkadʒone]
Lui condannò Brown all'impiccagione.
-He sentenced Brown to be hanged.

5449 **lusingare** **flatter**
vb
[luziŋgare]
Prevede la ricerca di compromessi attraverso conversazioni e lunghe colazioni e, se necessario, qualche gentile lusinga per raggiungere un risultato.
-It involves the search for compromises through conversations and long lunches and, if necessary, a bit of gentle cajoling in the interests of achieving a result.

5450 **negligenza** **negligence|laxity**
la
[neʎʎidʒentsa]
Ho commesso una negligenza.
-I made a careless mistake.

5451 **molecola** **molecule**
la
[molekola]
Questa molecola ha una struttura cristallina.
-This molecule has a crystalline structure.

5452 **dialetto** **dialect**
il
[djaletto]
Una lingua è un dialetto con un esercito e una marina.
-A language is a dialect with an army and navy.

5453 **performance** **performance**
le
[performantʃe]
Mi sono detto: "Questi ragazzi hanno preso una paurosa ed oscura forma d' intrattenimento e l' hanno portata al livello più alto della performance artistica."
-I thought, "These guys took some creepy, run-down entertainment, and put it to the highest possible level of performance art."

5454 **ostilità** **hostility**
le
[ostilit'a]
Per questo l'ostilità da lei espressa nei confronti del modello sociale svedese non mi giunge nuova.
-Therefore, the opposition you express to Sweden's social model is not news to me.

5455 **camminata** **walk|gait**

	la [kamminata]	Non c'è niente di meglio di una camminata. -There is nothing like a walk.
5456	**discendente** adj; il/la [diʃʃendente]	**descending; descendant** Come discendente delle vittime uccise ad Auschwitz, non valuto tanto la precisione del testo quanto l'entità della condanna. -As a descendant of the victims who were killed in Auschwitz, I do not so much consider the precise text as I do the extent of the condemnation.
5457	**posare** vb [pozare]	**lay|rest** Ok, posate le matite. -Put down your pencils, as they say.
5458	**spogliatoio** lo [spoʎʎatojo]	**dressing room** Comunque, lo spogliatoio è laggiù. -Anyway, the locker room's through there.
5459	**esploratore** il [esploratore]	**explorer|scout** James Cook era un esploratore britannico. -James Cook was a British explorer.
5460	**prosperità** la [prosperit'a]	**prosperity** Insieme porteremo pace e prosperità alla Repubblica. -Together we shall bring peace and prosperity to the Republic.
5461	**pezzente** il/la [pettsente]	**tramp** Ma se entrava un pezzente bisognava vederlo. -But if it was a beggar, you should have seen him.
5462	**inversione** le [inversjone]	**inversion** Joe fece un'inversione ad U. -Joe made a U-turn.
5463	**sgombrare** vb [zgombrare]	**clear** Gente, bisogna sgombrare questo isolato. -Officer: Fellas, I need this block clear.
5464	**significativo** adj [siɲɲifikativo]	**significant|meaningful** Karim ha un ruolo significativo nel film. -Karim has a significant role in the film.
5465	**vascello** il [vaʃʃello]	**vessel** E il respiro, il respiro è il capitano del vascello. -And the breath, the breath is the captain of that vessel.
5466	**portico** il [portiko]	**portico** Aspettarono sotto il portico fino a quando non smise di piovere. -They waited on the porch until it stopped raining.
5467	**boccata** la [bokkata]	**mouthful** Voglio solo prendere una boccata d'aria fresca. -I just want to get a little fresh air.
5468	**superstar** lo [superstar]	**superstar** Un altro scienziato con idee molto grandi, la superstar della biologia, è Charles Darwin. -Another scientist with very big ideas, the superstar of biology, is Charles Darwin.
5469	**compratore** il [kompratore]	**buyer** La venderò appena trovo un compratore. -I will sell it as soon as I find a buyer.
5470	**speaker**	**speaker**

lo
[speaker]
Speaker: Quello che può essere un dettaglio per alcuni...Sposa 3: Tu sei mio, piccolo uomo.
-Announcer: What may be a little thing to some ... Bride #3: You are mine, little man.

5471 **clone**
il
[klone]
clone
It is in fact an imperfect clone of the Commission's draft.
-Si tratta del clone imperfetto della proposta della Commissione esecutiva.

5472 **ignoto**
adj
[iɲɲoto]
unknown
Benché calamità più gravi si abbattano su altri continenti, queste tragedie non sono ignote neppure all'Europa.
-Although disasters on a larger scale occur on other continents, Europe is no stranger to them either.

5473 **bebè**
il
[beb'ɛ]
baby
Sto mettendo il mio bebè a letto.
-I am putting my baby into the bed.

5474 **macchiato**
adj
[makkjato]
spotted|soiled
Ha macchiato il muro di beige.
-She stained the wall beige.

5475 **spirale**
adj; la
[spirale]
spiral; spiral
L'economia globale sta andando a spirale verso il basso.
-The global economy is spiraling downwards.

5476 **riproduzione**
la
[riproduttsjone]
reproduction|breeding
Potremmo determinare la causa della riproduzione cellulare postmortem.
-Perhaps we can determine what's causing this postmortem cellular reproduction.

5477 **pergamena**
la
[pergamena]
parchment
Al termine di questa celebrazione eucaristica vi sarà consegnata una pergamena con la "Benedizione di san Francesco".
-At the end of this Eucharistic celebration, I will give you a parchment with the "Blessing of St.

5478 **divinità**
le
[divinit'a]
divinity|divine
Non c'è divinità se non Dio, Maometto è il Messaggero di Dio.
-There is no god but God, and Muhammad is the messenger of God.

5479 **acuto**
adj; il
[akuto]
acute; high note
Ho un dolore acuto qui.
-I have an acute pain here.

5480 **cinghiale**
il
[tʃiŋgjale]
boar
Ogni lord vuole un'incoronazione, da quando quel cinghiale ha ucciso suo fratello.
-Since that boar killed his brother, every lord wants a coronation.

5481 **dinastia**
la
[dinastja]
dynasty
Dalla dinastia Han, i cinesi credono di essere superiori al resto del mondo.
-Since the Han Dynasty, the Chinese have believed that they are superior to the rest of the world.

5482 **eleganza**
le
[elegantsa]
elegance
C'è una piccola azienda che ha fatto molto bene con la semplicità e l'eleganza.
-This is a little company that's done very well with simplicity and elegance.

5483 **allettante**
adj
[allettante]
tempting|tantalizing
Era allettante.
-It was tempting.

5484 **giovanile** **youth**
adj
[dʒovanile]
La disoccupazione giovanile italiana ha raggiunto un record massimo a 44,2 per cento nel mese di giugno del 2015.
-Italian youth unemployment hit a record-high at 44.2 percent in June 2015.

5485 **alga** **alga**
la
[alga]
So why would a single-celled alga need to be able to produce light?
-Ma perché un'alga monocellulare avrebbe bisogno di emettere luce?

5486 **meridionale** **southern; meridional**
adj; il/la
[meridjonale]
Casa mia è sulla riva meridionale del Tamigi.
-My house is on the south bank of the Thames.

5487 **puzzare** **stink|smell**
vb
[puttsare]
Ma il cadavere comincia a puzzare e, più si tarderà a seppellirlo, e peggio sarà il tanfo.
-But the body is beginning to stink and, the longer it is unburied, the worse the stench is going to get.

5488 **osservatore** **observer**
il
[osservatore]
Ero a capo della delegazione ad hoc del Parlamento europeo che, insieme ad altri, fungeva da osservatore, e vi porto un messaggio.
-I was the head of the EP ad hoc delegation which participated in observing the elections, and I have a message to share with you.

5489 **colei** **she**
prn
[kolei]
Non sono colei che l'ha detto a loro.
-I'm not the one who told them.

5490 **cristianesimo** **Christianity**
il
[kristjanezimo]
Voi credete nel Cristianesimo?
-Do you believe in Christianity?

5491 **annegare** **drown**
vb
[annegare]
La mia paura più grande è annegare.
-My greatest fear is drowning.

5492 **meeting** **meeting**
il
[meetiŋg]
Il meeting è cominciato alle cinque di pomeriggio.
-The meeting began at five in the afternoon.

5493 **sacramento** **sacrament**
il
[sakramento]
Questa misericordia è esercitata soprattutto attraverso il sacramento della riconciliazione.
-This mercy is exercised mainly through the sacrament of reconciliation.

5494 **olmo** **elm**
il
[olmo]
Non chiedere pere ad un olmo.
-You don't ask for pears from an elm tree.

5495 **tollerare** **tolerate|overlook**
vb
[tollerare]
Non riesco più a tollerare questo rumore.
-I can't tolerate this noise any longer.

5496 **alias** **alias**
adv
[aljas]
Dimitry Golubov, alias SCRIPT - nato a Odessa, Ucraina, nel 1982.
-Dimitry Golubov, aka SCRIPT -- born in Odessa, Ukraine in 1982.

5497 **bluff** **bluff**
il
[bluff]
È ovviamente un bluff.
-It's obviously a bluff.

5498 **ricostruzione** **reconstruction**

la
[rikostruttsjone]
Vuole che faccia una ricostruzione facciale.
-She wants me to start a facial reconstruction.

5499 **stupidità** **stupidity|silliness**
la
[stupidit'a]
Ovviamente, non ho visto tutti i consumatori di marijuana. Ma l'utilizzo di marijuana provoca stupidità temporanea. Lo sanno tutti.
-Of course, I haven't seen all marijuana users. But marijuana use causes temporary stupidity. Everyone knows that.

5500 **volontariamente** **voluntarily**
adv
[volontarjamente]
Mi iscrivo volontariamente al Partito Comunista Cinese.
-I willingly join the Chinese Communist Party.

5501 **verticale** **vertical|plumb**
adj
[vertikale]
Comincerò con due osservazioni sull'integrazione verticale della Commissione.
-On vertical integration in the Commission, two main points must be noted.

5502 **inventore** **inventor**
il
[inventore]
Benjamin Franklin era un uomo di stato americano e un inventore.
-B. Franklin was an American statesman and inventor.

5503 **depositare** **deposit**
vb
[depozitare]
Perché un'impresa dovrebbe aprire quattro uffici e depositare una cauzione di 500 000 euro?
-Why should a business have to set up four offices and pay a EUR 500 000 deposit?

5504 **rapa** **turnip**
la
[rapa]
Otterrete più sangue da una rapa.
-You... you get more blood out of a turnip.

5505 **affollare** **crowd**
vb
[affollare]
Se siete scrittori, potete forse immaginare quanto possa diventare affollato sotto le scadenze lavorative.
-And you can imagine, if you're a writer, that things would get really crowded around deadlines.

5506 **fenomenale** **phenomenal**
adj
[fenomenale]
Joe ha fatto un lavoro fenomenale qui.
-Joe did a phenomenal job here.

5507 **intitolare** **call**
vb
[intitolare]
Il giornale Le Soir di martedì, 21 ottobre intitola: Tobback à la rescousse de Wathelet.
-Le Soir of Tuesday, 21 October has the headline: "Tobback to Wathelet's rescue' .

5508 **entità** **entity**
le
[entit'a]
Nella migliore delle ipotesi questa è l'entità dei miei poteri magici.
-This is at best the extent of my magic.

5509 **buffet** **buffet**
il
[buffet]
Due per il buffet del pranzo, per piacere.
-Two for the lunch buffet, please.

5510 **ingrediente** **ingredient**
gli
[iŋgredjente]
Il sale è un ingrediente indispensabile per cucinare.
-Salt is an indispensable ingredient for cooking.

5511 **piegare** **fold**
vb
[pjegare]
Non riesco a piegare il braccio destro.
-I can't bend my right arm.

5512 **quattrino** **dough**
il
[kwattrino]
Era perché non aveva un quattrino.
-That's because he was broke.

5513 **emendamento** **amendment**
lo
[emendamento]
Il XIV emendamento della Costituzione degli Stati Uniti d'America fu ratificato nel 1868.
-The 14th Amendment to the U.S. Constitution was ratified in 1868.

5514 **favorito** **favorite; favorite**
adj; il
[favorito]
Il veicolo favorito di Joe è un camion Ford del 1960.
-Joe's favorite vehicle is a 1960 Ford truck.

5515 **lucertola** **lizard**
la
[lutʃertola]
Lei porta un tatuaggio di una lucertola sulla sua coscia.
-She has a tattoo of a lizard on her thigh.

5516 **difensivo** **defensive**
adj
[difensivo]
Il fatto che alcuni contestino il carattere difensivo di questi missili è un problema a sé stante.
-Unless those missiles are not considered defensive.

5517 **ciccia** **flesh**
la
[tʃittʃa]
Siamo dipendenti dal Matrix, ciccia.
-Exactly. We are addicted to the matrix, dude.

5518 **cornuto** **horned**
adj
[kornuto]
Hai fatto di me un cornuto.
-You've made a cuckold of me.

5519 **cubo** **cube; cubic**
il; adj
[kubo]
Io gioco con il cubo di Rubik, non con il culo di Ruby!
-I play with Rubik's cube, not with Ruby's ass!

5520 **implicare** **imply|entail**
vb
[implikare]
Si può consigliare alle donne di prenderli in considerazione, ma ciò non deve implicare una retribuzione inferiore.
-Women could be advised to consider them but that need not imply lower pay.

5521 **escludere** **exclude|rule out**
vb
[eskludere]
Non possiamo escludere che una guerra civile scoppi in questo paese.
-We cannot rule out the possibility that civil war will break out in that country.

5522 **forca** **fork|gallows**
la
[forka]
Francamente, speravo fosse la forca.
-Frankly, I wish it was the gallows.

5523 **chinare** **bow|bend down**
vb
[kinare]
Ogni altra persona dovrebbe chinare il capo dinnanzi a questo Nome, perché una Madre di tale dignità è soltanto Lei e nient'altro che Lei..
-Any other person should bend his head to Her Name, because such a dignified mother is only Our Lady, nobody but Her .

5524 **generalmente** **generally|as a rule**
adv
[dʒeneralmente]
È generalmente difficile adattarsi a vivere in una cultura straniera.
-It is generally hard to adapt to living in a foreign culture.

5525 **perquisire** **search**
vb
[perkwizire]
Joe permise alla polizia di perquisire casa sua.
-Joe allowed the police to search his home.

5526 **neutrale** **neutral|neuter**

adj Sono neutrale.
[neutrale] -I'm neutral.

5527 **indigeno** **indigenous; native**
adj; il
[indidʒeno]
Ma non essendo un indigeno, doveva essere giudicato in una corte federale.
-But because he wasn't native, he's got to be tried in a federal court.

5528 **dizionario** **dictionary**
il
[dittsjonarjo]
Io voglio comprare un dizionario economico.
-I want to buy a cheap dictionary.

5529 **pizzico** **pinch|nip**
i
[piddziko]
Non ho potuto trattenere un pizzico di gioia maligna quando è stato sconfitto così pesantemente nelle elezioni.
-I couldn't resist a touch of schadenfreude when he was defeated so heavily in the election.

5530 **flauto** **flute**
il
[flauto]
Mi porti il flauto.
-Bring me the flute.

5531 **sermone** **sermon**
il
[sermone]
Ascoltò il sermone del giovane predicatore.
-She listened to the young preacher's sermon.

5532 **deliberatamente** **deliberately**
adv
[deliberatamente]
Le vittime erano uomini innocenti, donne e bambini provenienti dagli Stati Uniti e molte altre nazioni che non avevano fatto nulla di male a nessuno. Eppure Al Qaeda ha scelto deliberatamente di massacrare quelle persone, rivendicando gli attentati, e ancora adesso proclama la propria volontà di uccidere su larga scala.
-The victims were innocent men, women and children from the United States and many other nations who had done nothing to harm anybody. And yet Al Qaeda chose to ruthlessly murder these people, claimed credit for the attack, and even now states their determination to kill on a massive scale.

5533 **filtro** **filter|strainer**
il
[filtro]
Tutti i governi cercano spesso di bloccare e filtrare e censurare il contenuto di Internet.
-Governments everywhere are often trying to block and filter and censor content on the Internet.

5534 **riattaccare** **hang up**
vb
[rjattakkare]
E voilà, via aerea espresso, le pinne arrivano, e vengono riattaccate chirurgicamente.
-And voila, next-day air, they show up, and they surgically reattach them.

5535 **azionista** **shareholder**
il/la
[attsjonista]
Copie delle decisioni adottate vengono inviate a ciascun azionista.
-Copies of the decisions taken shall be sent to every shareholder.

5536 **calvo** **bald; baldhead**
adj; il
[kalvo]
Joe è completamente calvo.
-Joe is completely bald.

5537 **tuttora** **still**
adv
[tuttora]
Signor Presidente, purtroppo questa discussione è invece tuttora necessaria.
-Mr President, unfortunately this debate is indeed still necessary.

5538 **mediocre** **mediocre|poor**
adj
[medjokre]
Perdonate il mio esperanto mediocre.
-Pardon my poor Esperanto.

5539 **portoghese** | **Portuguese; Portuguese**
adj; il/la
[portogeze]
La mia lingua madre è il portoghese.
-My native language is Portuguese.

5540 **vaniglia** | **vanilla**
la
[vaniʎʎa]
Lei odiava la vaniglia.
-She hated vanilla.

5541 **maratona** | **marathon**
la
[maratona]
A me piacciono i ragazzi dall'inizio della maratona.
-I like the boys from the start of the marathon.

5542 **fibra** | **fiber|texture**
la
[fibra]
L'immagine è presa con un microscopio a fibra ottica, da dentro il nido.
-This is taken through a fiber optics microscope. It's down inside the nest.

5543 **ardente** | **ardent|burning**
adj
[ardente]
Lui è un appassionato di musica ardente.
-He is an ardent music lover.

5544 **essenzialmente** | **essentially**
adv
[essentsjalmente]
Questo essenzialmente non cambia nulla.
-This essentially changes nothing.

5545 **gonfio** | **swollen**
adj
[gonfjo]
Il suo braccio è gonfio e gli fa male!
-His arm is painfully swollen!

5546 **remo** | **oar**
il
[remo]
Pensa a una barca a remi e a un rematore e a come funzionano insieme per raggiungere una destinazione.
-Think of a rowboat and an oar, and the way that they work together to reach a destination.

5547 **innervosire** | **annoy**
vb
[innervozire]
La sta facendo innervosire.
-You're making her nervous.

5548 **intestino** | **intestine; internecine**
il; adj
[intestino]
È molto difficile lavorare nell'intestino.
-It's very difficult to work in the intestine.

5549 **predatore** | **predator; predatory**
il; adj
[predatore]
L'Armillaria in realtà è un fungo predatore, che uccide alcune specie di alberi della foresta.
-The Armillaria is actually a predatory fungus, killing certain species of trees in the forest.

5550 **pegno** | **gage|pledge**
il
[peɲɲo]
Lei ha dato in pegno il suo oro.
-She pawned her gold.

5551 **cesso** | **bog**
il
[tʃesso]
Dov'è il cesso?
-Where's the loo?

5552 **luogotenente** | **lieutenant**
il
[lwogotenente]
Sono molto orgoglioso nell'affermare che questa missione è guidata da un uomo irlandese, il luogotenente generale Patrick Nash, e gli auguro tutto il bene.
-I am very proud to say that this mission is being headed by a fellow Irishman, Lieutenant-General Patrick Nash, and I wish him well also.

5553 **bambolina** | **dolly**

la
[bambolina]
Forza bambolina, non è casuale.
-Come on, baby girl, it isn't random.

5554 **sanguigno**
adj
[saŋgwiɲɲo]
blood
Qual è il tuo gruppo sanguigno?
-What is your blood type?

5555 **soprabito**
il
[soprabito]
overcoat|coat
Si è tolto il soprabito.
-He took off his overcoat.

5556 **cartuccia**
la
[kartuttʃa]
cartridge
E invece di utilizzare dell'inchiostro, usiamo -- avete appena visto una cartuccia di inchiostro -- usiamo cellule.
-And instead of using ink, we use -- you just saw an inkjet cartridge -- we just use cells.

5557 **trasparire**
vb
[trasparire]
transpire
Hai bisogno di fare i manifesti in modo che tu possa trasparire.
-You need to make posters so that you can shine through.

5558 **timbro**
il
[timbro]
stamp|timbre
È la prima volta che timbro un documento.
-This is the first time I've ever stamped a document.

5559 **ricorrere**
vb
[rikorrere]
resort|appeal
Ha dovuto ricorrere a tutta la sua esperienza per realizzare il piano.
-He had to call on all his experience to carry out the plan.

5560 **ammassare**
vb
[ammassare]
amass|mass
50.000 anni sono un tempo sufficiente per ammassare ricchezze superiori a ogni altro nella storia dell'uomo.
-Fifty thousand years has been sufficient time to amass a fortune... that dwarfs any other in human history.

5561 **doccia**
la
[dottʃa]
shower
Mia sorella fa la doccia tutte le mattine.
-My sister takes a shower every morning.

5562 **risoluzione**
la
[rizoluttsjone]
resolution|decision
Potrebbe sembrare una facile risoluzione, ma...
-That may seem like an easy resolution, but...

5563 **quadrato**
adj; il
[kwadrato]
square; square
Il quadrato dell'ipotenusa è pari alla somma dei quadrati degli altri due lati.
-The square of the hypotenuse is equal to the sum of the squares of the other two sides.

5564 **saldare**
vb
[saldare]
weld|solder
La stessa holding Maiwolf a quanto pare possiede inoltre società di recupero crediti che quindi procedono a perseguitare, intimidire e minacciare le imprese di saldare i debiti.
-The same Maiwolf holding company apparently also owns the debt collection companies which then proceed to harass, bully and threaten businesses to pay up.

5565 **superstite**
il/la
[superstite]
survivor
Ho imparato questo da una superstite di Auschwitz, una dei pochi sopravvissuti.
-I learned this from a woman who survived Auschwitz, one of the rare survivors.

5566 **velivolo**
aircraft

il
[velivolo]
Gli obiettivi a terra sono impegnati solo se sussiste una minaccia per il velivolo della coalizione.
-Ground targets are only engaged if there is a threat to coalition aircraft.

5567 **augusto** **august**
il
[augusto]
Al pari di Augusto, il presidente Barroso sta inviando i suoi emissari per indicare al popolo irlandese la scelta da compiere.
-Like Caesar Augustus, Mr Barroso is sending his emissaries to tell the Irish people what they should do.

5568 **misto** **mixed; mixture**
adj; il
[misto]
Spero di riportare il bagno misto.
-I'm hoping to bring back mixed bathing.

5569 **espansione** **expansion**
le
[espansjone]
Guardare o leggere della fantascienza è un'esperienza liberatoria e di espansione per la mente.
-Watching or reading sci-fi is a liberating and expanding experience for the mind.

5570 **bancomat** **cash machine**
il
[baŋkomat]
Mi devo fermare al bancomat, non ho soldi.
-I have to stop by the cash machine, I don't have any money on me.

5571 **cupola** **dome**
la
[kupola]
Temuco The church is cracked in some of its interior walls, bellfry and cupola.
-Temuco La chiesa è incrinata in alcune delle sue pareti interne, campanile e cupola.

5572 **tappare** **plug**
vb
[tappare]
Devo tappare il foro con dito finché non sarà operato.
-I need to plug the hole with my finger till he's in an O.R.

5573 **lasciapassare** **pass**
il
[laʃʃapassare]
Le darò un lasciapassare che le permetterà di andare dovunque.
-Major Dapes, I'm going to give you a pass that will let you go anyplace and see anything.

5574 **ricoprire** **cover|hold**
vb
[rikoprire]
L'Austria, oltre a ricoprire la Presidenza, è particolarmente coinvolta nella questione.
-Apart from having the Presidency, it is a particularly important case for Austria.

5575 **ospizio** **hospice**
il
[ospittsjo]
Tuttavia, stando alle comunicazioni della Commissione, nel 2050 l'Europa sarà ormai diventata un ospizio.
-To read the Commission's communications, though, Europe will to all intents and purposes have become a hospice by the year 2050.

5576 **rinchiudere** **enclose|confine**
vb
[riŋkjudere]
Il bambino non capisce più nulla e vive rinchiuso in una cantina.
-The child is thoroughly confused and lives shut up in a cellar.

5577 **manifesto** **manifest; poster**
adj; il
[manifesto]
Questa mattina alla stazione la sua attenzione è stata catturata da un manifesto con delle lettere in grassetto.
-This morning at the station, her attention was caught by a poster with bold letters.

5578 **sanità** **soundness**
la
[sanit'a]
Questo spiega la notifica del dipartimento di sanità.
-That explains the notice from the health department.

5579 **sperimentale** adj [sperimentale]
experimental
È un'opera teatrale molto sperimentale.
-It is a very experimental play.

5580 **rame** il [rame]
copper
Il rame e l'argento sono entrambi dei metalli.
-Copper and silver are both metals.

5581 **distribuire** vb [distribwire]
distribute|deliver
È il turno di Joe per distribuire le carte.
-It's Joe's turn to deal the cards.

5582 **palloncino** il [pallontʃino]
balloon
Lei punse il palloncino.
-She pricked the balloon.

5583 **abate** il [abate]
abbot
La vostra Congregazione è il frutto dei molti doni concessi da Dio al vostro fondatore, l'Abate Franz Pfanner.
-Your Congregation is the fruit of the many gifts bestowed by God on your founder, Abbot Franz Pfanner.

5584 **generare** vb [dʒenerare]
generate|produce
Dobbiamo soddisfare questa necessità di informazioni, soprattutto nei settori nei quali l'ignoranza genera timori.
-We have to meet this need for information, especially in those areas where ignorance gives rise to fears.

5585 **allevamento** il [allevamento]
breeding|farm
L'allevamento rapido artificiale di pulcini e tacchini va abolito.
-The artificial, fast–track breeding of chicks and turkeys must be discontinued.

5586 **estremità** le [estremit'a]
end|butt
Sapevo che era dovuto ad una ridistribuzione del sangue, quando il sangue inizia a ritirarsi dalle estremità per fornire ossigeno agli organi vitali.
-And I knew that that was blood shunting, when the blood rushes away from your extremities to provide oxygen to your vital organs.

5587 **dottorato** il [dottorato]
doctorate
Ho un dottorato.
-I have a Ph.D.

5588 **delizia** la [delittsja]
delight
Noi del settore chiamiamo il sorriso "delizia dell'inganno".
-Now that smile is known in the trade as "duping delight."

5589 **cruscotto** il [kruskotto]
dashboard
Booth aveva piazzato una videocamera wireless sul cruscotto.
-Booth had placed a wireless video cam on his dashboard.

5590 **immergere** vb [immerdʒere]
immerse|dip
Sono di cotone organico dello Zimbabwe raccolto a mano, lavorato al telaio e successivamente immerso a mano in indaco naturale per 24 volte.
-They are made from handpicked organic Zimbabwean cotton that has been shuttle loomed and then hand-dipped in natural indigo 24 times.

5591 **gamberetto** il [gamberetto]
shrimp
Credo che qui si tratti di un gamberetto che rilascia in acqua la propria sostanza bioluminescente.
-And I think this is actually a shrimp that's releasing its bioluminescent chemicals into the water.

5592 **cantante**
singer; singing

il/la; adj Sarai un cantante.
[kantante] -You will be a singer.

5593 **imprevisto** **unexpected**
adj
[imprevisto]
E sono altresì preoccupato, in quanto la proposta della commissione non prevede alcuna riserva per gli imprevisti.
-I am also particularly concerned that the Committee's proposal contains no contingency whatsoever for unforeseen events.

5594 **turistico** **tourist's**
adj
[turistiko]
Ho un visto turistico.
-I have a tourist visa.

5595 **equivalere** **amount**
vb
[ekwivalere]
E' l' equivalente di sessantamila immigrati in Italia o di ottantamila in Germania.
-This is the equivalent of sixty thousand in Italy, or eighty thousand in Germany.

5596 **rullo** **roller|reel**
il
[rullo]
E poi, mio rullo appena morto.
-And then, my roller just died.

5597 **camionista** **truck driver**
il
[kamjonista]
Non sono un camionista.
-I'm not a trucker.

5598 **effettuare** **make|carry out**
vb
[effettware]
Semplicemente io non voglio effettuare la scelta sbagliata.
-I just don't want to make the wrong choice.

5599 **iris** **iris**
gli
[iris]
Iris, di solito cosa mangi per colazione?
-Iris, what do you usually eat for breakfast?

5600 **ulcerare** **ulcerate**
vb
[ultʃerare]
Ovviamente cerca di alterare il programma.
-Obviously he's trying to alter the programming.

5601 **inaspettato** **unexpected**
adj
[inaspettato]
Non è successo nulla di inaspettato.
-Nothing unexpected happened.

5602 **relativamente** **relatively**
adv
[relativamente]
Credo ci siano fondamentalisti e radicali anche nel campo relativamente tranquillo delle lingue...
-I guess that there are fundamentalists and radicals even in the relatively peaceful domain of language...

5603 **pelato** **peeled**
adj
[pelato]
Joe è pelato.
-Joe is bald.

5604 **briciola** **crumb**
la
[britʃola]
Credevo fosse una briciola circondata da uno stuzzicadenti.
-I thought it was a crumb surrounded by a toothpick.

5605 **pubblicitario** **advertising**
adj
[pubblitʃitarjo]
Ecco un altro ingenuo commento da pubblicitario.
-Now, here is another naive advertising man's question again.

5606 **cinematografico** **cinematographic**
adj
[tʃinematografiko]
Il Cannes International Film Festival è festival cinematografico più prestigioso del mondo.

-The Cannes International Film Festival is the most prestigious film festival in the world.

5607 **ripagare** vb [ripagare]
pay|reward
Vi posso ripagare.
-I can pay you back.

5608 **appresso** prp; adv [appresso]
near; lateral
In virtù dello strumento Schengen, agli Stati membri beneficiari elencati in appresso sono messi a disposizione, sotto forma di pagamento forfettario non rimborsabile, gli importi seguenti:
-The following amounts shall be made available under the Schengen Facility in the form of lump-sum grant payments as of 1 May 2004 to the beneficiary Member States listed below:

5609 **disertore** il [dizertore]
deserter
Non puoi essere un disertore dalla Rivoluzione.
-You can't be a deserter from the Revolution.

5610 **concepire** vb [kontʃepire]
conceive
Molti studi dimostrano che è più difficile concepire, sotto stress.
-Many studies show it's harder to conceive under stress.

5611 **primitivo** adj [primitivo]
primitive|original
L'uomo primitivo migrò in tutte le parti del mondo.
-Early man migrated to all parts of the world.

5612 **scatenare** vb [skatenare]
set off|rouse
Nondimeno, è sufficiente che una persona osi fare il minimo commento su questo famoso modello sociale in Aula per scatenare l'inferno.
-Nonetheless, it suffices for someone to venture to make the least comment on the subject of this notorious social model in the House for all hell to be let loose against them.

5613 **riservato** adj [rizervato]
reserved|confidential
Non essere riservato.
-Don't be coy.

5614 **camioncino** il [kamjontʃino]
pick-up
Possiamo prepararli sul camioncino su ordinazione, nessun problema.
-We can knock these out in the truck to order, no problem.

5615 **manipolare** vb [manipolare]
manipulate|handle
Vi sono stati ripetuti tentativi di manipolare e distorcere l'esito delle elezioni.
-There have been repeated attempts to manipulate and distort the outcome of the election.

5616 **sensuale** adj [senswale]
sensual|sensuous
la vostra vera sensuale natura, velata in quelle vesti asessuate, era di vostro solo dominio.
-your real sensual nature, veiled in those sexless vestments, was utterly your dominion.

5617 **spargere** vb [spardʒere]
spread|shed
Tale cinismo si basa sulla tattica di spargere a piene mani il pessimismo, chiedendo contemporaneamente agli altri politici di agire.
-This cynicism is based on peddling pessimism while calling on other politicians to do something.

5618 **ricoverare** vb [rikoverare]
shelter
Le difficoltà logistiche saranno superate - acqua pulita, medicine, generi alimentari e ricoveri - e tutto avverrà al momento debito.

-The logistical difficulties will be overcome - clean water, medication, food and shelter - these will all happen in due course.

5619 **prigionia** **imprisonment**
la
[pridʒonja]
Non abbiamo altri dettagli sulla sua prigionia per ora.
-We have no further details about his captivity at the moment.

5620 **vergognoso** **shameful|ashamed**
adj
[vergoɲɲozo]
Dissero che agì in modo vergognoso.
-They said he had acted shamefully.

5621 **sequestrato** **sequestered**
adj
[sekwestrato]
Joe venne sequestrato.
-Joe was abducted.

5622 **fotografo** **photographer**
il
[fotografo]
Io sono un fotografo.
-I'm a photographer.

5623 **fieno** **hay**
il
[fjeno]
Io ho la febbre da fieno.
-I have hay fever.

5624 **scomodo** **uncomfortable|inconvenient**
adj
[skomodo]
Io mi sento scomodo su questa sedia.
-I feel uncomfortable in this chair.

5625 **bisturi** **scalpel**
il
[bisturi]
Metta giù il bisturi.
-Put the scalpel down.

5626 **collaboratore** **collaborator**
il
[kollaboratore]
Adesso ordino l'esecuzione immediata del collaboratore Hanchen Dong!
-I now order the immediate execution of the collaborator, Hanchen Dong

5627 **binocolo** **binoculars**
il
[binokolo]
Avrò anche bisogno di un binocolo.
-I'm also going to need some binoculars.

5628 **acconsentire** **agree|consent**
vb
[akkonsentire]
Io non posso acconsentire che lei vada da sola.
-I cannot consent to your going alone.

5629 **diabete** **diabetes**
il
[djabete]
Joe si prese il diabete per aver bevuto troppe bevande energetiche per lo sport.
-Joe got diabetes from drinking too many sports drinks.

5630 **acquisire** **acquire**
vb
[akkwizire]
Non sono contrario al vostro apprendimento dell'inglese per acquisire conoscenza o per guadagnare il vostro sostentamento, ma mi oppongo al vostro dare tanta importanza all'inglese e dare un posto basso alla vostra lingua nazionale, l'hindi.
-I do not object to your learning English for the sake of acquiring knowledge or for the sake of earning your livelihood but I object to your giving so much importance to English and giving a low place to your national language, Hindi..

5631 **tavolino** **table**
il
[tavolino]
Poi c'è un tavolino, ho fatto anche un tavolino.
-Then there is a coffee table. I also did a coffee table.

5632 **cratere** **crater**
il
[kratere]
Ovviamente è un cratere su Marte.
-Of course, it is a crater on mars.

5633 **specializzato** **specialized**
adj
[spetʃaliddzato]
Sappiamo perfettamente che si è specializzato in quella lingua, ma non possiamo permettere di prendere qualsiasi frase scritta in essa, perché non è la sua lingua madre.
-We know perfectly well that he specialized in that language, however we can not allow him to take any sentence written in it, because that is not his native language.

5634 **venturo** **next; proximo**
adj; adv
[venturo]
L'anno venturo verrà eletto un nuovo Parlamento e si insedierà una nuova Commissione.
-Next year, a new Parliament will be elected and there will be a new Commission.

5635 **imporre** **impose|force**
vb
[imporre]
Non imporre le tue opinioni agli altri.
-Don't intrude your opinions on others.

5636 **disoccupazione** **unemployment**
la
[dizokkupattsjone]
Troppo spesso vengono mescolate disoccupazione, instabilità e immigrazione.
-Unemployment, lack of security and immigration are too often lumped together.

5637 **imitare** **imitate|mimic**
vb
[imitare]
Questo uccello riesce ad imitare la voce umana.
-This bird can imitate the human voice.

5638 **terraferma** **mainland**
la
[terraferma]
L'isola è separata dalla terraferma soltanto da un braccio d'acqua di cinque chilometri.
-It is an island separated from the mainland by just five kilometres of water.

5639 **capro** **billygoat**
il
[kapro]
Dovremo scannare un capro più grande.
-We need to cut the throat of a bigger goat.

5640 **mirtillo** **blueberry**
il
[mirtillo]
C'è del succo al mirtillo in frigo.
-There is cranberry juice in the fridge.

5641 **biografia** **biography**
la
[bjografja]
Ciò significa che non vedrai mai una biografia su di me.
-This means that you will never see a biography about me.

5642 **appoggiare** **support|rest**
vb
[appoddʒare]
Non posso appoggiare il tuo comportamento.
-I cannot support your conduct.

5643 **latta** **tin**
la
[latta]
Cinque o più sardine devono stare nella latta.
-Five more sardines to go in the tin.

5644 **illuminare** **illuminate|enlighten**
vb
[illuminare]
Forse mi potreste illuminare.
-Maybe you could enlighten me.

5645 **navigare** **navigate**
vb
[navigare]
Trascorre ogni weekend a navigare su Internet.
-He spends every weekend surfing the Net.

5646 **indubbiamente** **undoubtedly**

	adv [indubbjamente]	Indubbiamente il roditore meglio adattato alla vita nei fiumi e nelle paludi è il castoro. -Without a doubt the rodent best adapted to living in rivers and marshlands is the beaver.
5647	**distendere**	**stretch|relax**
	vb [distendere]	Pensiamo al sistema digerente: se si potesse distendere sarebbe lungo 40 metri. -Now if you think about the gut, the gut is -- if you could stretch it -- 40 meters long, the length of a tennis court.
5648	**sganciare**	**unhook**
	vb [zgantʃare]	Dovrò sganciare questo piccoletto alla vecchia maniera. -I'll have to drop this puppy the old fashioned way.
5649	**cortina**	**curtain**
	la [kortina]	Il corto circuito ha prodotto una fiammata. -The short-circuit caused a flare-up.
5650	**lucidare**	**polish|rub**
	vb [lutʃidare]	Io gli feci lucidare le mie scarpe. -I got him to polish my shoes.
5651	**fiscale**	**fiscal**
	adj [fiskale]	La pressione per una riforma fiscale sta crescendo. -The pressure for tax reform is growing.
5652	**universitario**	**university; academic**
	adj; il [universitarjo]	Joe è un professore universitario. -Joe is a college professor.
5653	**colpevolezza**	**guilt|culpability**
	la [kolpevolettsa]	Le impronte digitali sul coltello attestano la sua colpevolezza. -The fingerprints on the knife attest to her guilt.
5654	**diligenza**	**diligence**
	la [dilidʒentsa]	La sua diligenza gli ha portato il successo. -His diligence earned him success.
5655	**gong**	**gong**
	il [goŋg]	La stanza si è svuotata quando è suonato il gong per la cena. -The room emptied when the gong for dinner sounded.
5656	**liberale**	**liberal; liberal**
	adj; il/la [liberale]	Liberale. -Set them free.
5657	**seminare**	**sow|spread**
	vb [seminare]	Non si tratta di niente altro che del diritto degli agricoltori di allevare i propri animali e di seminare la propria semente. -This is nothing more than the right of farmers to raise their livestock and to sow their seed.
5658	**sensitivo**	**sensitive; psychic**
	adj; il [sensitivo]	Io sono un sensitivo. -I'm psychic.
5659	**libbra**	**pound**
	la [libbra]	Abbiamo comperato una libbra di tè. -We bought a pound of tea.
5660	**confezione**	**package**
	la [konfettsjone]	Una confezione di cornflakes. -A pack of cornflakes.
5661	**santificare**	**sanctify**

vb
[santifikare]
"Non possiamo dedicare, non possiamo consacrare... non possiamo santificare questa terra."
-We cannot dedicate, We cannot consecrate... we cannot hallow this ground.

5662 **commozione** **emotion**
la
[kommottsjone]
Mia figlia ha avuto una commozione cerebrale.
-My daughter had a concussion.

5663 **mensile** **monthly; salary**
adj; il
[mensile]
Il mio salario mensile è di 300.000 yen.
-My monthly salary is 300,000 yen.

5664 **ordigno** **device**
il
[ordiɲɲo]
Bastano solo pochi chilogrammi di plutonio separato per costruire un ordigno nucleare rudimentale.
-Only a few kilograms of separated plutonium are needed to build a crude nuclear explosive device.

5665 **aggiornamento** **updating**
il
[addʒornamento]
Dacci un aggiornamento?
-Give us an update.

5666 **rodeo** **rodeo**
il
[rodeo]
E sono andata ai rodeo con lui, e ci siamo avvicinati.
-And I've been going to the rodeos with him, and we've bonded.

5667 **sussidiare** **assist**
vb
[sussidjare]
Il 50% del budget della UE andrà a sussidiare l'agricoltura per le montagne di roba che i coltivatori hanno sovraprodotto.
-And 50 percent of the EU budget is going to subsidize agriculture from mountains of stuff that people have overproduced.

5668 **botola** **trap-door**
la
[botola]
Tutto è accaduto affinché aprissimo quella botola.
-All of it happened so that we could open the hatch.

5669 **incompetente** **incompetent**
adj
[iŋkompetente]
Penso che Joe sia incompetente.
-I think Joe is incompetent.

5670 **infetto** **infected**
adj
[infetto]
Quel taglio sembra infetto.
-That cut looks infected.

5671 **inquinamento** **pollution**
il
[iŋkwinamento]
L'inquinamento dell'aria è un serio problema in questo paese.
-Air pollution is a serious problem in this country.

5672 **vangelo** **gospel**
il
[vandʒelo]
E sappiamo che questo avvenne secondo l'annuncio del Vangelo, segnato dal Vangelo di San Luca.
-And we know that this happened according to the announcement in the Gospel, in Saint Luke's Gospel.

5673 **baldoria** **spree|revelry**
la
[baldorja]
Sai che Odette amava fare baldoria.
-You know Odette loved to party.

5674 **recare** **cause**
vb
[rekare]
Non molto tempo fa ci si poteva recare in treno direttamente da Colonia ad Atene, da Parigi a Lisbona o da Amsterdam a Copenhagen.
-Not so very long ago, you could take a passenger train straight from

Cologne to Athens, from Paris to Lisbon or from Amsterdam to Copenhagen.

5675 **mendicante** il/la; adj [mendikante]
beggar; beggarly
Non avete bisogno del lnguaggio per capire il mendicante.
-You don't need language to understand the beggar.

5676 **successore** il [suttʃessore]
successor
Il vostro successore è già stato scelto.
-Your successor has already been chosen.

5677 **salame** il [salame]
salami
A me non piace molto la pizza con il salame piccante.
-I don't like pepperoni pizza very much.

5678 **affogare** vb [affogare]
drown
So che si dice che affogare è la morte più pacifica che si possa avere.
-I've heard it said that drowning is the most peaceful death that you can have.

5679 **sostenitore** il [sostenitore]
supporter|advocate
È un sostenitore finanziario del Mouharib Mousalim.
-He's a financial supporter or the Mouharib Mousalim.

5680 **intensamente** adv [intensamente]
intensely
Il sole splendeva intensamente.
-The sun shone brightly.

5681 **massiccio** adj; il [massittʃo]
solid; massif
Il trono del re è stato fatto di oro massiccio.
-The king's throne was made out of solid gold.

5682 **zoppo** adj; lo [tsoppo]
lame; lame person
Al banchetto del Regno non sono invitati i ricchi, ma gli storpi, gli zoppi, i ciechi...
-The guests at the banquet of the Kingdom are not the rich, but the crippled, the lame, the blind....

5683 **agricoltura** la [agrikoltura]
agriculture
Joe sta studiando l'agricoltura.
-Joe is studying agriculture.

5684 **perizia** la [perittsja]
expertise
La sua perizia ci sarà molto utile.
-Your expertise will be very useful to us.

5685 **fuggitivo** adj [fuddʒitivo]
fugitive
Il fuggitivo attraversò il fiume.
-The fugitive crossed the river.

5686 **concreto** adj [koŋkreto]
concrete
Questo è un impegno concreto e quindi sono, quelle, accuse decisamente fuori bersaglio.
-This is a concrete commitment and so these accusations are decidedly off-target.

5687 **lima** la [lima]
file
Ha grattato via la ruggine con una lima.
-He rubbed the rust off with a file.

5688 **grillo** il [grillo]
cricket
Pinocchio si voltò e vide un grosso grillo che saliva lentamente su per il muro.
-Pinocchio turned and saw a large cricket crawling slowly up the wall.

5689 **equivalente**
equivalent

adj
[ekwivalente]
Datemi l'equivalente in dollari.
-Give me the equivalent in dollars.

5690 **prelevare**
vb
[prelevare]
withdraw|draw
Capovolgere quindi il flacone e prelevare il volume necessario.
-Then turn bottle up–side down, and withdraw the necessary volume.

5691 **germe**
il
[dʒerme]
germ|seed
Pare sia un germe chiamato Pseudomonas.
— it seems to be a germ called pseudomonas.

5692 **efficienza**
la
[effitʃentsa]
efficiency
Identificare, capire e gestire i processi correlati come un sistema contribuisce all'efficacia ed efficienza nel raggiungimento degli obiettivi dell'organizzazione.
-Identifying, understanding and managing interrelated processes as a system contributes to the organization's effectiveness and efficiency in achieving its objectives.

5693 **svitare**
vb
[zvitare]
unscrew
Ciò equivale a svitare una lampadina su due in tutto il paese.
-This is the equivalent of unscrewing every second light bulb in the country.

5694 **soffice**
adj
[soffitʃe]
soft
La neve era morbida e soffice.
-The snow was soft and fluffy.

5695 **laureare**
vb
[laureare]
graduate
Non si vuole laureare?
-Don't you want to graduate?

5696 **contenimento**
il
[kontenimento]
restraint
La loro prontezza ha contribuito notevolmente al contenimento della malattia.
-Their quick reaction contributed considerably to the containment of this disease.

5697 **percezione**
la
[pertʃettsjone]
perception
Il che significa che la nostra percezione di qualunque situazione dipende solo in parte dai segnali sensoriali che riceviamo in quel momento.
-This means that our perception of any situation depends only partly on sensory signals being received at that time.

5698 **velenoso**
adj
[velenozo]
poisonous|baneful
È velenoso?
-Is it poisonous?

5699 **minuscolo**
adj
[minuskolo]
tiny|lowercase
Di norma, tali proposte apportano un contributo minuscolo, se non addirittura controproducente, agli obiettivi fissati dagli Stati stessi in occasione dei vari vertici europei.
-As a rule, these proposals make a minuscule, if not counterproductive, contribution to the objectives that these States themselves have imposed on successive European summits.

5700 **apice**
il
[apitʃe]
apex|peak
In realtà il suo lavoro ha raggiunto l'apice della perfezione.
-Actually his work has reached the acme of perfection.

5701 **emergere**
vb
[emerdʒere]
emerge
La posizione del Parlamento potrà emergere successivamente nella risoluzione stessa.

-Perhaps the position of the Parliament will emerge later in the resolution itself.

5702 **cospetto** **presence**
lo
[kospetto]
L'Imperator è impegnato in altre faccende... al cospetto dell'amata schiava.
-The Imperator is otherwise taken... by presence of beloved slave.

5703 **calare** **fall|drop**
vb
[kalare]
La biodiversità continua a calare ogni anno.
-Biodiversity continues to decline each year.

5704 **mulino** **mill**
il
[mulino]
Ogni mugnaio porta acqua al suo mulino.
-Every miller draws water to his own mill.

5705 **lastra** **plate**
la
[lastra]
Qui abbiamo un blocco di cemento e dietro una lastra di acciaio.
-OK, here we have a concrete block, and in back of that, we have a two–inch steel plate.

5706 **solennemente** **solemnly**
adv
[solennemente]
L'Unione europea e la Russia hanno solennemente sottoscritto l'altro ieri un accordo chiamato piano d'azione.
-An agreement, called the action plan, was ceremoniously concluded between the EU and Russia the day before yesterday.

5707 **immaginario** **imaginary|fictitious**
adj
[immadʒinarjo]
Non credo che Babbo Natale sia immaginario.
-I don't believe that Santa Claus is imaginary.

5708 **belva** **wild beast**
la
[belva]
È la natura della belva governativa.
-It's the nature of the governmental beast.

5709 **ordinario** **ordinary|common**
adj
[ordinarjo]
Lui non è uno studente ordinario.
-He is no ordinary student.

5710 **ascendere** **ascend**
vb
[aʃʃendere]
Il segreto del suo ascendere è il misterioso motore che è dentro di Lei.
-The secret of his mysterious ascend is the engine that is inside you.

5711 **motocicletta** **motorcycle**
la
[mototʃikletta]
Io avevo una motocicletta.
-I used to have a motorcycle.

5712 **Saturno** **Saturn**
il
[saturno]
È Saturno.
-That's Saturn.

5713 **zen** **Zen**
lo
[tsen]
Sarebbe fantastico avere un giardino zen davanti a casa!
-It would be fantastic to have a zen garden in front of the house!

5714 **iracheno** **Iraqi**
il/la
[irakeno]
La relazione appoggia indirettamente gli attacchi turchi sul territorio iracheno.
-The report indirectly supports Turkish attacks on Iraqi territory.

5715 **poeta** **poet**
il
[poeta]
Si fece conoscere come poeta mentre studiava medicina.
-He made his reputation as a poet while he was studying to be a doctor.

5716 **ossia** **namely**
con
[ossja]
Tamori è nato nel 1945, ossia quando è finita la Seconda Guerra Mondiale.
-Tamori was born in 1945, that is, when World War II ended.

5717 **rifugiato** — **refugee**
il
[rifudʒato]
Non possiamo permetterci di considerare ogni rifugiato un potenziale terrorista.
-We cannot allow ourselves to perceive every refugee as a potential terrorist.

5718 **porcheria** — **rubbish | filth**
la
[porkerja]
Perché questa porcheria viene insegnata ai nostri figli?
-I want to know why this filth is being taught to our children.

5719 **segnalare** — **report | signal**
vb
[seɲɲalare]
Desidero segnalare alcuni problemi riguardo il suo suggerimento.
-I'd like to point out some problems regarding your suggestion.

5720 **pinza** — **tongs | nipper**
la
[pintsa]
Hanno usato un coltello da caccia e una pinza.
-With a hunting knife and pliers.

5721 **tovagliolo** — **napkin**
il
[tovaʎʎolo]
Usa il tovagliolo.
-Use the napkin.

5722 **fardello** — **burden**
il
[fardello]
Sento le spalle alleggerite del fardello della carica.
-(sighs) I feel my shoulders relieved of the burden of office.

5723 **licenziato** — **discharged; graduate**
adj; lo
[litʃentsjato]
Io penso di stare per essere licenziato.
-I think I'm about to get fired.

5724 **gratuito** — **free | pointless**
adj
[gratwito]
È gratuito?
-Is it free?

5725 **debutto** — **debut**
il
[debutto]
Non male come debutto per il coro di TED, proprio un bel debutto.
-It wasn't a bad debut for the TED choir, not a bad debut at all.

5726 **confidare** — **trust | rely**
vb
[konfidare]
Dovremmo confidare nel nostro potenziale e nelle nostre capacità in quanto europei.
-We should be confident of our potential and abilities as Europeans.

5727 **lardo** — **lard**
il
[lardo]
Questo collega, che conosce di prima persona il lavoro nelle foreste, ci ha ricordato che in tali condizioni ambientali i finlandesi sono soliti mangiare lardo e bere wodka.
-He said he himself had experience of working in the forests, where the Finns are accustomed to eating bacon washed down with vodka.

5728 **laterale** — **side**
adj
[laterale]
Uno, è la stabilità laterale per tutto l'edificio: è un elemento strutturale.
-One, it is the lateral stability for the entire building; it is a structural element.

5729 **altro che** — **but; but**
con; prp
[altro ke]
La storia del mondo non è altro che il progresso della coscienza della libertà.
-The history of the world is none other than the progress of the consciousness of freedom.

5730 **distrazione** — **distraction**
la
[distrattsjone]
Ho bisogno di una distrazione.
-I need a distraction.

5731 **corriera** **coach**
la
[korrjera]
Sbrigati, o perdi la corriera.
-Hurry up, or you'll miss the bus.

5732 **messinscena** **staging**
la
[messinʃena]
Io ho preparato la messinscena il giorno prima.
-For me, it's all about the setup the day before.

5733 **frontale** **front|frontal**
adj
[frontale]
Un secondo aspetto del regolamento è stato quello dei sistemi di protezione frontale.
-A second aspect of the Regulation was frontal protection systems.

5734 **alcuno** **any|some**
adj
[alkuno]
Joe non ne aveva alcuno.
-Joe didn't have any.

5735 **ulteriormente** **further**
adv
[ulterjormente]
Sono troppo stanca per camminare ulteriormente.
-I am too tired to walk any more.

5736 **imperdonabile** **unforgivable|irremissible**
adj
[imperdonabile]
Il vostro comportamento è stato imperdonabile.
-Your behavior was inexcusable.

5737 **dittatore** **dictator**
il
[dittatore]
Non sono un dittatore.
-I'm not a dictator.

5738 **parlante** **speaking**
adj
[parlante]
La parlante è giovane.
-The speaker is young.

5739 **bluffare** **bluff**
vb
[bluffare]
Ma quando hai delle brutte carte, devi saper bluffare.
-When your cards are bad, though, you have to know how to bluff.

5740 **scherma** **fencing**
la
[skerma]
Era istruttore di scherma a Barcellona.
-He used to be a fencing instructor in Barcelona.

5741 **silurare** **torpedo**
vb
[silurare]
Cercavo scheletri nel suo armadio che possano silurare il suo caso.
-I was looking for any skeletons in his closet that might torpedo his case.

5742 **investitore** **investor**
il
[investitore]
Sono già il ricco investitore qui.
-I already am the wealthy investor around here.

5743 **mozione** **motion**
la
[mottsjone]
Joe ha appoggiato la mozione.
-Joe seconded the motion.

5744 **spezia** **spice**
la
[spettsja]
La spezia più diffusa nella galassia.
-Yes, salt... the most common spice in the galaxy.

5745 **trattativa** **negotiation|deal**
la
[trattativa]
La trattativa si concluse con un fallimento.
-The negotiation ended in failure.

5746 **prostituzione** **prostitution**
la
[prostituttsjone]
La differenza tra prostituzione e prostituzione coatta è infinitesimale.
-The difference between forced prostitution and prostitution is very small.

5747 **esigenza** **need|requirement**

le
[ezidʒentsa]
Tale fattore eserciterà pressioni sull'esigenza di composizioni amichevoli.
-This will put pressure on the need for out-of-court settlements.

5748 **falegname**
il
[faleɲɲame]
carpenter
Il padre di Abramo Lincoln di mestiere faceva il falegname.
-Abraham Lincoln's father was a carpenter by trade.

5749 **regnare**
vb
[reɲɲare]
reign
All'età di 18 anni, Ludovico, dopo la morte del padre, iniziò a regnare sulla Turingia.
-At 18, after the death of his father, Ludwig began to reign over Thuringia.

5750 **passatempo**
il
[passatempo]
pastime|hobby
Tutti hanno bisogno di un passatempo.
-Everybody needs a hobby.

5751 **oblio**
il
[obljo]
oblivion
Ora queste speranze e questi sogni devono essere consegnati all'oblio.
-Those hopes and dreams must now be consigned to oblivion.

5752 **pattuglia**
la
[pattuʎʎa]
patrol
Non ricordavo di averti assegnato alla pattuglia.
-I don't remember you being assigned to patrol.

5753 **gonfiare**
vb
[gonfjare]
inflate|swell
Risulta che Nick si presenta all'ospedale pediatrico con una pancia gonfia come quella delle vittime della fame.
-And it turns out Nick shows up at the children's hospital with this distended belly like a famine victim.

5754 **accordare**
vb
[akkordare]
grant|tune
Joe è andato a scuola per imparare come accordare i pianoforti.
-Joe went to school to learn how to tune pianos.

5755 **lanterna**
la
[lanterna]
lantern
Mi dia la lanterna.
-Give the lantern to me.

5756 **anestesia**
le
[anestezja]
anesthesia|anesthetization
Vi farò l'anestesia.
-I'll give you anaesthesia.

5757 **battuto**
adj
[battuto]
wrought
È caduto e ha battuto la testa contro una roccia.
-He fell and hit his head on a rock.

5758 **atomo**
il
[atomo]
atom|atomy
Una molecola d'acqua ha due atomi di idrogeno e un atomo di ossigeno.
-A water molecule has two hydrogen atoms and one oxygen atom.

5759 **tassare**
vb
[tassare]
tax|rate
La lotta contro la corruzione è una tassa su noi stessi, le nostre famiglie, i nostri amici, e persino i nostri ragazzi.
-The battle against corruption exacts a toll on ourselves, our families, our friends, and even our kids.

5760 **distante**
adj
[distante]
distant|far
A volte sembra molto distante.
-Sometimes he seems very distant.

5761 **coperchio**
il
[koperkjo]
cover|lid
Non riesco a togliere il coperchio.
-I cannot get the lid off.

5762 **aggiornato**
up-to-date

adj [addʒornato] Non avete nemmeno aggiornato il firmware?
-You haven't even updated the firmware?

5763 **foro** **hole**
il [foro] C'è un foro nella sua calza.
-There is a hole in his sock.

5764 **pacare** **placate**
il [pakare] Mi rifiuto di pacare per "MrMagorium e la Bottega aperta delle Meraviglie".
-No, but I refuse to pay for Mr. Magorium's Wunderbar Emporium. I did not press it.

5765 **utero** **uterus|matrix**
il [utero] C'è solo il suo utero — e la creatura che c'è dentro.
-There is but her womb ... and the baby within.

5766 **installare** **install|wire**
vb [installare] Dovremmo installare una trappola.
-We should set a trap.

5767 **viscere** **bowels|viscera**
lo [viʃʃere] Nelle viscere della terra!
-In the bowels of the earth!

5768 **camicetta** **blouse**
la [kamitʃetta] A voi piace questa camicetta?
-Do you like this blouse?

5769 **dissanguare** **drain**
vb [dissaŋgware] Significa che dobbiamo dissanguare una persona.
-Meaning we have to bleed a person dry.

5770 **rotazione** **rotation|spin**
la [rotattsjone] Li percepisci solo durante la rotazione.
-You only really feel it in the rotation.

5771 **clandestino** **clandestine|black**
adj [klandestino] Ero davvero preoccupato che fosse stato fatto del lavoro clandestino, che ci fossero accordi segreti, scandali, eccetera.
-I was really anxious that something clandestine had been going on, with secret agreements, scandals, and the like.

5772 **petizione** **petition**
la [petittsjone] Io firmerò la petizione.
-I'll sign the petition.

5773 **allargare** **enlarge|widen**
vb [allargare] L'esperanto mi aiutò ad allargare i miei orizzonti intellettuali e culturali.
-Esperanto helped me broaden my intellectual and cultural horizons.

5774 **egoismo** **selfishness**
il [egoismo] Il vostro egoismo vi farà perdere i vostri amici.
-Your selfishness will lose you your friends.

5775 **ridotto** **reduced; foyer**
adj; il [ridotto] Tutto venne ridotto in cenere.
-Everything was burnt to ashes.

5776 **svanire** **fade|vanish**
vb [zvanire] Ma le belle parole non valgono nulla e l'incoraggiamento ben presto svanirà.
-But fine words are cheap and that encouragement will soon melt away.

5777 **senape** **mustard**

la
[senape]
Avete mai mescolato del chilli con della senape?
-Have you ever mixed chilli with mustard?

5778 **frignare** **snivel**
vb
[friɲɲare]
Piantala di frignare.
-Stop whining.

5779 **strillare** **scream | shriek**
vb
[strillare]
E ovviamente, non stanno sempre a piangere e strillare. ~~~ Ma con tre maschi, c'è una buona probabilità che almeno uno di loro non si stia comportando esattamente come dovrebbe.
-And of course, they're not always crying and screaming, but with three boys, there's a decent probability that at least one of them will not be comporting himself exactly as he should.

5780 **allevare** **raise | breed**
vb
[allevare]
Potremo allevare anche mucche e pecore.
-We will be able to raise cows and sheep, too.

5781 **cosmico** **cosmic**
adj
[kosmiko]
Ed è ancora il Verbo che, incarnandosi, rinnova l'ordine cosmico della creazione.
-And it is the same Word who, by taking flesh, renews the cosmic order of creation.

5782 **cartellino** **tag | label**
il
[kartellino]
L'arbitro gli ha mostrato il cartellino giallo.
-The referee showed him the yellow card.

5783 **clemente** **clement**
adj
[klemente]
È clemente.
-She is merciful.

5784 **avvolgere** **wrap | wind**
vb
[avvoldʒere]
I nostri occhi non lo contempleranno avvolto in tessuti preziosi, ma in poveri panni.
-We won't find him in a palace, but in a stable; we will not contemplate him wrapped in fine clothing, but in poor swaddling clothes.

5785 **plastico** **plastic**
adj
[plastiko]
Metà dei 22,7 miliardi di chili di materiale plastico diventerà spazzatura a breve.
-Plastic is not purified by the re-melting process like glass and metal.

5786 **minatorio** **threatening**
adj
[minatorjo]
Questo spiegherebbe il biglietto minatorio che ha ricevuto Mandy.
-You know, that explains the threatening note that Mandy got.

5787 **sicario** **killer**
il
[sikarjo]
È tipo un sicario della mafia.
-He's like a hit man for the mob.

5788 **adozione** **adoption**
la
[adottsjone]
L'adozione per i genitori omosessuali rimane una questione fortemente contestata negli Stati Uniti.
-Adoption for gay and lesbian parents remains a hotly contested issue in the United States.

5789 **politicamente** **politically**
adv
[politikamente]
Il paese è isolato economicamente e politicamente.
-The country is isolated economically and politically.

5790 **debitore** **debtor**

il
[debitore]
Il debitore può sempre contestare il procedimento.
-The debtor would always be able to disagree with the procedure.

5791 **minare**
vb
[minare]
undermine
La disoccupazione mina la fiducia dei cittadini europei.
-Unemployment is sapping the confidence of Europe's citizens.

5792 **veggente**
il/la
[veddʒente]
clairvoyant
Il veggente profetizzò che tuo padre avrebbe avuto molti figli maschi.
-The seer prophesized that your father would have many sons.

5793 **sublime**
adj; il
[sublime]
sublime; sublime
Era una scena sublime.
-It was a sublime scenery.

5794 **nuora**
la
[nwora]
daughter-in-law
Lei vuole una nuora compiacente ed ignorante.
-She wants a daughter–in–law who's compliant and ignorant.

5795 **cancellata**
la
[kantʃellata]
railing
Ne ho cancellata una.
-I deleted one.

5796 **impeccabile**
adj
[impekkabile]
impeccable
La Presidenza tedesca ha portato avanti le necessarie misure giuridiche con un tempismo impeccabile.
-The German Presidency drove forward the appropriate legal measures with impeccable timing.

5797 **frammento**
il
[frammento]
fragment|snippet
Tale frammento della risoluzione è molto importante, ma purtroppo le conclusioni non sono ottimiste.
-This fragment of the resolution is very important, but sadly the conclusions are not optimistic.

5798 **suddito**
il
[suddito]
subject
Sono un leale suddito della Corona.
-I'm a loyal subject of the Crown.

5799 **servitù**
le
[servitu]
bondage
La sua servitù personale lo odiava.
-His personal servants hated him.

5800 **orsacchiotto**
il
[orsakkjotto]
teddy bear
La bambina stava piangendo per l'orsacchiotto.
-The little girl was crying for the teddy bear.

5801 **selvatico**
adj
[selvatiko]
wild
Joe è stato calpestato da un ippopotamo selvatico.
-Joe was trampled by a wild hippopotamus.

5802 **poema**
il
[poema]
poem
Questo è un poema epico.
-This is an epic poem.

5803 **accoltellare**
vb
[akkoltellare]
stab
L'uomo la aspetta fuori e la accoltella - lei muore.
-The man is waiting outside and stabs the woman with a knife - she dies.

5804 **redazione**
la
[redattsjone]
drafting
Infatti a quell' ora le redazioni sono già chiuse e si offrono notizie vecchie.
-At that time of the day, editorial staff have gone home and we are, in a way, generating old news.

5805 **barrare**
bar

vb [barrare] | Barrare se la spedizione non è destinata alla Finlandia o alla Svezia.
-To delete if consignment is not intended for Finland and Sweden.

5806 **successione** — **succession**
la
[suttʃessjone]
Lui arrivò al trono per successione.
-He came to the throne by succession.

5807 **scaldare** — **heat|warm**
vb
[skaldare]
Io voglio scaldare con il forno a microonde un alimento congelato.
-I want to microwave a frozen food.

5808 **sibilare** — **hiss|whistle**
vb
[sibilare]
Devi sibilare fortissimo e pestare i piedi, così ti lasciano in pace.
-You have to hiss really loud and stomp your feet so they'll leave you alone.

5809 **antipatico** — **unpleasant|disagreeable**
adj
[antipatiko]
Penso che Joe sia antipatico.
-I think Joe is unlikeable.

5810 **scoppio** — **outbreak**
lo
[skoppjo]
Lo scoppio è stato molto forte.
-The blast was very strong.

5811 **quercia** — **oak**
la
[kwertʃa]
Gli amanti incisero sulla corteccia della quercia le loro iniziali.
-The lovers engraved the oak tree with their initials.

5812 **intensità** — **intensity**
le
[intensit'a]
Era sopraffatto dall'intensità dell'amore di lei.
-He was overwhelmed by the intensity of her love.

5813 **vigilanza** — **supervision|surveillance**
la
[vidʒilantsa]
Soltanto la Commissione ha questi poteri di vigilanza amministrativa.
-Only the Commission has this administrative policing power.

5814 **deporre** — **lay|testify**
vb
[deporre]
I negoziatori del deposto presidente Zelaya non hanno tuttavia stabilito chi debba guidare il governo di unità.
-The negotiators of the deposed President Zelaya did not establish, however, who should head the government of unity.

5815 **ente** — **entity**
lo
[ente]
Valore pertinente utilizzato nella modellizzazione interna dell'ente.
-The relevant value used in the internal modelling of the institution.

5816 **patriota** — **patriot**
il/la
[patrjota]
Nessun uomo riesce ad essere un patriota con lo stomaco vuoto.
-No man can be a patriot on an empty stomach.

5817 **squallido** — **shabby|squalid**
adj
[skwallido]
Non ha capito niente perché impartire una lezione a qualcuno è un modo squallido di educare, un modo che non ha mai funzionato.
-They have not understood a thing, for teaching someone a lesson is a dismal way of educating them and one that has never worked.

5818 **residente** — **resident; resident**
adj; il/la
[rezidente]
Cosa significa "straniero residente"?
-What does "resident alien" mean?

5819 **cordiale** — **cordial; cordial**
adj; il
[kordjale]
Lui è molto cordiale, quindi è un piacere lavorare con lui.
-He is very friendly, so I enjoy working with him.

5820 **scarso** — **poor|low**

adj | Mi vergogno di me stesso per il mio inglese scarso.
[skarso] | -I am ashamed of myself for my poor English.

5821 **pera** **pear**
la
[pera]
Preferisce una mela o una pera?
-Do you prefer an apple or a pear?

5822 **palma** **palm**
la
[palma]
Noi produciamo del vino di palma.
-We produce palm wine.

5823 **tabella** **table**
la
[tabella]
Sono indietro di trenta minuti rispetto alla tabella di marcia.
-They're 30 minutes behind schedule.

5824 **umidità** **humidity|moisture**
le
[umidit'a]
Sì, lo è. C'è molta umidità nell'aria.
-Yes, it is. There's a lot of moisture in the air.

5825 **furgoncino** **van**
il
[furgontʃino]
Noleggia un furgoncino a tempo.
-Hire a minivan by the hour.

5826 **schiantare** **smash**
vb
[skjantare]
Fury è riuscito a farlo schiantare qui prima di...
-Fury managed to crash it here before he...

5827 **sonare** **blow**
vb
[sonare]
Tuttavia esse suonano anche per richiamare all'azione.
-But bells also ring out a call to action.

5828 **usanza** **custom|practice**
la
[uzantsa]
Questa usanza risale ai tempi antichi.
-This custom dates from ancient times.

5829 **fondatore** **founder; founding**
il; adj
[fondatore]
La Apple perderà la sua magia ora che il suo fondatore visionario è deceduto?
-Will Apple lose its mojo now that its visionary founder is dead?

5830 **puramente** **purely|only**
adv
[puramente]
Nel suo saggio "Esperanto: lingua europea o asiatica" Claude Piron ha evidenziato le somiglianze tra l'esperanto e il cinese, mettendo con ciò le basi all'idea che l'esperanto sia puramente eurocentrico.
-In his essay "Esperanto: European or Asiatic language" Claude Piron has shown the similarities between Esperanto and Chinese, thereby putting to rest the notion that Esperanto is purely eurocentric.

5831 **superstizione** **superstition**
la
[superstittsjone]
Non credo a questa stupida superstizione.
-I have no faith in a silly superstition.

5832 **ambulante** **itinerant**
adj
[ambulante]
Il venditore ambulante portava un grosso carico sulle spalle.
-The peddler carried a big bundle on his back.

5833 **rude** **rude|rough**
adj
[rude]
È rude.
-She is curt.

5834 **soprannaturale** **supernatural|unearthly**
adj
[soprannaturale]
Crede nel soprannaturale.
-He believes in the supernatural.

5835 **rimorso** **remorse**

	il [rimorso]	Lui non ha alcun rimorso. -He has no remorse.
5836	**prescegliere** vb [preʃʃeʎʎere]	**choose** L'identificatore prescelto si può localizzare con certezza e sicurezza per quanto riguarda l'animale? -Can the chosen identifier be securely and safely located as far as the animal is concerned?
5837	**anormale** adj [anormale]	**abnormal** Questa situazione è del tutto anormale. -This is a completely abnormal situation.
5838	**sporcizia** la [sportʃittsja]	**dirt|filth** E' una sfera d'acqua, e quelle sono particelle di sporcizia. -That's a ball of water, and those are dirt particles.
5839	**colletto** il [kolletto]	**collar|neck** Mi afferrò per il colletto. -He grabbed me by the collar.
5840	**laguna** la [laguna]	**lagoon** La laguna era circondata da palme, come vedete, e da qualche mangrovia. -And the lagoon was surrounded by palm trees, as you can see, and a few mangrove.
5841	**corrispondente** adj; il [korrispondente]	**corresponding; correspondent** Il corrispondente R.W. Johnson ha recentemente rivolto critiche violentissime alla tirannia di Mugabe. -The correspondent R.W. Johnson recently levelled ultimate criticism of Mugabe's tyranny.
5842	**leggendario** adj [leddʒendarjo]	**legendary** Avvicinandosi leggendario Borodinskaya Stazione, costruito nel 1948. -We are approaching the legendary station Borodinskaïa, built in 1948.
5843	**sos** gli [sos]	**SOS** There is a need for SOS Democracy because democracy comes first. -Abbiamo bisogno di SOS Democrazia, perché la democrazia viene per prima.
5844	**determinato** adj [determinato]	**determined** Joe è determinato. -Joe is assertive.
5845	**insonnia** la [insonnja]	**insomnia** L'insonnia è molto comune. -Insomnia is very common.
5846	**prodigio** il [prodidʒo]	**prodigy|wonder** Joe è un bambino prodigio. -Joe is a child prodigy.
5847	**ricetta** la [ritʃetta]	**recipe|prescription** Mi servirà una ricetta? -Will I need a prescription?
5848	**ammirevole** adj [ammirevole]	**admirable** È ammirevole che non abbia detto assolutamente nulla. -It is remarkable that he said nothing at all.
5849	**liquidazione** la [likwidattsjone]	**liquidation|closeout** Vuole gestire la liquidazione da solo. -He wants to handle the liquidation all by himself.
5850	**segnalazione**	**signal**

la [seɲɲalattsjone] Frequenza della segnalazione e scadenza La segnalazione alla BCE deve essere fatta mensilmente.
-Reporting frequency and deadline Reporting to the ECB shall be monthly.

5851 **curvatura** la [kurvatura] **curvature|bending**
Forse, dovremmo diminuire la curvatura.
-I think we should drop out of warp.

5852 **collisione** la [kollizjone] **collision|crash**
Miliardi di megavolt in una collisione protonica costante.
-Billion Megavolts in a sustained proton collision.

5853 **duce** il [dutʃe] **leader**
Non esiste solo il duca di Bedford; anche noi abbiamo i nostri piccoli duchi in questo caso.
-There is not just the Duke of Bedford; we, too, have our little dukes, in this case.

5854 **controfigura** la [kontrofigura] **double**
Usiamo una controfigura e inseriamo dopo le scene in primo piano.
-We can just use a double and just put in the close–ups later.

5855 **pornografia** la[pornografja] **pornography**
Non è pornografia, è arte. -It's not pornography, it's art.

5856 **fumatore** il [fumatore] **smoker**
Joe è un fumatore.
-Joe is a smoker.

5857 **cena** la [tʃena] **dinner**
Joe rimase in silenzio durante la cena.
-Joe kept silent during dinner.

5858 **remoto** adj [remoto] **remote|back**
È nata in un remoto villaggio del Nepal.
-She was born in a remote village in Nepal.

5859 **castano** adj [kastano] **brown**
Tutti abbiamo gli occhi, ma alcuni hanno occhi blu, altri li hanno castani.
-Just like we all have eyes, but some of us have blue eyes and some of us have brown eyes.

5860 **diciannove** num [ditʃannove] **nineteen**
Ero sposato quando avevo diciannove anni.
-I was married when I was nineteen.

5861 **parabrezza** il [parabrettsa] **windscreen**
Qualcuno ha rotto il parabrezza della mia macchina nuova.
-Someone broke the windscreen of my new car.

5862 **malaria** la [malarja] **malaria**
La malaria è una malattia portata dalle zanzare.
-Malaria is a disease that mosquitoes carry.

5863 **swing** lo [sviŋg] **swing**
La musica swing era una nuova forma del jazz.
-Swing music was a new form of jazz.

5864 **amabile** adj [amabile] **lovable|amiable**
Io penso che Joe sia amabile.
-I think Joe is lovable.

5865 **sabotaggio** il [sabotaddʒo] **sabotage**
Questo è un sabotaggio.
-This is sabotage.

5866 **passionale** **passionate**
adj
[passjonale]
Google: dove niente rovina una notte passionale di creazione di frasi come una virgola posizionata male o, ancora peggio, un errore di battitura dovuto a distrazione.
-Google: Where nothing ruins a passionate night of sentence-making like a poorly placed comma or, even worse, a careless typo.

5867 **ruga** **wrinkle|pucker**
la
[ruga]
E credo di avere una ruga nel decollete'.
-And I think I'm getting a cleavage wrinkle.

5868 **sofisticare** **sophisticate**
vb
[sofistikare]
E'giunta l'ora di smettere di sofisticare sull'obbligo di riservatezza dei consulenti legali.
-The time has come to stop quibbling about lawyer confidentiality.

5869 **sottovalutare** **underestimate|understate**
vb
[sottovalutare]
Non la sottovalutare.
-Don't underestimate her.

5870 **titolare** **holder**
il/la
[titolare]
Il controllo è eseguito dal titolare.
-The monitoring shall be carried out by the holder.

5871 **caldaia** **boiler**
la
[kaldaja]
La caldaia è stata fortemente ridimensionata.
-The boiler was heavily scaled.

5872 **frustrare** **frustrate**
vb
[frustrare]
Non permettere di frustrare il tuo progetto in noi.
-Do not let us frustrate your plans for us.

5873 **zebra** **zebra**
la
[dzebra]
Inoltre, i pratici materiali di consumo per camera sterile di Zebra non richiedono procedure di sterilizzazione.
-Convenient cleanroom supplies from Zebra do not require sterilization.

5874 **umiltà** **humility**
la
[umilt'a]
La mia umiltà mi rende orgogliosa.
-My humility makes me proud.

5875 **incomprensibile** **incomprehensible**
adj
[iŋkomprensibile]
È un discorso incomprensibile.
-It is unintelligible speech.

5876 **verginità** **virginity**
la
[verdʒinit'a]
Era simbolo di verginità e purezza.
-It was a symbol of virginity and purity.

5877 **tributare** **render**
vb
[tributare]
Dovremmo tributare il dovuto riconoscimento al modo in cui il popolo giapponese si è comportato e agli interventi dei servizi di soccorso e prevenzione.
-We should acknowledge the way in which the Japanese people have conducted themselves and the actions of the rescue and prevention services.

5878 **sterile** **sterile|barren**
adj
[sterile]
Non posso rimanere incinta. Sono sterile.
-I cannot get pregnant. I am sterile.

5879 **soffocare** **choke|smother**
vb
[soffokare]
Carol non poteva soffocare le lacrime.
-Carol couldn't choke back her tears.

5880 **nativo** **native**
adj
[nativo]
Io sono un nativo cileno e un fiero parlante dello spagnolo.
-I'm a native Chilean, and proud Spanish speaker.

5881 **matrice** **matrix|die**
la
[matritʃe]
We drew up generic matrices with these countries, at their request, for it was they who provided the content for the agreements.
-Abbiamo preparato matrici generiche con questi paesi, dietro loro richiesta, perché sono stati loro a fornire il contenuto degli accordi.

5882 **rinoceronte** **rhinoceros**
il
[rinotʃeronte]
E l'esercito cacciava per procurarsi i preziosi corni di rinoceronte e le zanne di elefante.
-And the army hunted for valuable rhino horns and tusks.

5883 **ghiacciare** **freeze**
vb
[gjattʃare]
Potrebbe ghiacciare la settimana prossima.
-It may freeze next week.

5884 **inquilino** **tenant|lodger**
il
[iŋkwilino]
Sua sorella ha sposato un mio inquilino.
-His sister's married to a tenant of mine.

5885 **decenza** **decency**
la
[detʃentsa]
È conosciuto per la sua decenza. Non è mai stato coinvolto in un atto corrotto.
-He is known for his decency. He has never been involved in a corrupt act.

5886 **vincita** **win**
la
[vintʃita]
Le prime due sono ritratti dei vincitori dei mega montepremi, qualche anno prima e dopo la vincita.
-Those first two are portraits of mega-jackpot winners years before and after their win.

5887 **contrattempo** **setback**
il
[kontrattempo]
Scusate un attimo, c'è un contrattempo.
-Excuse me a moment, there is a mishap.

5888 **ordinazione** **order|purchase order**
le
[ordinattsjone]
Nella stessa sacra Ordinazione, è ontologicamente presente la dimensione missionaria.
-In Holy Ordination itself, the missionary dimension is ontologically present.

5889 **carovana** **caravan**
la
[karovana]
Aspettano la prossima carovana per espellermi.
-I'll be deported on the next caravan.

5890 **urto** **impact|hit**
il
[urto]
Urtò l'Eurasia circa 16 milioni di anni fa, poi abbiamo quello che chiamiamo il primo esodo africano.
-Bumped into Eurasia around 16 million years ago, and then we had the first African exodus, as we call it.

5891 **disgusto** **disgust|distaste**
il
[dizgusto]
Lui rifiutò il cibo con disgusto.
-He refused the food with disgust.

5892 **handicap** **handicap**
gli
[andikap]
Non considero la mia miopia come un handicap.
-I don't consider my myopia as an impediment.

5893 **sfogo** **vent|outburst**

lo [sfogo] Ho uno sfogo.
-I have a rash.

5894 **motorino** **moped**
il [motorino] Questo è il motore del NEPAD, il motore economico che può innescare lo sviluppo.
-That is the engine for NEPAD – the economic engine that can bring about development.

5895 **equazione** **equation**
la [ekwattsjone] Le persone tendono a considerare la traduzione, come l'algebra, con entrambi i lati dell'equazione identici, quando in realtà è più simile a una cover di una canzone, dove la melodia è la stessa, ma la disposizione è unica.
-People tend to consider translation like algebra, with both sides of the equation being identical, when in fact it's more like a cover version of a song, where the tune is the same, but the arrangement is unique.

5896 **memorabile** **memorable**
adj [memorabile] Signor Presidente, è stata di nuovo una discussione memorabile, probabilmente più memorabile ancora per l'on.
-Mr President, again this has been a memorable debate, probably most memorable for Mr Blokland.

5897 **decorazione** **decoration|decor**
la [dekorattsjone] La decorazione della chiesa è bella.
-The decoration of the church is beautiful.

5898 **divorare** **devour**
vb [divorare] Signora Presidente, l'Unione europea ha già circa 40 agenzie europee che ogni anno divorano 1,5 miliardi di euro.
-Every year, these organisations gobble up EUR 1.5 billion.

5899 **conduttore** **conductor**
il [konduttore] Joe è un conduttore radiofonico popolare.
-Joe is a popular radio host.

5900 **astuzia** **cunning|astuteness**
la [astuttsja] Mi ha superato in astuzia.
-He outsmarted me.

5901 **espiatorio** **whipping boy**
lo [espjatorjo] Esso faceva parte del sacrificio espiatorio ed impetratorio che doveva guadagnare il Regno di Dio all'umanità.
-This was all part of the expiatory sacrifice that was needed for the Reign of God to come for humanity.

5902 **spinello** **reefer**
lo [spinello] Uno spinello da dividere con gli amici.
-Ajoint you share with your mates or something.

5903 **bufera** **storm**
la [bufera] Non troveremo mai Joe in questa bufera di neve.
-We'll never find Joe in this blizzard.

5904 **bacetto** **peck**
il [batʃetto] Un bacetto platonico sulla guancia.
-It was a platonic peck on the cheek.

5905 **plausibile** **plausible**
adj [plauzibile] Cos'è plausibile?
-What is plausible?

5906 **pantofola** **slipper**

	la [pantofola]	Ha sfasciato tutte le lampadine con la mia pantofola. -He smashed all the light bulbs with the heel of my slipper.
5907	**vigore** il [vigore]	**force|vigor** La legge entrerà in vigore a partire dal primo aprile. -The law will be effective from the 1st of April.
5908	**incassare** vb [iŋkassare]	**cash|collect** Puoi incassare questo assegno per me? -Can you cash this check for me?
5909	**testone** il [testone]	**blockhead** Cosa? Lanciare questi pretzel sul tuo testone vecchio -Throw these pretzels at your big head.
5910	**curvo** adj [kurvo]	**curved** Lo ricordo che un giorno attraversava Napoli con due sacchetti pesanti, uno per mano, e camminava un po' curvo su questo peso e gli dissi: "Don Ruotolo che facciamo? -I remember that one day Naples crossed with two heavy bags, one by the hand and walked slightly bent on this weight and said: "Don Ruotolo we do?
5911	**cosiddetto** adj [koziddetto]	**so-called** Vedo molte persone ballare e trarne un cosiddetto divertimento. -I see lot of people dancing around and having a so–called good time.
5912	**orientamento** il [orjentamento]	**orientation** Persi il mio senso dell'orientamento nella tempesta di neve. -I lost my sense of direction in the snowstorm.
5913	**cigolio** il [tʃigoljo]	**creaking|squeaking** La bici aveva un piccolo cigolio alla catena piuttosto fastidioso. -The bike had this squeak in the chain... that was really annoying.
5914	**pacifico** adj [patʃifiko]	**Pacific|peaceful** Ha lavorato sodo per mantenere il Kansas pacifico. -He had worked hard to keep Kansas peaceful.
5915	**bastoncino** il [bastontʃino]	**stick** La poveretta è attaccata ad un bastoncino, quindi per la nostra mantide è stato addirittura più facile assestare il colpo. -And the snail's wired to a stick, so he's a little bit easier to set up the shot.
5916	**mango** il [maŋgo]	**mango** Queste cose verdi in primo piano sono dei mango. -Those green things in the foreground are mangoes.
5917	**cimice** la [tʃimitʃe]	**bug** Dovevi mettere quella cimice a Larry. -You were supposed to plant that bug on Larry.
5918	**cazzeggiare** vb [kattseddʒare]	**fuck around** Joe trascorse il pomeriggio a cazzeggiare nel suo garage. -Joe spent the afternoon messing around in his garage.
5919	**scaffale** lo [skaffale]	**shelf** Joe mise il libro sullo scaffale. -Joe put the book on the shelf.
5920	**sorridente** adj [sorridente]	**smiling** Joe è sorridente. -Joe's grinning.
5921	**passeggio**	**lift|passage**

il | Pensavo che potevi darmi un passaggio.
[passeddʒo] | -I thought maybe you could give me a ride.

5922 **normalità** | **normality**
la | Ora è tornato tutto alla normalità.
[normalit'a] | -Everything is now back to normal.

5923 **portatore** | **bearer**
il | Il portatore di questa lettera è il mio amico Suzuki.
[portatore] | -The bearer of this letter is my friend Suzuki.

5924 **macchinista** | **machinist|engineer**
il | Mi rifiuto categoricamente di accettare che l'Europa sia un treno con un motore americano e con un macchinista americano.
[makkinista] | -I ultimately refuse to accept Europe as the train whose steam engine is American and which has an American engine driver.

5925 **squadrone** | **squadron**
lo | Lo squadrone rilevò un agguato e si arrampicò per avere una copertura.
[skwadrone] | -The squadron encountered an ambush and scrambled for coverage.

5926 **sottoscritto** | **undersigned**
adj | Nella votazione finale, i sottoscritti si sono espressi a favore di questa risoluzione.
[sottoskritto] | -The undersigned voted in favour in the final vote on this resolution.

5927 **pasticceria** | **confectionery**
la | La ragazza che lavora nella pasticceria è affabile.
[pastittʃerja] | -The girl who works in the bakery is affable.

5928 **eccentrico** | **eccentric|erratic**
adj | Joe è piuttosto eccentrico, vero?
[ettʃentriko] | -Joe is quite eccentric, isn't he?

5929 **incoraggiamento** | **encouragement**
il | Io avevo solo bisogno di un po' di incoraggiamento.
[iŋkoraddʒamento] | -I just needed a little encouragement.

5930 **litigio** | **quarrel|squabble**
il | Ebbi un litigio con loro.
[litidʒo] | -I had an argument with them.

5931 **tournée** | **tour**
la | Allora aveva appena interrotto una tournée del Gesù.
[tourn'ee] | -At the time, he had just cut short a Jesus tour.

5932 **ridire** | **object**
vb | Lei sempre trova da ridire su di lui.
[ridire] | -She is always finding fault with him.

5933 **colmo** | **full; ridge**
adj; il | Tali sovvenzioni sono destinate a colmare il deficit di bilancio, equivalente al 14 per cento del PIL.
[kolmo] | -This aid is intended to cover the budget deficit equivalent to 14% of GDP.

5934 **alterato** | **altered**
adj | Salman Rushdie si arrabbiò, penso, perché avevo alterato la mappa di New York, vedete?
[alterato] | -Salman Rushdie was pissed-off I think because I altered the map of New York, if you notice.

5935 **intensivo** | **intensive**

adj | Se ciò non accadrà, molti saranno spazzati via dal nostro settore intensivo.
[intensivo] | -If this does not happen, we are facing wipe-out in much of our intensive sector.

5936 **laccio** **lace|snare**
il
[lattʃo]
Quel vecchio laccio è a sinistra.
-That old lasso is on the left.

5937 **comprensivo** **inclusive**
adj
[komprensivo]
Joe è comprensivo.
-Joe is humane.

5938 **sentinella** **sentinel**
la
[sentinella]
Una sentinella per ogni uomo donna e bambino di Zion.
-A sentinel for every man, woman and child in Zion.

5939 **canarino** **canary**
il
[kanarino]
Il mio canarino è stato ucciso da un gatto.
-My canary was killed by a cat.

5940 **stupore** **amazement|wonder**
lo
[stupore]
La paziente è in uno stato di profondo stupore.
-The patient is in a state of profound stupor.

5941 **risatina** **giggle**
la
[rizatina]
(Risata) Faccio il meglio che posso, ok? (Risata) Non mi sono mai chiamato Signor Ottimismo.
-(Laughter) Doing the best I can, OK. (Laughter) I never called myself Mr.

5942 **abilitare** **qualify**
vb
[abilitare]
Abilitare JavaScript cambiando le opzioni del browser, quindi riprovare.
-Please enable JavaScript by changing your browser options, then try again.

5943 **sadico** **sadistic; sadist**
adj; il
[sadiko]
Perchè quello è un comportamento sadico, e sappiamo, gli psichiatri sanno, che solo l'uno percento degli americani è sadico.
-Because that's sadistic behavior, and we know, psychiatry knows, only one percent of Americans are sadistic.

5944 **clemenza** **clemency|leniency**
la
[klementsa]
Questa risoluzione è realmente un appello alla clemenza.
-This resolution is really an appeal for clemency.

5945 **cactus** **cactus**
i
[kaktus]
Ma era troppo roccioso e pieno di cactus in cima.
-But it was too stoney and full of cactus on top.

5946 **singolare** **singular|unusual**
adj
[siŋgolare]
È singolare.
-It is singular.

5947 **macchinario** **machinery**
il
[makkinarjo]
Che razza di macchinario eccezionale ha questo tizio nella testa?
-What kind of remarkable machinery does this guy have in his head?

5948 **ruggire** **roar**
vb
[ruddʒire]
Non posso ruggire come un leone. Io sono uno sciacallo.
-I cannot roar like a lion. I'm a jackal.

5949 **riscuotere** **collect**
vb
[riskwotere]
Spero che riscuota ampio consenso.
-I hope that it will meet with broad approval.

5950 **retata** **haul|round-up**

la
[retata]
Mathias pensa che il cartello abbia fatto piazza pulita dopo la retata.
-Mathias thinks the cartel was cleaning house after his raid.

5951 **cripta**
la
[kripta]
crypt
Le ha impedito di passare troppo tempo nella mia cripta.
-Like, when Dawn was hanging out too much in my crypt, Buffy put a right stop to it.

5952 **emporio**
il
[emporjo]
emporium
Bradley Burroughs lavorerà con noi nell'emporio.
-Bradley Burroughs will be working with us, in the store.

5953 **forzato**
adj
[fortsato]
forced|far-fetched
Sono stato forzato a dare le dimissioni.
-I was forced to resign.

5954 **zattera**
la
[tsattera]
raft
I ragazzi costruirono una zattera.
-The boys built a raft.

5955 **gradimento**
il
[gradimento]
liking
Puoi scegliere qualsiasi libro sia di tuo gradimento.
-You may choose whichever book you like.

5956 **strambo**
adj; lo
[strambo]
wacky; weirdo
Io non sono un tipo strambo.
-I'm not a weirdo.

5957 **radunare**
vb
[radunare]
gather|muster
La gente non si sarebbe potuta radunare senza venir arrestata e portata in prigione.
-People could not gather without getting busted and taken to jail.

5958 **maniglia**
la
[maniʎʎa]
handle
Dovrebbe esserci una maniglia vicino la valvola.
-There should be a handle next to the throttle.

5959 **dispensa**
la
[dispensa]
pantry|dispensation
E' un buco nero in cui gli scettici di ogni genere vengono inghiottiti, per poi dispensare il loro fiele.
-It is a black hole in which sceptics of all kinds are swallowed up, there to dispense their venom.

5960 **cerotto**
il
[tʃerotto]
plaster
Vide un piccolo cerotto sul suo ginocchio sinistro.
-He saw a small Band-Aid on her left knee.

5961 **equo**
adj
[ekwo]
fair
È equo se ottengono una paga uguale per lo stesso lavoro.
-It's fair if they get equal pay for the same job.

5962 **bombardare**
vb
[bombardare]
bomb|shell
Non possiamo bombardare editici che sappiamo contengono civili sani.
-We can't just bomb buildings we know contain uninfected civilians.

5963 **alluminio**
lo
[alluminjo]
aluminum
Le alternative sicure esistono: alluminio idrato, esteri di fosfato.
-There are safe alternatives, namely aluminium hydroxides and phosphate esters.

5964 **repentaglio**
lo
[repentaʎʎo]
jeopardy
Si tratta di esiti negativi che mettono a serio repentaglio il raggiungimento degli obiettivi dell'accordo e che non devono ripetersi al momento del rinnovo.

-These are failures that put the achievement of the agreement's goals at serious risk, and they must not be repeated when it is renewed.

5965 **intenzionalmente** **purposely**
adv
[intentsjonalmente]
Joe lo fece intenzionalmente.
-Joe did that intentionally.

5966 **reincarnazione** **reincarnation**
la
[reiŋkarnattsjone]
Commissario Lamy, le auguro ogni successo nella sua prossima reincarnazione.
-Mr Lamy, I wish you every success in your next reincarnation.

5967 **allergia** **allergy**
le
[allerdʒa]
Hà qualche allergia?
-Do you have any allergies?

5968 **scultura** **sculpture**
la
[skultura]
C'è una scultura di vetro in giardino.
-There is a glass sculpture in the garden.

5969 **arare** **plow|till**
vb
[arare]
Ti serve qualcosa di robusto, per arare un campo.
-You need something solid to plow a field.

5970 **contrasto** **contrast**
il
[kontrasto]
Questi diritti e queste libertà non possono in nessun caso essere esercitati in contrasto con i fini e i principi delle Nazioni Unite.
-These rights and freedoms may in no case be exercised contrary to the purposes and principles of the United Nations.

5971 **cinta** **belt**
la
[tʃinta]
La cinta è una cravatta per bambini.
-The belt is a baby's necktie.

5972 **disattivare** **deactivate**
vb
[dizattivare]
Anziché disconnettere completamente il tuo account e disattivare la sincronizzazione, puoi decidere quali elementi sincronizzare facendo clic su Avanzate.
-Instead of disconnecting your account entirely and disabling sync, you can choose what you want to sync by clicking Advanced.

5973 **imprigionare** **imprison|trap**
vb
[impridʒonare]
Joe trovò le prove di cui avevamo bisogno per imprigionare l'assassino di Mary.
-Joe found the evidence we needed to convict Mary's killer.

5974 **seccato** **annoyed**
adj
[sekkato]
Joe era seccato.
-Joe was disgruntled.

5975 **piantagione** **plantation**
la
[pjantadʒone]
Producevano anche mangrovie in una piantagione.
-They were also producing mangroves in a plantation.

5976 **vagare** **wander|roam**
vb
[vagare]
Ho paura di vagare nel buio.
-I am frightened of walking in the darkness.

5977 **spadaccino** **swordsman**
lo
[spadattʃino]
È uno spadaccino della scuola Muraku.
-He is a swordsman of the Muraku school.

5978 **elmo** **helmet**
il
[elmo]
#N/A

5979 **aceto** **vinegar**
il
[atʃeto]
Portami dell'aceto e dell'olio, per piacere.
-Bring me vinegar and oil, please.

5980 **parentesi** **parenthesis|bracket**
la
[parentezi]
Metta una parola tra parentesi.
-Put a word in parentheses.

5981 **elaborare** **process|elaborate**
vb
[elaborare]
Potresti elaborare?
-Could you elaborate?

5982 **secondario** **secondary**
adj
[sekondarjo]
I diritti fondamentali negli attuali Trattati rivestono un ruolo secondario.
-Fundamental rights are of secondary importance in treaties these days.

5983 **spillo** **pin**
lo
[spillo]
Si staranno litigando lo spazio sullo spillo.
-I think they're arguing about the space on the pin.

5984 **impertinente** **impertinent|naughty**
adj
[impertinente]
Non essere impertinente.
-Don't be impertinent.

5985 **puntura** **puncture|sting**
la
[puntura]
Joe morì per una puntura di scorpione.
-Joe died from a scorpion sting.

5986 **viceversa** **vice versa**
adv
[vitʃeversa]
Tutti sanno che lei piace a lui e viceversa.
-Everybody knows that he likes her and vice versa.

5987 **disperso** **missing; missing person**
adj; il
[disperso]
Il tornado si è disperso senza danno.
-The tornado dissipated without harm.

5988 **adagio** **adage; adagio**
il; adv
[adadʒo]
Conferma l'adagio che la saggezza si trova nei posti più inaspettati.
-Proves the adage that wisdom can be found in the most unlikely places.

5989 **stanchezza** **fatigue|lassitude**
la
[staŋkettsa]
Era pallido dalla la stanchezza dopo la notte insonne.
-He was pale with fatigue after his sleepless night.

5990 **pettinatura** **combing|hairstyle**
la
[pettinatura]
Sally cambiava continuamente pettinatura.
-Sally was constantly changing her hairstyle.

5991 **raccomandazione** **recommendation**
la
[rakkomandattsjone]
Noi abbiamo una raccomandazione.
-We have a recommendation.

5992 **connettere** **connect|joint**
vb
[konnettere]
Non posso connettere il mio telefono a Internet.
-I cannot connect my phone to the Internet.

5993 **assoluzione** **absolution**
la
[assoluttsjone]
Spiacente ma non funziona così l'assoluzione.
-I'm afraid that's not how absolution works.

5994 **misurare** **measure|gauge**
vb
[mizurare]
Beh se ci pensate, è veramente difficile misurare delle colonne rotonde usando un righello.
-Well if you think about it, it's really hard to measure out round columns using a ruler.

5995 **annata** **vintage**
la
[annata]
Signori, signora Thompson, grazie per la fantastica annata.
-(elephant trumpets) Gentlemen, Mrs. Thompson, thank you for a terrific year.

5996 **capolinea** **terminus**
il
[kapolinea]
I disabili devono avere accesso a un sistema di trasporti e occorre inoltre salvaguardare i diritti delle persone a mobilità ridotta in termini di assistenza alle fermate e ai capolinea.
-Persons with disabilities must have access to a transport system and the rights of persons with reduced mobility must be safeguarded in terms of getting assistance at stops and terminals.

5997 **redattore** **editor**
il
[redattore]
Era il redattore del Seattle Courier.
-That was the editor of the Seattle courier.

5998 **vescica** **bladder**
la
[veʃʃika]
Io ho avuto un'infezione alla vescica il mese scorso.
-I had a bladder infection last month.

5999 **amuleto** **amulet**
il
[amuleto]
Consacrarci alla Madonna vuol dire legarci a Lei e non trovare, in questo, una specie di talismano, o amuleto portafortuna.
-Consacriamo us to Madonna means to bind her and not find, in this, a kind of talisman or amulet lucky.

6000 **metano** **methane**
il
[metano]
Dal 1990, le emissioni di metano sono diminuite dell'11%.
-Since 1990, methane emissions have decreased by 11%.

6001 **asfalto** **asphalt**
il
[asfalto]
Queste molecole sono chiamate asfalteni: sono un ingrediente dell'asfalto.
-Those are called the asphaltenes; they're an ingredient in asphalt.

6002 **giustificazione** **justification|excuse**
la
[dʒustifikattsjone]
Molti casi simili potrebbero trovare una giustificazione identica.
-A number of approaches could all be said to have equal justification.

6003 **recinzione** **enclosure**
la
[retʃintsjone]
Rimase appoggiato alla recinzione.
-He stood leaning against the fence.

6004 **ricorso** **appeal|resort**
il
[rikorso]
Io avrei fatto ricorso, come minimo.
-I would have at the least used it.

6005 **argo** **argon**
gli
[argo]
Inoltre ARGO non può riguardare solo la collaborazione fra burocrazie nazionali.
-In addition, ARGO cannot simply be a case of collaboration by national bureaucracies.

6006 **cacare** **shit**
vb
[kakare]
Fare cacare sotto qcn dalla paura.
-To scare the shit out of sb.

6007 **steroide** **steroid**
lo
[steroide]
Power Blast contiene due ingredienti non elencati e pericolosi: un diuretico... e uno steroide anabolizzanet!
-Power Blast contains two unlisted and dangerous ingredients... a diuretic and an anabolic steroid.

6008 **rozzo** **rough|coarse**

	adj [rottso]	C'è stato un rozzo tentativo di simulare la forzatura dell'ingresso dall'esterno. -A crude attempt had been made to suggest that entry had been forced from the outside.
6009	**trio** il [trjo]	**trio** Questo è il trio 1913 che esegue uno dei miei brani al Milwaukee Art Museum. -This is the 1913 Trio performing one of my pieces at the Milwaukee Art Museum.
6010	**rimorchio** il [rimorkjo]	**trailer** I servizi oggetto di questa direttiva relativamente a rimorchio, ormeggio, movimentazione, compresi carico e scarico, non meritano un'attenzione particolare. -The services covered by this directive for towing, mooring, cargo-handling, including loading and unloading, do not warrant special attention.
6011	**infrarosso** adj [infrarosso]	**infrared** C'era un raggio infrarosso che tagliava il sentiero, e lui l'ha attraversato attivando la macchina fotografica. -There's an infrared beam that's going across, and he has stepped into the beam and taken his photograph.
6012	**abitazione** le [abitattsjone]	**home|house** Hanno assunto una società di traslochi per trasportare le loro cose alla loro nuova abitazione. -They hired a moving company to transport their belongings to their new home.
6013	**gradualmente** adv [gradwalmente]	**gradually** Mia nonna stava gradualmente diventando smemorata e fragile. -My grandmother was gradually becoming forgetful and frail.
6014	**indimenticabile** adj [indimentikabile]	**unforgettable** Lei è indimenticabile. -You're unforgettable.
6015	**sventura** la [zventura]	**misfortune** Signora Presidente, la sventura che ha colpito il popolo giapponese è stata immensa. - Madam President, the misfortune that the Japanese people have experienced is immense.
6016	**viziato** adj [vittsjato]	**vitiated** È un bambino viziato. -He is a spoiled child.
6017	**inciampare** vb [intʃampare]	**stumble|trip** Faccia attenzione a non inciampare. -Be careful not to trip.
6018	**lumaca** la [lumaka]	**snail** Io sono una lumaca, e le lumache non sono mai di fretta. -I am a snail and snails are never in a hurry.
6019	**polare** adj [polare]	**polar** La Stella Polare è molto facile da trovare. -The North Star is very easy to find.
6020	**moralmente** adv [moralmente]	**morally** Possono includere riti degradanti o pratiche che sono moralmente discutibili.

-They may include degrading rites or practices which are morally objectionable.

6021 **pattino** il [pattino] **runner**
È stata uccisa alla pista, picchiata con un pattino, d'accordo.
-She was killed at the rink, beaten with a skate, all right.

6022 **serale** adj [serale] **evening**
Va alla scuola serale.
-She goes to night school.

6023 **crudo** adj [krudo] **raw|piping**
Fiducioso come sono che voi non scherziate con questo appello, il mio cuore affonda e la mia mano trema al pensiero nudo e crudo di una tale possibilità.
-Confident as I am that you will not trifle with this appeal, my heart sinks and my hand trembles at the bare thought of such a possibility.

6024 **sfacciato** adj; lo [sfattʃato] **cheeky; jackanapes**
Joe è sfacciato, vero?
-Joe is shameless, isn't he?

6025 **ipnosi** le [ipnozi] **hypnosis**
Ma non c'è alcuna informazione -- è pura ipnosi.
-But there is just no information, it's just -- it's just hypnosis.

6026 **percepire** vb [pertʃepire] **perceive|feel**
Riesci a percepire l'amore, stanotte?
-Can you feel the love tonight?

6027 **ombelico** il [ombeliko] **navel**
È come pulire l'ombelico di tutto il palazzo.
-Like cleaning out the entire building's belly button.

6028 **fornitore** il [fornitore] **supplier**
Ora afferma di essere il fornitore.
-Now you're copping to being the supplier.

6029 **previdenza** la [previdentsa] **foresight**
Il suo scopo finale è smantellare i servizi pubblici e svilire i sistemi di previdenza sociale.
-Its ultimate aim is to dismantle public services and downgrade our social welfare systems.

6030 **padiglione** il [padiʎʎone] **pavilion**
Vorrei chiedere se è ancora possibile acquistare un padiglione.
-Then I want to ask it's still possible to buy a pavilion.

6031 **uranio** il [uranjo] **uranium**
Riguardo a temi quali l'arricchimento dell'uranio c'è bisogno di rinnovamento.
-On issues such as the enrichment of uranium, there is a need for renewal.

6032 **bacca** la[bakka] **berry**
Il latte di semi di bacca contiene dieci amminoacidi essenziali e ferro. -Berry seed milk contains 10 essential amino acids and iron.

6033 **propulsore** il [propulsore] **propeller**
Questo è sempre il propulsore dell'ala sinistra.
-This one is also the left wing thruster.

6034 **sospiro** il [sospiro] **sigh**
Joe ha emesso un sospiro di sollievo.
-Joe let out a sigh of relief.

6035 **freezer** **freezer**

il Joe mise il gelato nel freezer.
[freeddzer] -Joe put the ice cream in the freezer.

6036 **frittata** **omelette**
la Sa cucinare una frittata?
[frittata] -Can you cook an omelet?

6037 **mustang** **mustang**
i La mia prima macchina fu una Mustang del 75 verde elettrico.
[mustaŋg] -And my first car was a 1975 electric-green Mustang.

6038 **container** **container**
i Erano soldi portati fuori con valigette o container, ovviamente in contanti.
[kontainer] -These were money taken out in suitcases or in containers, in cash of course.

6039 **apparente** **apparent**
adj La sua calma è più apparente che reale.
[apparente] -His calmness is more apparent than real.

6040 **illustre** **illustrious|distinguished**
adj La gente pensava che fosse un illustre scienziato.
[illustre] -The people thought that he was a distinguished scientist.

6041 **rintocco** **stroke**
il Sebbene ad essere onesto di solito non ricevo prima del secondo rintocco del mezzodì.
[rintokko] -Though to be honest I am not accustomed to enjoining council until the second stroke of midday.

6042 **zanzara** **mosquito**
la C'è una zanzara sul suo avambraccio destro.
[dzantsara] -You have a mosquito on your right forearm.

6043 **impiegare** **use|take**
vb Potrebbe impiegare un po' di tempo.
[impjegare] -That might take some time.

6044 **marziano** **Martian; Martian**
adj; il E poi, ovviamente, la NASA fece un grande annuncio, e il Presidente Clinton tenne una conferenza stampa, su questa scoperta incredibile della presenza di vita su un meteorite marziano.
[martsjano] -And then, of course, NASA also had a big announcement, and President Clinton gave a press conference, about this amazing discovery of life in a Martian meteorite.

6045 **rotondo** **round**
adj Aveva un piccolo oggetto rotondo in mano.
[rotondo] -She had a little round object in her hand.

6046 **mignolo** **pinkie**
il Quando eravamo piccoli, si è tagliato il mignolo di netto.
[miɲɲolo] -Now, when we were kids, he – he blew his pinky clean off.

6047 **innanzi** **before; forward**
prp; adv Innanzi tutto, la Costituzione definisce i diritti e i doveri dei cittadini.
[innantsi] -Firstly, the Constitution sets forth the rights and duties of citizens.

6048 **eventuale** **possible**
adj Inoltre, gli emendamenti di compromesso presentati risolvono ogni eventuale problema.
[eventwale] -Besides, the compromise amendments submitted resolve any problems there may be.

6049 **ventina** **around twenty**

la
[ventina]
Lo scuolabus fa una ventina di fermate.
-The school bus makes about twenty pickups.

6050 **delicatamente** **gently**
adv
[delikatamente]
Fallo delicatamente.
-Do it delicately.

6051 **disonesto** **dishonest**
adj
[dizonesto]
Io non sono disonesto.
-I'm not dishonest.

6052 **monetario** **monetary**
adj
[monetarjo]
FMI sta per "Fondo Monetario Internazionale".
-IMF stands for International Monetary Fund.

6053 **devastante** **devastating**
adj
[devastante]
Questo è devastante.
-This is devastating.

6054 **villano** **rude; villein**
adj; il
[villano]
Sei stato villano con i miei amici.
-You were rude to my friends.

6055 **clausola** **clause|provision**
la
[klauzola]
Seconda domanda: gli sconti selettivi della clausola democratica sono ammissibili?
-Second question: are the selective discounts of the democracy clause permissible?

6056 **caffetteria** **cafeteria**
la
[kaffetterja]
Sto leggendo il giornale nella caffetteria.
-I am reading the newspaper in the café.

6057 **broncio** **pout|sulk**
il
[brontʃo]
Rispondere facendo il broncio.
-To answer with a pout.

6058 **oculare** **eye**
adj
[okulare]
Joe era l'unico testimone oculare.
-Joe was the only eyewitness.

6059 **firma** **signature**
la
[firma]
Firma il libro dei visitatori.
-Sign the guest book.

6060 **centrare** **center**
vb
[tʃentrare]
Per leggere le istruzioni, consulta questo articolo del Centro assistenza.
-For instructions, see this Help Center article.

6061 **annettere** **annex|attach**
vb
[annettere]
Non ci si può annettere del territorio e colonizzare, e poi volere la pace.
-One cannot annex territory and colonise and then want peace.

6062 **terminal** **terminal**
il
[terminal]
The Slovenian public and the Slovenian Government are firmly opposed to this terminal.
-I cittadini e il governo sloveni si oppongono con forza alla costruzione del terminale.

6063 **orgia** **orgy|profusion**
la
[ordʒa]
Milioni di animali sani furono macellati inutilmente in un'orgia di abbattimenti e di roghi che sconvolse il mondo.
-Millions of healthy animals were needlessly slaughtered in an orgy of killing and burning that shocked the world.

6064 **meditazione** **meditation|reflection**

la
[meditattsjone]
Qual è l'equivalente turco della meditazione?
-What is the Turkish equivalent of meditation?

6065 **letame** **manure|dung**
il
[letame]
Il letame biologico di pollo ha un'elevata quantità di azoto.
-Organic chicken manure is high in nitrogen.

6066 **breccia** **breach**
la
[brettʃa]
Una squadra riparazioni lavora alla breccia.
-I've got a repairs team working on the breach.

6067 **moschettiere** **musketeer**
il
[moskettjere]
Non voglio combattere contro un moschettiere.
-I do not wish to fight a Musketeer.

6068 **odorare** **smell|scent**
vb
[odorare]
E la previsione è che dovrebbe odorare come la cumarina.
-And the prediction is it should smell of coumarin.

6069 **partigiano** **partisan; partisan**
adj; il
[partidʒano]
Abbiamo avuto un attacco hacker molto strano sui mezzi di comunicazione e informazione indipendenti che trasmettono su Internet: Carta 97, Radio Libertà e Partigiano bielorusso.
-We had a very strange hacker attack on independent internet media: on Charter 97, Radio Liberty and the Belarus Partisan.

6070 **scenografia** **scenography**
la
[ʃenografja]
Splendido lavoro di scenografia, Gloria.
-Stunning job on the scenery, Gloria.

6071 **accessorio** **accessory; subsidiary**
il; adj
[attʃessorjo]
Immaginate: che dire di un accessorio robot per il cellulare?
-So imagine this: What about a robot accessory for your cellphone?

6072 **scoglio** **rock**
lo
[skoʎʎo]
Uno scoglio scivoloso nell'alta marea.
-A slippery rock in a rising tide.

6073 **anarchia** **anarchy**
le
[anarkja]
Hai creato un'atmosfera d'anarchia qui.
-You have created... an atmosphere of anarchy around.

6074 **svuotare** **empty**
vb
[zvwotare]
Mandy, avresti dovuto svuotare la lavastoviglie.
-Mandy, you were supposed to empty the dishwasher.

6075 **locomotiva** **locomotive|railway engine**
la
[lokomotiva]
Walter, sono risaliti sulla locomotiva.
-Walter, they are back in the locomotive.

6076 **osceno** **obscene|rude**
adj
[oʃʃeno]
Joe è osceno.
-Joe is obscene.

6077 **soddisfacente** **satisfactory|satisfying**
adj
[soddisfatʃente]
La sua spiegazione non era soddisfacente.
-His explanation was not satisfactory.

6078 **briciolo** **bit**
lo
[britʃolo]
Non ha avuto un briciolo di coraggio.
-He didn't have a grain of courage.

6079 **fermamente** **firmly|strongly**
adv
[fermamente]
Credo fermamente.
-I firmly believe.

6080 **colera** **cholera**
il
[kolera]
L'anno scorso duecento persone sono morte di colera.
-Two hundred people died of cholera last year.

6081 **sigillare** **seal|seal up**
vb
[sidʒillare]
Posso sigillare la perdita.
-I can seal the leak.

6082 **gioielleria** **jewelry|jewelry store**
la
[dʒojellerja]
La gioielleria è aperta.
-The jewelry store is open.

6083 **scheggia** **splinter|chip**
la
[skeddʒa]
Una minuscola scheggia di legno, ha causato una seria infezione a uno delle dita di Joe.
-A splinter of wood, barely visible to the naked eye, caused a very painful infection in one of Joe's fingers.

6084 **portabagagli** **trunk|rack**
il
[portabagaʎʎi]
Lo capii quando Garfield aprì il portabagagli.
-It became clear when Mr. Garfield opened the trunk.

6085 **associare** **associate|combine**
vb
[assotʃare]
È importante associare i produttori alla prevenzione dei rifiuti.
-It is important to involve producers in waste prevention.

6086 **lapide** **tombstone**
la
[lapide]
Desidero pertanto chiedere se è possibile far apporre una lapide commemorativa a nome del Parlamento europeo.
-I would therefore like to ask whether it would be possible for Parliament to have a plaque made.

6087 **declino** **decline|wane**
il
[deklino]
Gli affari sono in declino.
-Business is declining.

6088 **picchio** **woodpecker**
lo
[pikkjo]
Non la picchio mai.
-I never hit her.

6089 **psichiatria** **psychiatry**
la
[psikjatrja]
Dottor Charles, primario di psichiatria.
-I'm Dr. Charles, the head of psychiatry.

6090 **segretezza** **secrecy**
la
[segretettsa]
La segretezza non quadra con il dialogo e l'apertura democratica - è impossibile.
-Secretiveness does not square with dialogue and democratic openness - it is impossible.

6091 **elettore** **voter|constituent**
il
[elettore]
Deploro le difficoltà incontrate dal suo elettore.
-I very much regret the difficulty your constituent had.

6092 **riforma** **reform**
la
[riforma]
Gli anni Sessanta furono anni di protesta e di riforma.
-The 1960s were years of protest and reform.

6093 **trimestre** **quarter**
il
[trimestre]
Sono stato molto occupato da quando è iniziato il nuovo trimestre.
-I've been very busy since the new term started.

6094 **traslocare** **move**
vb
[trazlokare]
Lui mi ha aiutato a traslocare.
-He helped me to move.

6095 **rilevamento** **survey**
il
[rilevamento]
Tecnica esplorativa basata sul rilevamento di caratteristiche fisiche anomale del terreno.
-Exploration technique based on the detection of anomalous physical characteristics of a ground.

6096 **insulina** **insulin**
la
[insulina]
Dannazione, dov'è la sua dose giornaliera di insulina?
-Damn, where's her daily dose of insulin?

6097 **provinciale** **provincial**
adj
[provintʃale]
Egli era accompagnato dal Ministro Provinciale e dal Segretario provinciale.
-He was accompanied by the Provincial Minister and Provincial Secretary.

6098 **elite** **elite**
le
[elite]
Io mi sono allenato con dei soldati d'elite.
-I trained with elite soldiers.

6099 **riscontro** **reply**
il
[riskontro]
Entrambi i programmi hanno ottenuto un riscontro estremamente positivo.
-Both of these programmes have met with a very big response.

6100 **ricercatore** **researcher|searcher**
il
[ritʃerkatore]
Come ricercatore, di tanto in tanto, si incontrano cose un po' sconcertanti.
-As a researcher, every once in a while you encounter something a little disconcerting.

6101 **crampo** **cramp**
il
[krampo]
Mi è venuto un crampo alla gamba mentre nuotavo.
-I got a cramp in my leg while swimming.

6102 **adulterio** **adultery**
il
[adulterjo]
E' inconcepibile che ancora oggi si possa lapidare una donna accusata di adulterio.
-It is inconceivable that a woman accused of adultery can still be stoned.

6103 **notaio** **notary|solicitor**
il
[notajo]
Il notaio della successione Marchand insiste per parlarle.
-The notary of the succession Marchand, insists for speaking to you.

6104 **precipitare** **fall|dash**
vb
[pretʃipitare]
La valanga ha fatto precipitare tonnellate di neve giù per la montagna.
-The avalanche hurtled tons of snow down the mountain.

6105 **cilindro** **cylinder**
il
[tʃilindro]
Quel che è successo dopo è eccezionale, ed è il momento in cui il nostro cilindro entra in scena.
-What happened next was remarkable, and it's where our cylinder enters the story.

6106 **scialuppa** **boat**
la
[ʃaluppa]
Non potevamo lasciarvi prendere quella scialuppa.
-We simply could not let you take that lifeboat.

6107 **gotta** **gout**
la
[gotta]
La malattia del Re è la gotta.
-The king's disease is gout.

6108 **crociato** **crusader; cruciate**
il; adj
[krotʃato]
Joe è un crociato.
-Joe is a crusader.

6109 **montatura** **mount|frames**

la
[montatura]
Il prezzo indicato in questa inserzione include la sola montatura.
-The price shown in this advertisement only includes the frame.

6110 **malvagità** **evil|malice**
la
[malvadʒit'a]
Sperò che possa proteggervi dalle malvagità.
-I hope it will protect you from evil.

6111 **stivare** **stow**
vb
[stivare]
Come le ho detto, la pesca non è andata benissimo, non c'era pesce da stivare qui.
-As I told you, the fishing wasn't good so we had none to put in here.

6112 **esigente** **demanding|exacting**
adj
[ezidʒente]
Tu sei esigente.
-You're demanding.

6113 **accompagnatore** **companion**
il
[akkompaɲɲatore]
Sono il vostro accompagnatore.
-I'm your chaperone.

6114 **passeggiata** **walk**
la
[passeddʒata]
Sembra una piccola passeggiata d'amore.
-Looks like a little love walk going on.

6115 **paralisi** **paralysis**
la
[paralizi]
Un tuo collaterale è affetto da paralisi temporanea.
-One side of your body is affected by temporary paralysis.

6116 **chiacchierone** **chatterbox; mouthy**
il; adj
[kjakkjerone]
Sono un tale chiacchierone.
-I'm such a blabbermouth.

6117 **sussurrare** **whisper**
vb
[sussurrare]
(Risate) Oppure si può sussurrare all'orecchio di un presunto terrorista qualche versetto biblico.
-(Laughter) Or you can whisper in the ear of a supposed terrorist some Biblical verse.

6118 **spaccone** **braggart|swank**
lo
[spakkone]
Invece che rinchiuso in un furgone della sorveglianza con quello spaccone.
-Instead of cooped up in a surveillance van with that loudmouth.

6119 **bronzo** **bronze**
il
[brontso]
Gli oggetti in bronzo sono costituiti in gran parte da leghe di rame e stagno.
-Bronze-ware is largely made from alloys of brass and tin.

6120 **mezz'ora** **half an hour**
la
[mettsora]
Il treno ha circa mezz'ora di ritardo.
-The train is about a half-hour overdue.

6121 **sommergibile** **submarine**
il
[sommerdʒibile]
Qui siamo noi che la seguiamo dal sommergibile.
-This is us chasing it in the submersible.

6122 **sedurre** **seduce|entice**
vb
[sedurre]
Linda provò a sedurre Dan.
-Linda tried to seduce Dan.

6123 **panoramico** **panoramic**
adj
[panoramiko]
Cross country: percorsi caratterizzati da poco dislivello e molti passaggi in punti panoramici.
-Cross country: these tracks are mainly on flat ground and pass through some very scenic points.

6124 **cricket** **cricket**

il Io non so niente sul cricket.
[krikket] -I don't know anything about cricket.

6125 **polpettone** **meatloaf**
il Dovrebbe esserci del polpettone in frigo.
[polpettone] -I think there's some meatloaf in here.

6126 **ambientale** **environmental**
adj Questo è un grave disastro ambientale.
[ambjentale] -This is a major environmental disaster.

6127 **musa** **muse**
la Musa è un tizio davvero interessante.
[muza] -Musa is a really interesting guy.

6128 **vocabolario** **vocabulary**
il Un bambino piccolo ha un vocabolario ridotto.
[vokabolarjo] -A young child has a small vocabulary.

6129 **terapista** **therapist**
il/la Senza offesa, Kate... ma non vedo come un terapista qualunque possa riuscire a farmi smettere.
[terapista] -And no offense, Kate, but I can't see how any therapist could ever get me to quit smoking.

6130 **possente** **mighty**
adj Io mi girerò e domerò la possente belva fino a sottometterla.
[possente] -And I turn, and I play that mighty beast right back into submission.

6131 **norvegese** **Norwegian; Norwegian**
adj; il/la Sono sia polacco che norvegese, quindi non riesco a scegliere.
[norvedʒeze] -I'm both Polish and Norwegian, so I can't choose.

6132 **farmacista** **pharmacist**
il/la Joe era un farmacista.
[farmatʃista] -Joe was a pharmacist.

6133 **proporzione** **proportion|ratio**
la Monsieur D'Espilly stimò la popolazione della Francia a più di 22 milioni di persone; più precisamente, 10.562.631 uomini e 11.451.726 donne; di conseguenza, la proporzione delle donne rispetto agli uomini era circa 14 a 13.
[proportsjone] -Monsieur D'Espilly, in the year 1772, calculated the population of France at upwards of 22 millions; namely, 10,562,631 males, and 11,451,726 females; consequently the proportion of females to males was about 14 to 13.

6134 **tiglio** **lime|son**
il Perché un padre dovrebbe poter parlare con suo tiglio.
[tiʎʎo] -Because a father's supposed to be able to talk to his son.

6135 **vetta** **summit**
la Su quale vetta sarebbe possibile arrivare in un'improbabile conciliazione?
[vetta] -Which peak will we be able to reach in an unlikely conciliation procedure?

6136 **trasloco** **move**
il Potreste aiutarmi quando trasloco?
[trazloko] -Can you help me when I move?

6137 **scorpione** **scorpio**
lo Lo scorpione era sul braccio di Sami.
[skorpjone] -The scorpion was on Sami's arm.

6138 **controllore** **controller**

il
[kontrollore]
Potevi identificare un controllore e neutralizzarlo.
-You could identify a controller and neutralize it.

6139 **carneficina**
la
[karnefitʃina]
carnage|shambles
Si intuisce dalla precisione della carneficina.
-You can tell by the cleanliness of the carnage.

6140 **anatomia**
le
[anatomja]
anatomy
Questa guerra fornisce lezioni quotidiane sulla straordinaria semplicità dell'anatomia umana.
-This war provides daily lessons in the extraordinary simplicity of the human anatomy.

6141 **valanga**
la
[valaŋga]
avalanche
Una valanga di neve ha ostruito la strada.
-A snowslide obstructed the road.

6142 **ingegnoso**
adj
[indʒeɲɲozo]
ingenious|patent
Io penso che Joe sia ingegnoso.
-I think Joe is resourceful.

6143 **nevicare**
vb
[nevikare]
snow
Ha già iniziato a nevicare?
-Has it started snowing yet?

6144 **patriottismo**
il
[patrjottismo]
patriotism
Tutto quello che dovete fare è dir loro che sono attaccati e denunciare i pacifisti per mancanza di patriottismo e di esporre il paese al pericolo.
- All you have to do is tell them they are being attacked and denounce the pacifists for lack of patriotism and exposing the country to danger.

6145 **sfiorare**
vb
[sfjorare]
touch|brush
La discussione continuerà, e ci siamo limitati appena a sfiorare questi temi estremamente delicati ed importanti.
-The debate will continue, and we have only touched upon these most sensitive and important issues.

6146 **mentore**
il
[mentore]
mentor
Joe è il suo mentore?
-Is Joe your mentor?

6147 **imputato**
il
[imputato]
defendant
Questa norma indebolisce in modo decisivo il diritto dell'imputato a un processo equo.
-This regulation crucially undermines the accused's right to a fair trial.

6148 **Medioevo**
il
[medjoevo]
Middle Ages
Questa magnifica cattedrale risale al Medioevo.
-This magnificent cathedral dates back to the Middle Ages.

6149 **incisione**
la
[intʃizjone]
engraving
Ogni minuscola incisione deve essere perfetta.
-I mean, every tiny, little incision has to be perfect.

6150 **sonnellino**
il
[sonnellino]
nap|doze
Faccio un sonnellino quasi ogni giorno.
-I have a nap almost every day.

6151 **trattore**
il
[trattore]
tractor
Il mio sogno è comprare un trattore Lamborghini.
-My dream is to buy a Lamborghini tractor.

6152 **provvedere**
vb
[provvedere]
provide|provide for
Mentre il Giappone si avvicina al ventunesimo secolo, sta imparando dall'Europa e facendo un passaggio necessario di attenzione economica

dalla produzione all'esportazione per provvedere ai bisogni senza precedenti di una popolazione che invecchia.
-As Japan approaches the 21st century, she is learning from Europe and making a necessary shift of economic focus from production for export to providing for the unprecedented needs of an aging population.

6153 **peperone** **pepper**
il
[peperone]
Guardate qui, questi peperoni dolci.
-This is not just an exotic, ornamental sweet pepper.

6154 **trance** **trance**
la
[trantʃe]
Questa trance pro-invecchiamento è ciò che ci blocca dall'appassionarci di questi problemi.
-This pro-aging trance is what stops us from agitating about these things.

6155 **carato** **carat**
il
[karato]
Platino, un carato e mezzo.
-Platinum–banded, one and a half carat.

6156 **cordone** **cord**
il
[kordone]
Do we now need to erect a cordon sanitaire, which effectively means there will be no dialogue?
-E'forse necessario costituire un cordone sanitario che però precluderebbe il dialogo?

6157 **feto** **fetus**
il
[feto]
Dato che il feto è con lei per tutto il tempo, sente molto la sua voce.
-And because the fetus is with her all the time, it hears her voice a lot.

6158 **rinascere** **revive**
vb
[rinaʃʃere]
Incontriamoci e facciamo il necessario affinché ritorni la fiducia e rinasca la speranza.
-Let us meet and do what we have to do so that confidence returns and hope is reborn.

6159 **conteggiare** **count|charge**
vb
[konteddʒare]
In quanto economista, mi rendo conto che vi è sicuramente spazio per errori ed equivoci in merito a che cosa conteggiare tra le perdite e come quantificarle con precisione.
-Of course, as an economist, I can see that there is a lot of room for different fantasies, what to calculate under the losses and what is a real number.

6160 **stuprare** **rape**
vb
[stuprare]
Non è lui a permettere ai miliziani di stuprare le donne che gli si oppongono, ma dei perfetti sconosciuti.
-It is not he who allows his militia to rape women who oppose him, but total strangers.

6161 **rosetta** **rose-cut diamond**
la
[rozetta]
Vostra figlia è la stele di rosetta per comprendere cos'è successo ai 4400.
-Your daughter is the Rosetta stone for understanding what happened to the 4400.

6162 **presentatore** **presenter**
Il
[prezentatore]
Presentatore: amici avete appena conosciuto Claron McFadden E' una soprano di livello internazionale, ha studiato a Rochester, New York. – Host
-Folks, you've just met Claron McFadden. She is a world-class soprano singer who studied in Rochester, New York.

6163 **multiplo** **multiple; multiple**

	adj; il [multiplo]	di aste a tasso variabile, utilizzando la procedura di aggiudicazione a tasso multiplo. -the multiple rate auction procedure.
6164	**presumibilmente** adv [prezumibilmente]	**supposedly** La risposta sarà presumibilmente sicurezza, giustizia, responsabilità e democrazia. -The answer will presumably be security, justice, accountability and democracy.
6165	**medaglione** il [medaʎʎone]	**medallion** Arrotolare i medaglioni di filetto di maiale nelle fette di speck (una per ogni medaglione) e tenere in frigo. -Wrap the pork medallions in the slices of speck (one for each medallion) and place in the fridge.
6166	**moralità** la [moralit'a]	**morality** Solo allora potremo fare un discorso sulla moralità. -Then you and I will have a conversation about morality.
6167	**ambire** vb [ambire]	**aspire** Nella società odierna i media incoraggiano i giovani ad ambire al successo. -In today's society, the media encourage young people to strive for success.
6168	**salpare** vb [salpare]	**sail** La nave sarà pronta a salpare, se il tempo atmosferico lo permette. -The ship will be ready to sail, if the weather permits.
6169	**delicatezza** la [delikatettsa]	**delicacy|gentleness** Si tratta di un tema che, naturalmente, dovrà essere gestito con grande tatto e delicatezza. -It is a matter which must obviously be considered with much subtlety and delicacy.
6170	**aperitivo** il [aperitivo]	**aperitif|appetizer** Se ha voglia di un aperitivo o un caffè... -If you'd like a drink or coffee...
6171	**mentalità** la [mentalit'a]	**mentality** Penso che Joe sia di mentalità aperta. -I think Joe is open-minded.
6172	**impaurire** vb [impaurire]	**frighten|get frightened** Ho cambiato stazione per non impaurire i miei figli. -I switched the channel so it wouldn't scare my kids.
6173	**appropriato** adj [approprjato]	**appropriate|proper** Utilizzate un linguaggio appropriato. -Use a proper language.
6174	**parametro** il [parametro]	**parameter** Adesso il Consiglio vuole aggiungere un parametro di qualità "sufficiente". -Now the Council wishes to add a parameter of sufficient quality.
6175	**bufalo** il [bufalo]	**buffalo** Quanta erba mangia ogni giorno un bufalo? -How much grass does a buffalo eat per day?
6176	**imprenditore** lo [imprenditore]	**entrepreneur** Silvio Berlusconi è un politico italiano, l'attuale Primo Ministro dell'Italia, così come un imprenditore di successo. -Silvio Berlusconi is an Italian politician, the current Prime Minister of Italy, as well as a successful entrepreneur.

6177 **mitologia** **mythology**
la
[mitolodʒa]
Mi interessa anche la mitologia greca.
-I'm also interested in Greek mythology.

6178 **jumbo** **jumbo**
i
[dʒumbo]
Un jumbo non è sullo stesso piano di un Cessna.
-A jumbo jet is not the same as a Cessna!

6179 **guarnigione** **garrison**
la
[gwarnidʒone]
La guarnigione fu costretta alla resa.
-The garrison was forced to surrender.

6180 **pasticca** **tablet|pastille**
la
[pastikka]
Non deve vedere niente che neanche assomigli a una pasticca.
-I don't want him seeing anything that even resembles a pill.

6181 **travestimento** **disguise**
il
[travestimento]
Non entrerai col tuo peggior travestimento.
-You're not going in there with your worst disguise.

6182 **mancino** **left; left-hander**
adj; il
[mantʃino]
Io sono mancino.
-I'm left-handed.

6183 **demente** **demented; madman**
adj; la
[demente]
Lei è demente.
-You're demented.

6184 **repertorio** **repertoire|inventory**
il
[repertorjo]
Sembrate conoscere bene il repertorio del ciarlatano.
-You seem very familiar with the charlatan's repertoire.

6185 **detrito** **debris**
il
[detrito]
...di un pezzo di detrito trovato sul luogo del disastro.
-...of a piece of debris found at the disaster site.

6186 **mitico** **mythical**
adj
[mitiko]
Dormire su un tappeto è mitico.
-Sleeping on a carpet is great.

6187 **raso** **satin**
il
[razo]
L'hotel è stato raso al suolo dalle fiamme.
-The hotel was burned to the ground.

6188 **soffocato** **dull**
adj
[soffokato]
Io ero soffocato dal fumo.
-I was choked by smoke.

6189 **fascismo** **fascism**
il
[faʃʃismo]
Mussolini è stato il fondatore del fascismo.
-Mussolini was the founder of fascism.

6190 **sonnifero** **sleeping pill; somniferous**
il; adj
[sonnifero]
Sto cercando di rigurgitare il sonnifero.
-I'm trying to get the sleeping pill up.

6191 **bollettino** **bulletin|report**
il
[bollettino]
Intercetto un bollettino del sistema di pubblica sicurezza.
-I'm monitoring a bulletin on the public safety network.

6192 **obbligatorio** **binding|mandatory**
adj
[obbligatorjo]
È obbligatorio noleggiare un'auto?
-Is it obligatory to rent a car?

6193 **acconto** **account|deposit**

lo Ecco il mio numero di acconto.
[akkonto] -Here's my account number.

6194 **pronunciarsi** **pronounce**
vb Non spetta al Consiglio pronunciarsi al riguardo.
[pronuntʃarsi] -It is not for the Council to comment on this matter.

6195 **bando** **announcement|ban**
il Nei Paesi Bassi abbiamo combattuto duramente per tale messa a bando e l'abbiamo ottenuta.
[bando] -In the Netherlands, we have fought hard for such a ban, and have succeeded.

6196 **sbarcare** **land**
vb Lei non sa come sbarcare il lunario.
[zbarkare] -She's at a loss how to make ends meet.

6197 **abituale** **usual|habitual**
adj Il vino bianco è il compagno abituale del pesce.
[abitwale] -White wine is the usual companion of fish.

6198 **tardo** **late|slow**
adj Joe non è tardo.
[tardo] -Joe isn't dumb.

6199 **contabilità** **accounting|bookkeeping**
la Joe adottò il nostro metodo di contabilità.
[kontabilit'a] -Joe adopted our method of bookkeeping.

6200 **millimetro** **millimeter**
lo Questa bestiola, lunga solo mezzo millimetro, non ha molto carisma.
[millimetro] -Now this little critter, it's only about half a millimeter in size, not terribly charismatic.

6201 **eccellere** **excel**
vb Benvenuta nel campo dove posso realisticamente eccellere.
[ettʃellere] -Welcome to the one spot in which I can realistically excel.

6202 **riflettore** **reflector**
il Comunque, non usate un riflettore?
[riflettore] -By the way, you're not using a reflector?

6203 **rivolgersi** **apply**
vb Il cittadino comune sa esattamente quando è possibile rivolgersi alla Commissione?
[rivoldʒersi] -Does the man on the street know when it is possible to appeal to the Commission?

6204 **sottrarre** **subtract|steal**
vb Puoi sottrarre sei da dieci?
[sottrarre] -Can you subtract six from ten?

6205 **rimborso** **refund|reimbursement**
il Io esigo un rimborso.
[rimborso] -I demand a refund.

6206 **infallibile** **infallible|foolproof**
adj Nessuno è infallibile.
[infallibile] -Nobody's infallible.

6207 **arciere** **archer**
il L'arciere ha ucciso il cervo.
[artʃere] -The archer killed the deer.

6208 **ricezione** **reception**

	la [ritʃettsjone]	Penalizzando la pirateria dei decodificatori di Canal+ si è creato di fatto un monopolio della ricezione. -By penalising the pirating of Canal+ decoders, we effectively created a monopoly on reception.
6209	**accidentale**	**accidental|adventitious**
	adj [attʃidentale]	Tuttavia è necessario operare una distinzione tra inquinamento intenzionale e accidentale. -Nevertheless, it is necessary to differentiate between intentional and accidental pollution.
6210	**randagio**	**stray**
	adj [randadʒo]	Dobbiamo porre fine al massacro dei cani randagi in Romania. -We must put an end to the massacre of stray dogs in Romania.
6211	**melone**	**melon**
	il [melone]	Adoro mangiare il melone. -I love eating melons.
6212	**commando**	**commando**
	il [kommando]	Two members of the commando unit were arrested. -Due membri del commando sono stati arrestati.
6213	**imbarazzare**	**embarrass|perplex**
	vb [imbarattsare]	E' una questione che ci imbarazza, ma dovrebbe imbarazzare ancora di più la Russia, molto di più. -That is something that embarrasses us, but it should embarrass Russia even more - much more, in fact.
6214	**improvvisare**	**improvise|rig**
	vb [improvvizare]	Joe è stato forzato a improvvisare. -Joe was forced to improvise.
6215	**segugio**	**hound**
	il [segudʒo]	Ha il naso di un segugio. -He's got a nose like a bloodhound.
6216	**allungare**	**stretch|lengthen**
	vb [alluŋgare]	Non riesco ad allungare il braccio destro. -I can't stretch my right arm.
6217	**cracker**	**cracker**
	i [krakker]	Mangio spesso del burro di arachidi su dei cracker. -I often eat peanut butter on crackers.
6218	**ceco**	**Czech; Czech**
	adj; il [tʃeko]	Imparo il ceco. -I'm learning Czech.
6219	**elio**	**helium**
	vb [elidere]	Ha quella forma perché l'elio deve espandersi. -It's that shape because the helium has to expand.
6220	**olocausto**	**holocaust**
	il [olokausto]	E poi olocausto, olocausto. Un cumulo di presenze malate, ferite, sprecate, consumate. -Then the holocaust. The host of ill, injured presences, squandered, consumed.
6221	**videocassetta**	**video**
	la [videokassetta]	Io registrai una partita di rugby su videocassetta. -I recorded a rugby game on videotape.
6222	**rave**	**rave**

i Altri superano il sé ai rave party.
[rave] -Others overcome their self at raves.

6223 **individuale** **individual|one-man**
adj Dal momento che la maggior parte dei parlanti di Esperanto hanno imparato la lingua attraverso lo studio individuale, in generale su Internet sono stati di grande beneficio per la lingua.
[individwale] -Since most speakers of Esperanto have learned the language through self study, the Internet in general has been a great boon to the language.

6224 **tutela** **protection|safeguard**
la Dobbiamo soprattutto garantire la tutela delle libertà fondamentali.
[tutela] -We need to safeguard, above all, the protection of fundamental freedoms in this process.

6225 **insediamento** **settlement**
il Semplicemente che, al contrario, il tasso di insediamento è cresciuto.
[insedjamento] -It simply went and increased the rate of settlement.

6226 **incenso** **incense**
il Smetti di usare incensi e candele.
[intʃenso] -Stop the use of incense and candles.

6227 **trascurare** **neglect|overlook**
vb Non può permettersi di trascurare la sua salute.
[traskurare] -You can't afford to neglect your health.

6228 **gobbo** **hunchbacked; humpback**
adj; il Entra un gobbo pazzo che la pugnala diverse volte al volto.
[gobbo] -A crazy hunchback enters and stabs her several times in the face.

6229 **cabaret** **cabaret**
il Voglio mostrarvi questa clip perché faccio queste cose un po' pazze dove faccio un numero di cabaret.
[kabaret] -I want to show you this clip because I do this kind of crazy thing where I do a cabaret act.

6230 **mistico** **mystical; mystic**
adj; il I miei anni da mistico mi hanno fatto mettere in discussione quasi tutte le mie certezze.
[mistiko] -My years as a mystic have made me question almost all my assumptions.

6231 **giada** **jade**
la E' stata una fortuna che lei abbia avuto una tartaruga di giada.
[dʒada] -Having a tortoise made of jade was felicitous.

6232 **compilare** **compile**
vb Puoi compilare questo modulo?
[kompilare] -Can you fill out this form?

6233 **vortice** **vortex|whirl**
il Bombe e vento creano un vortice.
[vortitʃe] -Don't get me wrong... Bombs causing a vortex with the wind.

6234 **giudeo** **Judean**
adj Verso la terra indicata dalla mappa del giudeo.
[dʒudeo] -To the land indicated on the Jew's map.

6235 **bullo** **bulldozer**
il Joe è un bullo, proprio come John.
[bullo] -Joe's a bully, just like John is.

6236 **rapitore** **kidnapper**
il Ho una registrazione della voce del rapitore.
[rapitore] -I have a recording of the kidnapper's voice.

6237 **compera** | **purchase**
la
[kompera]
Torna ricca e compera tutto questo!
-Come back rich and buy all of this!

6238 **virgola** | **comma**
la
[virgola]
La virgola va utilizzata come simbolo decimale.
-The comma is to be used as decimal symbol.

6239 **programmazione** | **programming|planning**
la
[programmattsjone]
Il linguaggio di programmazione Java è molto versatile.
-The programming language Java is highly versatile.

6240 **sognatore** | **dreamer**
il
[soɲɲatore]
Lei è il sognatore.
-You're the dreamer.

6241 **esclusivo** | **exclusive|select**
adj
[eskluzivo]
L'Africa non è più appannaggio esclusivo dell'Europa, il che è estremamente positivo.
-Africa is no longer the exclusive territory of Europe and that is very good.

6242 **ricciolo** | **curl|lovelock**
il
[rittʃolo]
Viene riprodotto fedelmente ogni onda, ogni ricciolo del soggetto.
-Each wave and curl of the subject's own hair is reproduced.

6243 **riservatezza** | **discretion**
la
[rizervatettsa]
Si abolisce l'essenza stessa della riservatezza delle comunicazioni.
-It is abolishing the core of confidentiality of communications.

6244 **aggressore** | **attacker**
il
[aggressore]
L'aggressore corse via.
-The attacker ran away.

6245 **lucchetto** | **padlock**
il
[lukketto]
Joe sta provando a rompere il lucchetto.
-Joe is trying to break the lock.

6246 **vichingo** | **viking**
il
[vikiŋgo]
La testa del vichingo potrebbe stare benissimo sulle spalle di ognuno di voi.
-The Viking's head could've fit nicely on any one of your shoulders.

6247 **imposta** | **tax**
la
[imposta]
Un pidgin è una lingua imposta.
-A pidgin is an imposed language.

6248 **piccino** | **little; child**
adj; il
[pittʃino]
Ho imparato a volare su questo piccino.
-I learned how to fly on this baby.

6249 **smeraldo** | **emerald**
lo
[smeraldo]
Elizabeth portava degli orecchini con smeraldo quando sono partiti.
-Elizabeth was wearing emerald earrings when they left.

6250 **precoce** | **early|premature**
adj
[prekotʃe]
Purtroppo, la disoccupazione precoce ha ripercussioni negative durature.
-Unfortunately, early unemployment has lasting negative effects.

6251 **angolazione** | **angulation**
la
[aŋgolattsjone]
Guardate le cose da ogni angolazione.
-See things from every angle.

6252 **agganciare** | **hook**
vb
[aggantʃare]
Ispettore, le spiacerebbe agganciare il telefono?
-Inspector, would you please hang up your phone?

6253 **socialismo** **socialism**
il
[sotʃalismo]
Lui abbandonò il socialismo.
-He abandoned socialism.

6254 **ripetutamente** **repeatedly**
adv
[ripetutamente]
Ha ripetutamente chiesto misure severe contro tutti le uccisioni perpetrate.
-It has repeatedly demanded harsh measures to combat all these murderers.

6255 **pinna** **fin|paddle**
la
[pinna]
Qui c'è un delfino a cui è stata riattaccata la pinna.
-Here's a dolphin where the fin's been re-attached.

6256 **morbo** **disease**
il
[morbo]
Lei aveva il morbo di Parkinson.
-She had Parkinson's disease.

6257 **raccolto** **crop; collected**
il; adj
[rakkolto]
La siccità eccezionale causò gravi danni al raccolto del grano.
-The unprecedented drought did severe damage to the wheat harvest.

6258 **genitale** **genital; genitals**
adj; lo
[dʒenitale]
Tra gli altri problemi che dobbiamo affrontare si annovera anche la mutilazione genitale.
-Other problems that we have to face include genital mutilation.

6259 **corteccia** **bark**
la
[kortettʃa]
Estrai un'essenza dalla corteccia di un albero.
-Extract an essence from the bark of a tree.

6260 **latteo** **milky**
adj
[latteo]
Profumo lieve, latteo e fresco.
-It has a delicate, milky and fresh aroma.

6261 **divo** **star**
il
[divo]
Era un giovane divo a cui piaceva fare festa.
-He was a young superstar who liked to party.

6262 **moquette** **fitted carpet**
la
[mokwette]
Se si mette la moquette in casa, si ha circa un decimo dell'energia immagazzinata dall'intera casa, a meno di non utilizzare cemento o legno, per avere una minor quantità d'energia immagazzinata.
-If you put carpeting in your house, it's about a tenth of the embodied energy of the entire house, unless you use concrete or wood for a much lower embodied energy.

6263 **arredamento** **furnishings|decor**
il
[arredamento]
Il suo gusto eclettico era evidente dall'insolito arredamento della stanza.
-Her eclectic taste was evident from the unusual decor of the room.

6264 **affronto** **affront|snub**
lo
[affronto]
Questa politica è un affronto al senso di umanità e deve quindi essere apertamente respinta.
-This policy is an affront to humanity and must therefore be rejected outright.

6265 **sterminio** **extermination**
lo
[sterminjo]
Tale stato di cose condurrà al graduale sterminio dei polacchi.
-This will result in the gradual extermination of the Polish nation.

6266 **abbondante** **abundant|plenty**
adj
[abbondante]
E sono inoltre parte dell'abbondante panorama mediatico di oggi.
-And they are also part of the abundant media landscape we're getting now.

6267 **finta** **feint|pretense**

la
[finta]

Per favore, fai finta che non l'abbiamo mai detto.
-Please pretend we never said this.

6268 **punch**
il
[puŋk]
punch
Offrii a suo padre un bicchiere di punch.
-I offered her father a glass of punch.

6269 **avorio**
il
[avorjo]
ivory
Più dell'80% degli aiuti alla Costa d'Avorio sono arrivati al settore moderno.
-More than 80 percent of Ivory Coast's development went into the modern sector.

6270 **accuratamente**
adv
[akkuratamente]
carefully
L' articolo n. 5 è stato accuratamente concepito per garantire un livello elevato di protezione a beneficio del consumatore.
-Article 5 is finely balanced to ensure the required high level of protection for the consumer.

6271 **argilla**
la
[ardʒilla]
clay
Lui ha indurito dell'argilla mettendola sul fuoco.
-He hardened clay by putting it into a fire.

6272 **confortare**
vb
[konfortare]
comfort|encourage
Joe fece del suo meglio per confortare Mary.
-Joe did his best to comfort Mary.

6273 **scosso**
il; adj
[skosso]
shaken; upset
Joe è scosso.
-Joe is shaken.

6274 **finanza**
la
[finanza]
finance
La finanza moderna sta diventando sempre più complessa e sofisticata.
-Modern finance is becoming increasingly complicated and sophisticated.

6275 **malora**
la
[malora]
ruin
Da quando sei arrivato, tutto è andato alla malora.
-Ever since you got here, everything has been unravelling.

6276 **lavagna**
la
[lavaɲɲa]
blackboard
Cancellai la lavagna per la professoressa.
-I erased the blackboard for the teacher.

6277 **smammare**
vb
[smammare]
shove off
Normalmente gli avremmo detto di smammare.
-Normally we would tell him to get lost.

6278 **licenziamento**
il
[litʃentsjamento]
dismissal|redundancy
Il divieto di licenziamento durante la gravidanza dev'essere osservato in modo rigoroso.
-The ban on dismissal during pregnancy must be strictly complied with.

6279 **comodino**
il
[komodino]
bedside table
Troverà un bicchiere di champagne ad aspettarla sul comodino.
-You'll find a glass of champagne waiting for you on the nightstand.

6280 **cooperazione**
la
[kooperattsjone]
cooperation
La vostra cooperazione è apprezzata.
-Your cooperation is appreciated.

6281 **vieto**
adj
[vjeto]
antiquated
Ciò avviene senza che lo Stato abbia innanzi tutto il diritto di vietare tali spedizioni.
-This happens without that state having the right to prevent such shipments from taking place in the first place.

6282 **condominio** **condominium**
il
[kondominjo]
Il sito del condominio è delimitato da dei pali.
-The site of the condominium is enclosed with stakes.

6283 **cooperare** **cooperate|pull together**
vb
[kooperare]
Abbiamo dovuto cooperare tra di noi.
-We had to cooperate with each other.

6284 **scarabeo** **scarab**
lo
[skarabeo]
Ora c'è il problema del piccolo scarabeo dell'alveare, che sta creando scompiglio tra gli apicoltori.
-There is now the problem of the small hive beetle, which is causing havoc for bee-keepers.

6285 **rassicurare** **reassure|be reassured**
vb
[rassikurare]
Vorrei rassicurare tutti, il minimo contatto con lui confermerebbe quanto dico.
-I wish to reassure everybody, the briefest of contact with him would confirm this.

6286 **convenzione** **convention**
la
[konventsjone]
La Convenzione di Ginevra non viene riconosciuta a Guantanamo.
-The Geneva Convention is not recognized at Guantanamo.

6287 **bisbigliare** **whisper**
vb
[bizbiʎʎare]
è da maleducati bisbigliare..
-It's bad manners to whisper..

6288 **agile** **agile|lithe**
adj
[adʒile]
Questo atleta è forte e agile.
-This athlete is strong and agile.

6289 **mormorare** **murmur|whisper**
vb
[mormorare]
E se non fissate un'altra conferenza molto presto, la gente comincerà a mormorare.
-And if you don't get this call back on the books soon, people will start to whisper.

6290 **quiz** **quiz**
i
[kwits]
In tal spirito, vorrei proporre a tutti un quiz.
-And in that spirit, I want to spring on you all a pop quiz.

6291 **attivazione** **activation**
la
[attivattsjone]
Nell'Attivazione guidata del servizio immettere le informazioni seguenti:
-In the Service Activation Wizard, complete the following information:

6292 **giuliano** **Julian**
i
[dʒuljano]
Lubiana fu fondata nel quindicesimo anno del calendario giuliano.
-Ljubljana was founded in year fifteen of the Julian calendar.

6293 **condizionale** **conditional**
adj
[kondittsjonale]
Sono in libertà condizionale.
-I'm on probation.

6294 **minoranza** **minority**
la
[minorantsa]
I Rom sono una minoranza molto speciale, che non può essere considerata una minoranza tradizionale.
-The Roma are a very special minority, which cannot be counted as a traditional minority.

6295 **alfabeto** **alphabet**
il
[alfabeto]
L'alfabeto dell'esperanto ha 28 lettere.
-The Esperanto alphabet has 28 letters.

6296 **staffa** **stirrup**

la
[staffa]
Metti il piede sinistro nella staffa.
-Put your left foot in the stirrup.

6297 **rincrescere**
vb
[riŋkreʃʃere]
regret
Può ovviamente rincrescere che sia così, ma il fatto è che i Trattati attuali limitano la sfera d'azione del Consiglio in materia.
-It may of course be regretted that this is the case, but the fact is that the current Treaties limit the Council's scope of action in these areas.

6298 **studioso**
lo; adj
[studjozo]
scholar; studious
Loro lo consideravano un bravo studioso.
-They regarded him as a good scholar.

6299 **ostinato**
adj
[ostinato]
stubborn|obstinate
Sei ostinato.
-You're obstinate.

6300 **trucchetto**
il
[trukketto]
sleight of hand
Questo trucchetto non funziona più con me.
-That little trick doesn't work on me anymore.

6301 **armamento**
il
[armamento]
armament|equipment
Può accedere ai sistemi di armamento multipli.
-It can access multiple weapon systems.

6302 **obbedienza**
le
[obbedjentsa]
obedience
Non c'è obbedienza perché c'è autorità, bensì c'è autorità perché c'è obbedienza.
-Obedience exists not because there is authority; rather, authority exists because there is obedience.

6303 **credenza**
la
[kredentsa]
belief|sideboard
Ho guardato nella credenza.
-I looked in the cupboard.

6304 **itinerario**
il
[itinerarjo]
itinerary
E avrebbe un sito web apposito che ne mostrerebbe l'itinerario.
-And then it would have a corresponding website that would show the itinerary of this.

6305 **rubino**
lo
[rubino]
ruby
Se i bambini hanno costantemente fame, inizieranno a chiedere l'elemosina e persino a rubare.
-If children are constantly hungry, they will begin to beg and even steal.

6306 **zolfo**
lo
[dzolfo]
sulfur|brimstone
Lo zolfo brucia con una fiamma blu.
-Sulfur burns with a blue flame.

6307 **lavanda**
la
[lavanda]
lavender
Penso di essermi ammirare la lavanda.
-I think I did stop to admire the lavender.

6308 **ristretto**
adj
[ristretto]
limited
Si è ristretto perché l'ho lavato.
-It shrunk because I washed it.

6309 **esultare**
vb
[ezultare]
exult|glory
Eppure, questo sogno, questa prospettiva, sta ora diventando una realtà: possiamo essere profondamente grati ed esultare!
-Yet this dream, this vision, is now becoming reality, and let us be deeply grateful for it and rejoice!

6310 **avamposto**
outpost

	il [avamposto]	Diventeremmo l'avamposto più distante del marchio Evergreen. -And we become the furthest outpost of the Evergreen franchise.
6311	**bisnonno** il [biznonno]	**great grandfather** Mio bisnonno era il capo di una banda. -My great-grandfather was the leader of a gang.
6312	**lino** il [lino]	**linen** Lino Gregorio Redoblado della Provincia della Nostra Signora degli Angeli di Bagbag (Filippine), Fr. -Lino Gregorio Redoblado of the Province of Our Lady of the Angels of Bagbag, Philippines, and Br.
6313	**sifilide** la [sifilide]	**syphilis** La sifilide è un'infezione che può essere trasmessa attraverso dei rapporti sessuali. -Syphilis is an infection that can be transmitted through sexual intercourse.
6314	**allacciare** vb [allattʃare]	**fasten|tie** Joe non sa allacciare una cravatta. -Joe can't tie a tie.
6315	**barbone** il [barbone]	**tramp** Tipo un barbone nano in putrefazione. -It's like a rotting, hobo midget.
6316	**rugby** il [rugb]	**rugby** Sono appassionata di calcio, rugby, football e così via. -I am fond of soccer, rugby, football, and so on.
6317	**condor** i [kondor]	**condor** Guernica e la Legione Condor sono e restano una macchia nella storia del mio paese. -Guernica and the Condor Legion are and remain a blot on my country ' s history.
6318	**ovviare** vb [ovvjare]	**remedy** Le agenzie umanitarie, però, non possono continuare ad ovviare alla debolezza dello Stato haitiano. -Humanitarian agencies, however, cannot continue to compensate for the weaknesses of the Haitian State.
6319	**sarcasmo** il [sarkasmo]	**sarcasm** Non capisce il sarcasmo. -He doesn't understand sarcasm.
6320	**insistente** adj [insistente]	**insistent|persistent** È insistente. -You're persistent.
6321	**bassofondo** il [bassofondo]	**shoal** Ciò che ritengo più importante è che... quando un bassofondo viene raso al suolo... venga sostituito da costruzioni in mattoni e acciaio immacolato che il batterio della criminalità non possa più infettare. -What is of greater importance to me is this – that each occasion a slum is raised to the ground, it is replaced by the type of brick and clean steel on which the bacteria of the criminal classes can no longer fester.
6322	**municipale** adj [munitʃipale]	**municipal** Ciò richiede infatti un intenso lavoro e la creazione di una rete a livello locale e municipale. -What is needed in fact is intensive collaboration and interaction at local and district levels.
6323	**malinconia**	**melancholy|sadness**

la
[maliŋkonja]
Per i popoli, significa malinconia, tristezza, sconforto, paura, angoscia e disperazione.
-This translates as melancholy, sadness, distress, fear, anxiety and despair for the people.

6324 **materno**
adj
[materno]
maternal
Gli uomini non hanno un istinto materno e il loro senso di responsabilità paterna si sviluppa in un momento successivo.
-Men do not have a maternal instinct and their sense of paternal responsibility develops rather later.

6325 **settimanale**
adj
[settimanale]
weekly
Il ragazzo sedeva lì leggendo una rivista settimanale.
-The boy sat there reading a weekly magazine.

6326 **mattatoio**
il
[mattatojo]
slaughterhouse
Avete trasformato questo ex mattatoio in un posto violento.
-You've turned this former slaughterhouse into a place of violence.

6327 **imponente**
adj
[imponente]
imposing|massive
Pensiamo siano pronti per lanciare un imponente attacco.
-We believe they may be planning to launch a massive attack.

6328 **risentimento**
il
[rizentimento]
resentment
Molto risentimento causato da motivazioni contrastanti.
-A lot of resentment caused by conflicting incentives.

6329 **antiquariato**
il
[antikwarjato]
antique trade
Io ho un buon occhio per il valore degli oggetti d'antiquariato.
-I have a good eye for the value of antiques.

6330 **galoppo**
il
[galoppo]
gallop
lanciare il cavallo al galoppo.
-To spur one's horse into a gallop.

6331 **crepuscolo**
il
[krepuskolo]
dusk
Arrivarono al crepuscolo.
-They arrived at twilight.

6332 **indifeso**
adj
[indifezo]
helpless|defenseless
Io ero indifeso.
-I was defenseless.

6333 **sceneggiatore**
lo
[ʃeneddʒatore]
screenwriter
Joe è uno sceneggiatore.
-Joe is a screenwriter.

6334 **corteo**
il
[korteo]
procession
Mi trovavo a Varsavia in occasione del corteo che il vostro governo ha tentato di vietare.
-I was in Warsaw on the march that your Government tried to ban.

6335 **salma**
la
[salma]
body
La salma del console danese non è stata restituita alla famiglia.
-The body of the Danish consul has not been released to his family.

6336 **rumoroso**
adj
[rumorozo]
noisy|loud
A me non piace vivere in un posto così rumoroso.
-I dislike living in such a noisy place.

6337 **temperamento**
il
[temperamento]
temperament|temper
Non c'è alcuna cura per il temperamento.
-There is no cure for personality.

6338 **erotico**
erotic

adj
[erotiko]
Molta pubblicità va ben al di là dell'erotico per sconfinare nel pornografico con eccessivi toni di violenza e sadismo.
-Much advertising goes well beyond the erotic to the pornographic with overtones of violence and sadism.

6339 **morente** **dying**
adj
[morente]
E posai lo sguardo su un'altra giovane che detergeva il volto di un anziano morente.
-My gaze went to another young woman as she wiped the face of another dying person.

6340 **ricavare** **obtain|extract**
vb
[rikavare]
Niente sono riusciti a ricavare alcune impronte dalla pelle.
-No laptop, but they did manage to pull some prints off the leather.

6341 **cavia** **guinea pig**
la
[kavja]
Signor Presidente, i popoli non sono cavie su cui testare la capacità dell'UE di attuare una politica estera di polizia internazionale.
-Peoples are not laboratory animals on which the European Union can test its ability to exercise the foreign policy of an international police force.

6342 **ragionamento** **reasoning**
il
[radʒonamento]
Joe non capì il ragionamento di Mary.
-Joe didn't understand Mary's reasoning.

6343 **sintonia** **tuning**
la
[sintonja]
Ancora una volta, abbiamo un ottimo esempio di sintonia fra legislazione comunitaria ed interessi locali.
-Here again is a fine example of European legislation being in tune with local concerns.

6344 **sonaglio** **rattle**
il
[sonaʎʎo]
Sembri una poppante con un sonaglio.
-You look like a baby with a rattle.

6345 **maturità** **maturity|ripeness**
la
[maturit'a]
Voglio portare questa compagnia alla maturità finanziaria.
-I'd like to bring this company into financial maturity.

6346 **mafioso** **member of the mafia**
il
[mafjozo]
Mio padre non è un mafioso.
-My father's not a mobster.

6347 **pinguino** **penguin**
il
[piŋgwino]
Io non sono un pinguino.
-I am not a penguin.

6348 **pascolo** **pasture|grazing**
il
[paskolo]
Sono esposte al pascolo pecore e cavalli, e ci sono anche dei cani da pastore. Che ne dice di fare una visita una volta?
-Sheep and horses are set out to pasture, there are sheepdogs too. How about giving it a visit once?

6349 **nobiltà** **nobility|nobleness**
la
[nobilt'a]
La nobiltà non è garanzia di saggezza.
-Nobility is no guarantee of wisdom.

6350 **immune** **immune**
adj
[immune]
Lei è sempre immune alle critiche.
-She is always immune to criticism.

6351 **picca** **pike**
la
[pikka]
Fallo e infilzerò la tua testa su una picca.
-Do that, and I will have your head on a pike.

6352 **guastafeste** **damper|spoilsport**
il/la
[gwastafeste]
Signor Presidente, spero non mi considererete un guastafeste vista l'ora tarda, ma vorrei dire qualcosa di negativo sulla relazione che, per il resto, appoggio e giudico un buon lavoro.
-Mr President, I hope you will not think me a kill-joy at this late hour, but I would like to touch on something negative relating to the report, which I otherwise support and believe to be good.

6353 **sufficientemente** **enough**
adv
[suffitʃentemente]
Io sono sufficientemente contento.
-I'm happy enough.

6354 **repressione** **repression**
la
[repressjone]
Si assume che tutti siamo sessualmente stabili; mentre d'altra parte, dato che ho fatto conoscenza con le persone, trovo che sono tutti peccatori perversi, in un modo o nell'altro, che tutta la società è corrotta e marcia e repressa e inconscia che esibisce la sua repressione in varie forme di sadismo sociale.
-You assume we are all sexually stable; while on the other hand, as I have become acquainted with people, I find that they are all perverted sinners, one way or another, that the whole society is corrupt and rotten and repressed and unconscious that it exhibits its repression in various forms of social sadism.

6355 **ottanta** **eighty**
num
[ottanta]
L'ottanta per cento degli aiuti è corrisposto al 20 per cento degli agricoltori.
-Eighty per cent of aid is allocated to 20% of farmers.

6356 **natalizio** **Christmassy**
adj
[natalittsjo]
Joe mi diede un regalo natalizio molto bello.
-Joe gave me a very nice Christmas present.

6357 **strangolare** **strangle|choke**
vb
[straŋgolare]
Miller è grosso, può facilmente strangolare una donna della taglia di Margaret.
-Miller's a big guy, he could easily strangle a woman Margaret's size.

6358 **invasore** **invader; invading**
il; adj
[invazore]
L' invasore attira l'attenzione delle sentinelle di prima linea del sistema immunitario.
-The invader draws the attention of the immune system's front-line troops.

6359 **grembiule** **apron**
il
[grembjule]
Lei aprì il grembiule e, invece del pane, comparvero magnifiche rose.
-She opened her apron and, instead of bread, magnificent roses appeared.

6360 **caprone** **billygoat**
il
[kaprone]
Il caprone sta belando.
-The billy goat is bleating.

6361 **partecipante** **participant; participating**
il/la; adj
[partetʃipante]
E l'avventura è cominciata, strano a dirsi, con una partecipante a questa conferenza -- Chee Pearlman, che spero sia da qualche parte in platea oggi.
-And the journey started, funny enough, with a TED conference attendee -- Chee Pearlman, who hopefully is in the audience somewhere today.

6362 **romanticismo** **romance**
il
[romantitʃismo]
Niente agisce come antidoto migliore per il romanticismo che giovani uomini e giovani donne che fanno geometria insieme alle otto ogni mattina.
-Nothing acts as a better antidote for romance than young men and women doing geometry together at eight o'clock every morning.

6363 **arrugginire** **rust**

vb | [arruddʒinire]
Ha la scoliosi e l'acqua salata potrebbe arrugginire la sua spina dorsale.
-She had scoliosis, and the saltwater could rust her spine.

6364 **inspirare** vb [inspirare]
inspire
La dottoressa Stevens le chiederà di tossire, inspirare ed espirare.
-Dr. Stevens here will be asking you to cough, inhale and exhale.

6365 **pozza** la [pottsa]
pool
DH: Prenderà le lame a mezz'aria, atterrando lì, in una pozza di sangue...
-DH: Grab the blades in mid-air, land right there in a pool of blood ...

6366 **schizzare** vb [skiddzare]
splash|squirt
Senza uno schizzo, quindi riescono a vedere il pesce.
-Without a splash, so they can see the fish.

6367 **imprudente** adj [imprudente]
imprudent
È stato molto imprudente da parte di Joe.
-That was very careless of Joe.

6368 **galleggiare** vb [galleddʒare]
float
Io amo galleggiare sull'acqua.
-I love to float on the water.

6369 **rammaricare** vb [rammarikare]
regret
Ci si può rammaricare per il fatto che si omettano taluni aspetti.
-It is regrettable that they omit certain aspects.

6370 **respingere** vb [respindʒere]
reject|dismiss
Joe non può respingere Mary.
-Joe can't turn Mary down.

6371 **capitano** il [kapitano]
captain|leader
Gli errori capitano sul serio.
-Mistakes do happen.

6372 **frustrazione** la [frustrattsjone]
frustration
La sua rabbia era nata dalla frustrazione.
-His anger was born of frustration.

6373 **fetore** il [fetore]
stench
Con il suo permesso, mi piacerebbe restare nei paraggi e seguire il fetore.
-With your permission, I'd like to stick around for a bit and follow the stench.

6374 **aspirante** il/la; adj [aspirante]
aspirant; aspiring
E' negativo per un aspirante governo non avere un'opposizione forte, più responsabile e più competente e capace di mettere il governo alla prova.
-It is bad for an aspiring government not to have a strong opposition which will be more responsible and more competent and which will test the Government.

6375 **requisito** il [rekwizito]
requirement|qualification
Tale rispetto è un requisito indispensabile di qualsiasi governo non dittatoriale.
-Such respect is an indispensable requirement of any non-dictatorial government.

6376 **cacciavite** il [kattʃavite]
screwdriver
Mi passerebbe il cacciavite?
-Would you hand me the screwdriver?

6377 **flessione** la [flessjone]
flexion|decrease
La flessione del settore ferroviario è allarmante soprattutto nei nuovi Stati membri.

-The decline of the rail sector is particularly alarming in the new Member States.

6378 **preoccupante** **worrying|alarming**
adj
[preokkupante]
L'attuale liberalizzazione della quantità di additivi autorizzati è preoccupante.
-Current liberalisation of the quantity of permitted additives is worrying.

6379 **albanese** **Albanian; Albanian**
adj; il/la
[albaneze]
L'Albania è chiamata "Shqipëria" in albanese.
-Albania is called "Shqipëria" in Albanian.

6380 **prescindere** **prescind**
vb
[preʃʃindere]
Il risultato è calcolato secondo la tabella di lettura generale creata dalla World Health Organization (WHO) - la stessa per maschio e femmina a prescindere dall'età.
-The result is calculated according to general reading table created by World Health Organization (WHO) - the same for male and female regardless the age.

6381 **stecca** **cue**
la
[stekka]
Questa è una cosa chiamata stecca.
-This is something called a splint.

6382 **vincolo** **bond|link**
il
[viŋkolo]
Questo vincolo può essere allentato se non esiste una variazione significativa della marea nel livello del mare.
-This constraint can be relaxed if there is not significant tidal variation in water level.

6383 **bocciare** **reject**
vb
[bottʃare]
I due partiti si allearono per bocciare il progetto di legge.
-The two parties allied to defeat the bill.

6384 **parà** **para**
i
[par'a]
Nello Stato del Parà, in particolare, ogni sera piccoli aerei sorvolano la foresta e i villaggi spargendovi una sostanza arancione.
-In the State of Parà, in particular, small aircraft fly over the forest and villages every evening spraying them with an orange–coloured substance.

6385 **fiatare** **breathe**
vb
[fjatare]
Ti ho detto che quando prepari il cibo per un rito non devi fiatare!
-I said when you're preparing food for a rite you shouldn't say a word

6386 **scemenza** **folly**
la
[ʃementsa]
Era divertita dalla scemenza di suo figlio.
-She was amused at her son's tomfoolery.

6387 **incassato** **built-in**
adj
[iŋkassato]
Se no, i nostri alleati resteranno del parere che l'Europa ha incassato troppo facilmente il proprio dividendo di pace dopo la caduta del muro di Berlino.
-If not, our allies will remain of the opinion that Europe cashed in too easily its peace dividend after the fall of the Berlin Wall.

6388 **inflazione** **inflation**
la
[inflattsjone]
Prezzi più elevati del petrolio provocano l'inflazione.
-Higher gas prices cause inflation.

6389 **dorso** **back**
il
[dorso]
Dicono che in battaglia cavalchi sul dorso di un meta–lupo.
-They say he rides into battle on the back of a giant Direwolf.

6390 **zitella** **spinster|maid**

la
[tsitella]
Perderà la sua freschezza e finirà zitella come Elinor.
-She will lose her bloom... and end a spinster, like Elinor.

6391 **inconveniente** **drawback**
gli
[iŋkonvenjente]
Spiacente per l'inconveniente.
-Sorry for the inconvenience.

6392 **autostop** **hitch-hiking**
il
[autostop]
Jalmer deve aver lasciato l'auto in panne di Knute, iniziando a fare autostop.
-Jalmer must have gotten out of Knute's car after it broke down and started hitchhiking.

6393 **truccare** **make up**
vb
[trukkare]
Stanno cercando di truccare l'elezione.
-They're trying to rig the election.

6394 **assolvere** **absolve|discharge**
vb
[assolvere]
La flessibilità è fondamentale affinché l'Agenzia possa assolvere pienamente ai propri compiti istituzionali.
-Flexibility is key to allow the FRA to wholly fulfil its mandate.

6395 **estorsione** **extortion**
le
[estorsjone]
Questa è estorsione.
-This is extortion.

6396 **sgabello** **stool**
lo
[zgabello]
E poi disse: "No, possiamo modificare la panca, metterle uno sgabello speciale, un'incudine e una morsa speciali e magari un cacciavite elettrico".
-And then he said, "No, we can modify the workbench maybe to put a special stool, a special anvil, special vice, and maybe an electric screwdriver."

6397 **pulmino** **minibus**
il
[pulmino]
Li uccideremo e lasceremo il pulmino.
-We'll kill them all and leave the bus.

6398 **pallacanestro** **basketball**
la
[pallakanestro]
La pallacanestro era il mio sport preferito alle superiori.
-Basketball was my favorite sport in high school.

6399 **ignobile** **ignoble**
adj
[iɲɲobile]
Poi, elimineremo ogni traccia... di questa ignobile registrazione.
-Then... we will destroy every trace of this vile recording.

6400 **condanna** **condemnation|doom**
la
[kondanna]
Alcuni anni fa, imparare che uno aveva la tubercolosi equivaleva a sentire una condanna a morte.
-Some years ago, learning that one had tuberculosis amounted to hearing a sentence of death.

6401 **omelette** **omelette**
le
[omelette]
Non puoi fare una omelette senza rompere le uova.
-You can't make an omelette without breaking eggs.

6402 **intervistare** **interview**
vb
[intervistare]
Le possiamo intervistare?
-Can we interview them?

6403 **schizofrenia** **schizophrenia**
la
[skiddzofrenja]
Non sarai mai solo con la schizofrenia.
-You will never be alone with schizophrenia.

6404 **pianura** **plain**

la
[pjanura]
Il Nebraska è in pianura.
-Nebraska is on the plains.

6405 **eliminazione** **elimination**
la
[eliminattsjone]
L'eliminazione della rete centrale sortirebbe pertanto alcuni effetti negativi.
-Elimination of the comprehensive network would therefore have some perverse effects.

6406 **indovinello** **riddle|quiz**
il
[indovinello]
Io ho provato a porle un indovinello.
-I tried to ask her a riddle.

6407 **ruggine** **rust; russet**
la; adj
[ruddʒine]
Questa auto è resistente alla ruggine.
-This car is resistant to rust.

6408 **didietro** **backside**
il
[didjetro]
Il didietro come la cattedrale di Durham.
-Backside the size of Durham Cathedral.

6409 **demolire** **demolish**
vb
[demolire]
Allo stesso tempo, questi hanno iniziato a demolire i monumenti dell'Armata Rossa.
-At the same time, they started demolishing monuments to the Red Army.

6410 **tostapane** **toaster**
il
[tostapane]
Ho un tostapane.
-I have a toaster.

6411 **transizione** **transition**
la
[transittsjone]
Il cobalto è un metallo di transizione.
-Cobalt is a transition metal.

6412 **rigore** **severity|strictness**
il
[rigore]
Sono però deluso dalla relazione, che manca di equilibrio e di rigore.
-Hence my disappointment with the report that has been presented; with its lack of balance and rigor.

6413 **retorico** **rhetorical**
adj
[retoriko]
Un altro saggio e retorico greco, Antifonte, affermava da parte sua che le persone sottoposte a tortura dicono soltanto ciò che i torturatori vogliono sentire.
-Another Greek sage and rhetorician, Antiphontas, also said that people subjected to torture only say what pleases their torturers.

6414 **scandaloso** **scandalous**
adj
[skandalozo]
Hai letto l'articolo scandaloso di questo giornalista?
-Did you read this journalist's scandalous article?

6415 **aura** **aura**
la
[aura]
Lei era una donna intelligente con un'aura erotica.
-She was an intelligent woman with an erotic aura.

6416 **perfido** **perfidious**
adj
[perfido]
C'è un altro tipo di api, le api cuculo della famiglia delle Nomadinae o cleptoparassiti, che è un modo molto eufemistico per dire perfide, assassine... qual'è la parola più appropriata?
-And then you have another type of bee, which we call kleptoparasites, which is a very fancy way of saying, bad-minded, murdering -- what's the word I'm looking for?

6417 **riva** **shore**
la
[riva]
Passeggiamo un po' in riva al mare.
-Let's walk a little on the seashore.

6418 **fratellastro** **stepbrother**
il
[fratellastro]
Joe è il mio fratellastro.
-Joe is my half brother.

6419 **razione** **ration**
la
[rattsjone]
Una razione di avena compensa un lavoro ben svolto, ma fornisce anche energia per tutto il lavoro che resta.
-A ration of oats compensates a job well done, but oats also provide energy for all the work that remains.

6420 **supervisione** **supervision**
la
[supervizjone]
Sono venuti meno i sistemi di responsabilità, attuazione e supervisione?
-Did the responsibility, implementation and supervision systems collapse?

6421 **sperduto** **lost**
adj
[sperduto]
Joe sembra un po' sperduto.
-Joe looks a little lost.

6422 **ciarlatano** **charlatan|quack**
il
[tʃarlatano]
Sembrate conoscere bene il repertorio del ciarlatano.
-You seem very familiar with the charlatan's repertoire.

6423 **canoa** **canoe**
la
[kanoa]
Noleggiammo una canoa.
-We rented a canoe.

6424 **passerella** **gangway**
la
[passerella]
Vedete, io mi sento una modella da passerella.
-See, I feel like a runway model.

6425 **civettare** **flirt|jilt**
vb
[tʃivettare]
Ti proibisco di civettare con Paul.
-You are not to flirt with Paul. I forbid it.

6426 **caminetto** **fireplace**
il
[kaminetto]
an fuoco ardeva nel caminetto.
-a fire was blazing in the hearth.

6427 **asciugare** **dry|wipe**
vb
[aʃʃugare]
Deve asciugare i suoi vestiti in ogni caso.
-You must dry your clothes in any case.

6428 **dominante** **dominant|dominating**
adj
[dominante]
Alcuni soggetti godono di una posizione dominante individuale o collettiva?
-Are there players with a simple or collective dominant position?

6429 **primogenito** **first-born**
il
[primodʒenito]
La frase maschio primogenito è così profondamente radicata nelle nostre coscienze che questa statistica, da sola, mi ha colpito.
-The phrase "first-born son" is so deeply ingrained in our consciousness that this statistic alone shocked me.

6430 **sensato** **sensible**
adj
[sensato]
È sensato.
-That's sensible.

6431 **scasso** **break-in**
lo
[skasso]
Abbiamo tre furti con scasso irrisolti.
-We've got three unsolved burglaries.

6432 **paragone** **comparison|paragon**
il
[paragone]
Non mi piace usare la traduzione automatica di Google, però la uso davvero come paragone.

-I don't like to use Google's auto-translation, but I do use it for comparison.

6433 **benevolenza** **benevolence|kindness**
la
[benevolentsa]
Questi Stati dipendono in ampia misura dalla nostra benevolenza.
-These states are extremely dependent on our benevolence.

6434 **mannaro** **werewolf**
lo
[mannaro]
Voi mi amereste ancora se non fossi un lupo mannaro?
-Would you still love me if I wasn't a werewolf?

6435 **accontentare** **please**
vb
[akkontentare]
Non ti accontentare di meno.
-Don't settle for less.

6436 **porcellana** **porcelain**
la
[portʃellana]
Ha scritto un libro sulla porcellana.
-He wrote a book on china.

6437 **fasullo** **phoney**
adj
[fazullo]
Un attacco di phishing si verifica quando qualcuno assume un'altra identità per indurti a condividere informazioni personali o confidenziali, generalmente tramite un sito web fasullo.
-A phishing attack takes place when someone masquerades as someone else to trick you into sharing personal or other sensitive information with them, usually through a fake website.

6438 **arsenale** **arsenal|dockyard**
il
[arsenale]
The reactionary legal arsenal is being reinforced with new provisions.
-L'arsenale giuridico reazionario viene potenziato con nuovi strumenti.

6439 **credente** **believer**
il/la
[kredente]
Non è necessario studiare teologia per essere credente.
-You don't have to study theology to be a believer.

6440 **sandalo** **sandal**
il
[sandalo]
Ho l'olio di cocco e sandalo...
-I'll bring the coconut sandalwood.

6441 **elettromagnetico** **electromagnetic**
adj
[elettromaɲɲetiko]
Per invisibile intendo che non assorbe nello spettro elettromagnetico.
-By invisible, I mean it doesn't absorb in the electromagnetic spectrum.

6442 **distaccamento** **detachment**
il
[distakkamento]
Io sono Buzz Lightyear e comando il distaccamento.
-I am Buzz Lightyear, and I'm in charge of this detachment.

6443 **rupia** **rupee**
la
[rupja]
Lui spese fino all'ultima rupia per nutrire i poveri.
-He spent every rupee of the king's fortune feeding the poor.

6444 **perversione** **perversion**
la
[perversjone]
Tossicodipendenti come lui usano la loro instabilità percepita come capitale sociale per mantenere la loro fiducia e la buona fede viva a lungo dopo che è stata schiacciata più e più volte per la loro crudeltà e perversione.
- Abusers like him use their perceived instability as social capital to keep their trust and good faith alive long after it's been crushed again and again by their cruelty and perversion.

6445 **strafare** **overdo it**
vb
[strafare]
Ma credo che abbia voluto strafare e il risultato è un po' troppo ornamentale.
-And I think she overdid it. ~~~ Just a bit too ornamental.

6446 **panda** **panda**
i
[panda]
Il panda gigante vive solo in Cina.
-Giant pandas live only in China.

6447 **utente** **user**
il/la
[utente]
Nella Russia sovietica, il computer usa l'utente!
-In Soviet Russia, the computer uses the user!

6448 **gergo** **jargon**
il
[dʒergo]
Se spiegate tutto in gergo medico, è impossibile che capiscano tutti immediatamente.
-If you explain everything in medical jargon, it's impossible that everyone understands immediately.

6449 **indifferenza** **indifference|disregard**
le
[indifferentsa]
Me ne frego di quel che vuol dire "indifferenza".
-I don't give a shit what "indifference" means.

6450 **cinghia** **belt**
la
[tʃiŋgja]
Non potete chiedere a uno scheletro di tirare la cinghia.
-You cannot ask a skeleton to tighten its belt.

6451 **immunità** **immunity**
le
[immunitˈa]
Io ho l'immunità.
-I have immunity.

6452 **comandamento** **commandment**
il
[komandamento]
La deregolamentazione è diventata una sorta di comandamento pseudoreligioso.
-Deregulation has become a kind of pseudo-religious commandment.

6453 **sinfonia** **symphony**
la
[sinfonja]
Questa sinfonia è un vero capolavoro.
-This symphony is a real masterpiece.

6454 **rabbioso** **angry|rabid**
adj
[rabbjozo]
Il mare è rabbioso.
-The sea is angry.

6455 **realizzazione** **realization|achievement**
la
[realiddzattsjone]
Nessun animale è stato ferito durante la realizzazione di questo film.
-No animals were harmed in the making of this film.

6456 **penoso** **painful**
adj
[penozo]
è stato penoso da guardare.
-it was painful to watch.

6457 **ingrassare** **grease**
vb
[iŋgrassare]
Non ingrassare.
-Don't get fat.

6458 **decorare** **decorate**
vb
[dekorare]
Io non posso decorare questa casa. Non è mia.
-I cannot decorate this house. It's not mine.

6459 **successivamente** **subsequently**
adv
[suttʃessivamente]
Successivamente, siamo andati a Betlemme a vedere le statue.
-Afterwards, we went to Bethlehem to see the statues.

6460 **pazzoide** **Crazy**
adj
[pattsoide]
Dobbiamo togliere questo pazzoide dalla diretta.
-We have to get this lunatic off the air.

6461 **pietoso** **pitiful|merciful**

adj [pjetozo] — Jason non è un tizio cattivo, ma piuttosto un perdente pietoso.
-Jason is no bad guy, but rather a pitiable loser.

6462 **medievale** — **medieval**
adj
[medjevale]
La prima produzione di vetro medievale è una continuazione della tecnica del vetro romana?
-Is early medieval glass production a continuation of Roman glass technology?

6463 **immortalità** — **immortality**
le
[immortalit'a]
Una possibile strada per l'immortalità.
-Not to mention a potential path to immortality.

6464 **spazzola** — **brush**
la
[spattsola]
Io ho preso in prestito la spazzola per capelli di Joe.
-I borrowed Joe's hairbrush.

6465 **disteso** — **outstretched**
adj
[distezo]
Riesco a vederlo, disteso lì sulla sabbia.
-I can still see him, lying there in the sand.

6466 **lume** — **light**
il
[lume]
Sì, perché... Ripara il lume della cucina.
-Yes, he's fixing the lamp in the kitchen.

6467 **irritare** — **irritate|anger**
vb
[irritare]
Questi saranno irritare gli occhi in un primo momento.
-These will irritate your eyes at first.

6468 **infuriare** — **rage|rave**
vb
[infurjare]
Charlie, ti dirò, riesce a farmi infuriare.
-I'll tell you, Charlie, he makes me mad.

6469 **pedinare** — **tail**
vb
[pedinare]
Non mi servono... giocattolini sofisticati per pedinare un sospettato.
-I don't need fancy toys to teach me how to tail a suspect.

6470 **tastiera** — **keyboard**
la
[tastjera]
Scrivi la tua password sulla tastiera.
-Type your password on the keypad.

6471 **ricevitore** — **receiver**
il
[ritʃevitore]
Lo manda il segnale dal telecomando al ricevitore.
-It sends a command from the remote to the receiver.

6472 **ventaglio** — **Fan**
il
[ventaʎʎo]
Per inciso, questa stanza non ha niente che abbia a che vedere con un condizionatore. Tutto quel che c'è è un ventaglio di carta.
-Incidentally, this room doesn't have anything like an air conditioner. All it has is a hand-held paper fan.

6473 **iceberg** — **iceberg**
gli
[itʃeberg]
Il Titanic colpì un iceberg.
-The Titanic hit an iceberg.

6474 **guerriglia** — **guerrilla**
la
[gwerriʎʎa]
Fissa per stasera con la Famiglia della guerriglia Nera.
-Make sure the meeting's set for tonight with the Black Guerrilla Family.

6475 **ottone** — **brass**
il
[ottone]
L'ottone giallo ha un punto di fusione a 905 gradi Celsius.
-Yellow brass has a melting point of 905 degrees Celsius.

6476 **burocrazia** — **bureaucracy**

la
[burokrattsja]
La burocrazia si sta espandendo per incontrare i bisogni di una burocrazia in espansione.
-The bureaucracy is expanding to meet the needs of an expanding bureaucracy.

6477 **diminuire** **decrease|reduce**
vb
[diminwire]
Dovreste aumentare, mantenere, o diminuire la quantità di liquidi?"
-Should you increase, maintain or decrease the number of fluids?"

6478 **diluviare** **pour|shower**
vb
[diluvjare]
Forse dovresti entrare prima che si metta a diluviare.
-You should probably get inside before it starts to pour.

6479 **casco** **helmet**
il
[kasko]
Nessuno dei motociclisti stava indossando un casco.
-Neither motorcyclist was wearing a helmet.

6480 **extraterrestre** **extraterrestrial; alien**
adj; il
[ekstraterrestre]
Quindi, un'altra cosa a caso che faccio è ricercare l'intelligenza extraterrestre, o SETI.
-So, another random thing I do is the search for extraterrestrial intelligence, or SETI.

6481 **introduzione** **introduction|input**
la
[introduttsjone]
Nell'introduzione, l'autore dichiara quanto segue.
-In the introduction, the author is stating as follows.

6482 **adattare** **adapt|fit**
vb
[adattare]
Ti devi adattare.
-You have to adapt.

6483 **pensionato** **retired; pensioner**
adj; il
[pensjonato]
In questo caso il costo della regolamentazione ricade sul consumatore, ovvero sul pensionato anziano.
-The cost of regulation falls on the consumer and, in this case, the old-age pensioner.

6484 **collettivo** **collective**
adj[kollettivo]
E' di fatto un caso di espulsione collettiva, a seguito di un arresto collettivo.
-This is indeed a case of collective expulsion because there was a collective arrest.

6485 **risonanza** **resonance**
la
[rizonantsa]
In qualità di Presidente della Slovenia, ha trasmesso tale messaggio con particolare risonanza.
-As the President of Slovenia, you convey that message with particular resonance.

6486 **vespa** **wasp**
la
[vespa]
Io non penso che questa sia una vespa.
-I don't think this is a wasp.

6487 **elastico** **elastic; rubber band**
adj; il
[elastiko]
Non si tratta di un processo costantemente elastico.
-This is not a constantly elastic process.

6488 **razzismo** **racism**
il
[rattsismo]
Questo è solo razzismo!
-This is just racism!

6489 **sciamano** **shaman**
lo
[ʃamano]
Abbiamo annullato l'appuntamento con lo sciamano.
-We had to cancel your shaman appointment.

6490 **terme** **spa**

le
[terme]

Non che voi sappiate quanto è effettivamente lungo il Numero 11 ma potreste confrontare il Numero 11 con il Pantheon confrontarlo con le Terme di Caracalla, e così via, se foste interessati.
-Not that you know how long number 11 actually is, but you would be able to compare number 11 against the Pantheon with number 11 against the Baths of Caracalla, and so on and so forth.

6491 **tolleranza** **tolerance|toleration**
la
[tollerantsa]
Le diverse forme di culto che esistevano nel mondo romano erano tutte considerate dal popolo egualmente vere, dai filosofi egualmente false, e dai pubblici poteri egualmente utili. Perciò la tolleranza provocava non solo indulgenza reciproca, ma anche concordia religiosa.
-The various modes of worship which prevailed in the Roman world were all considered by the people as equally true; by the philosopher as equally false; and by the magistrate as equally useful. And thus toleration produced not only mutual indulgence, but even religious concord.

6492 **copiare** **copy**
vb
[kopjare]
A scuola abbiamo imparato che non si devono copiare i compiti assegnati.
-We learned in school that you must not copy other people's assignments.

6493 **fitto** **dense|thick**
adj
[fitto]
Il gas è davvero fitto qui, quindi dobbiamo uscire.
-Now, the gas, the gas is very thick here, so we got to get out.

6494 **sardina** **sardine**
la
[sardina]
È incastrata su quella branda come una sardina.
-She's wedged into that bunk like a sardine!

6495 **tirapiedi** **minion**
i[tirapjedi]
Sono stati descritti in grado di falsare dati e modelli informatici di climatologia, nascondere dati scomodi e cospirare con i tirapiedi verdi di Obama. -They were shown up as forgers of data, forgers of climate computer models, hiders of inconvenient data and conspirators with Obama's green minions.

6496 **scintillare** **sparkle|spark**
vb
[ʃintillare]
(Risate) Arrivò sul tavolo aveva un colore bianco brillante, quasi scintillante.
-(Laughter) It came to the table a bright, almost shimmering, white color.

6497 **aquilone** **kite**
il
[akwilone]
Joe attaccò la corda all'aquilone.
-Joe attached the string to the kite.

6498 **maneggiare** **handle|use**
vb
[maneddʒare]
Non si può maneggiare questo strumento senza interessarsi dei concorrenti e vicini più stretti, a rischio di indebolire questo importante settore di servizi nell'Unione europea.
-We cannot manage such an instrument without dealing with immediate competitors and neighbours, as there is a danger of weakening this important service sector in the European Union.

6499 **franchezza** **frankness|openness**
la
[fraŋkettsa]
Me lo dica con franchezza.
-Tell me frankly.

6500 **stordire** **stun|stupefy**
vb
[stordire]
La relazione ha anche riscontrato che i produttori di armi per stordire pubblicizzano questi prodotti come conformi alle norme CE.
-The report also found that stun-gun weapon manufacturers are advertising these products with the 'awarded' CE standard.

6501 **virile** **virile; manliness**
adj; il
[virile]
Dopo esserne stata colpita, "Fu felice di riferire di aver scoperto che l'uomo aveva un sosia ricco, virile, bello e aristocratico".
-After she got it, "She was happy to report that she has discovered that he possessed a double who was rich, virile, handsome and aristocratic."

6502 **concubina** **concubine**
la
[koŋkubina]
Non potresti essere una semplice concubina.
-I'd never make you a mere concubine.

6503 **rinvio** **postponement**
il
[rinvjo]
Parrebbe che la decisione del Consiglio di stato relativa al rinvio verrà presa fra poco."
-It appears that the Council of State' s decision on the stay of execution will be taken imminently" .

6504 **prassi** **practice|usual procedure**
la
[prassi]
Sarà utile per identificare almeno alcune piste orientative sul piano del metodo e della prassi quotidiana.
-This will be useful for identifying at least some guidelines on the level of method and everyday praxis.

6505 **mite** **mild|gentle**
adj
[mite]
Generalmente il clima in Inghilterra è mite.
-Generally speaking, the climate in England is mild.

6506 **promemoria** **reminder**
i
[promemorja]
Agli Stati membri invieremo ora un promemoria affinché aderiscano alla nostra richiesta.
-We shall now send the Member States a reminder to ensure they respond to our request.

6507 **canile** **kennel**
il
[kanile]
La famiglia di Rodrigo è andata al canile per adottare un cane.
-Rodrigo's family went to the dog pound to adopt a dog.

6508 **provvedimento** **measure**
il
[provvedimento]
Il Congresso non approvò il provvedimento.
-Congress did not approve the measure.

6509 **brusco** **abrupt|brusque**
adj
[brusko]
Si potrebbe pensare che il brusco cambiamento di direzione da parte di questi ultimi sia un atto di cinismo.
-The abrupt change of direction by the US might well be viewed with a degree of cynicism.

6510 **convenzionale** **conventional**
adj
[konventsjonale]
In alcuni paesi la medicina convenzionale e quella non convenzionale si integrano a vicenda.
-In some countries, conventional and non-conventional medicine are simply being integrated.

6511 **frizione** **clutch**
la
[frittsjone]
Ho rotto la frizione.
-I broke the clutch.

6512 **tubercoloso** **tuberculous**
adj
[tuberkolozo]
Morì di tubercolosi qualche anno dopo.
-She died of tuberculosis a few years later.-

6513 **minimamente** **least**
adv
[minimamente]
Io non sono neanche minimamente interessato ai giochi di ruolo.
-I'm not the least bit interested in role-playing games.

6514 **guastare** **spoil|damage**
vb
[gwastare]
Ma non guastare la festa.
-But don't ruin the party, okay?

6515 **oppressione** **oppression**
le
[oppressjone]
Sentivo uno sgradevole senso di oppressione nel petto.
-I felt an uncomfortable tightness in my chest.

6516 **grinta** **grit**
la
[grinta]
Ammiro la sua grinta.
-I admire your grit.

6517 **ventilazione** **ventilation**
la
[ventilattsjone]
Fusibile bruciato nell'unità di ventilazione.
-There's blown fuse in the ventilation unit.

6518 **disfare** **undo|unpack**
vb
[disfare]
Io dovrei finire di disfare la valigia.
-I should finish unpacking.

6519 **protesi** **prosthesis**
le
[protezi]
Non voglio avere una protesi totale.
-I don't want to get a full denture.

6520 **sporcare** **dirty|stain**
vb
[sporkare]
Dopo dieci anni, molti dei tappi giapponesi sono in ciò che chiamiamo la Macchia Orientale di Spazzatura, mentre i nostri sporcano le coste filippine.
-After ten years, a lot of the Japanese caps are in what we call the Eastern Garbage Patch, while ours litter the Philippines.

6521 **cisterna** **tank**
la
[tʃisterna]
Questa nave cisterna è diretta verso il Kuwait.
-This tanker is bound for Kuwait.

6522 **quadrante** **dial**
il
[kwadrante]
non riesco a leggere il quadrante.
-I can't read what the dial says.

6523 **traverso** **cross|oblique**
adj
[traverso]
Niente è come un vento di 30 nodi al traverso per esercitare lo sfintere.
-Nothin' like a little... 30 knot cross wind to exercise the ol' sphincter muscle.

6524 **incoraggiare** **encourage|foster**
vb
[iŋkoraddʒare]
Un modo per ridurre il numero degli errori nel corpus di Google sarebbe incoraggiare le persone a tradurre solo nelle loro lingue materne invece che al contrario.
-One way to lower the number of errors in the Google Corpus would be to encourage people to only translate into their native languages instead of the other way around.

6525 **deluso** **disappointed**
adj
[deluzo]
Una delle mie migliori amiche mi ha deluso.
-One of my best friends has failed me.

6526 **intralciare** **hinder|encumber**
vb
[intraltʃare]
A mio avviso, quest'inutile direttiva non farebbe che intralciare lo sviluppo di Belfast e di altri porti.
-In my opinion, this unnecessary directive would only stymie the development of Belfast and other ports.

6527 **rissa** **fight|brawl**

	la	Loro sono state espulse dalla scuola per una rissa.
	[rissa]	-They were expelled from school for fighting.
6528	**sondaggio**	**survey**
	il	I sondaggisti hanno condotto un sondaggio sulla popolarità dei candidati
	[sondaddʒo]	politici.
		-Pollsters conducted a poll on the popularity of the political candidates.
6529	**mascherare**	**mask|hide**
	vb	Tuttavia accade spesso che parole splendide vengano utilizzate per
	[maskerare]	mascherare il loro opposto.
		-However, it is often the case that grand words are used to disguise their opposites.
6530	**chicco**	**berry**
	il	Non sprecare un solo chicco di riso!
	[kikko]	-Waste not a single grain of rice!
6531	**indolore**	**painless**
	adj	La vostra morte sarà indolore.
	[indolore]	-Your death will be painless.
6532	**lettino**	**bed|cot**
	il	Ecco cosa faceva lì, sorreggeva il letto perché il letto semplicemente non
	[lettino]	funzionava.
		-That's what he was doing, propping up the bed because the bed simply didn't work.
6533	**culmine**	**culmination|height**
	il	L'attore morì al culmine della sua popolarità.
	[kulmine]	-The actor died at the height of his popularity.
6534	**turismo**	**tourism**
	il	Per noi il turismo è molto importante.
	[turismo]	-For us tourism is very important.
6535	**toccante**	**touching**
	adj	Che storia toccante!
	[tokkante]	-What a touching story!
6536	**meteora**	**meteor**
	la	Dormii là... immerso nelle strane radiazioni della meteora.
	[meteora]	-I slept there... bathed in the meteor's strange radiations.
6537	**riccio**	**curly; hedgehog**
	adj; il	A mio fratello non piace il sapore del riccio di mare.
	[rittʃo]	-My brother doesn't like the taste of sea urchin.
6538	**divorziato**	**divorced; divorcee**
	adj; il	La moglie di Sami ha divorziato da lui.
	[divortsjato]	-Sami's wife divorced him.
6539	**carcerato**	**prisoner|inmate**
	il	Un altro esempio è il caso di un'assistente odontoiatrica che lavorava in un
	[kartʃerato]	carcere; si punse con un ago che era stato utilizzato su un carcerato affetto da epatite A, B, e C e positivo all'HIV.
		-Or the case of a dental nurse working in a prison who was pricked by a needle that was used on an inmate who had hepatitis A, B, and C and was HIV positive.
6540	**inappropriato**	**inappropriate**
	adj	Era inappropriato.
	[inapproprjato]	-That was inappropriate.
6541	**microchip**	**microchip**

il
[mikrokip]
Forse la testa di legno di Pinocchio con il suo microchip ad alta tecnologia integrato ha più intelligenza rispetto al resto del mondo.
-Maybe Pinocchio's wooden head with its inbuilt high tech microchip has more intelligence than the rest of the world.

6542 **spostamento** **shift|moving**
lo
[spostamento]
Risentono del più piccolo movimento, o spostamento, o emozione.
-They yield to the slightest movement or motion or emotion.

6543 **fertile** **fertile|fruitful**
adj
[fertile]
Il terreno della sua fattoria è molto fertile.
-The land on his farm is very fertile.

6544 **slegare** **untie|loose**
vb
[zlegare]
Perciò non mi devi slegare, qualsiasi cosa succeda".
-Now just don't untie me no matter what."

6545 **branda** **cot**
la
[branda]
È incastrata su quella branda come una sardina.
-She's wedged into that bunk like a sardine!

6546 **severamente** **severely**
adv
[severamente]
È severamente vietato.
-That is strictly prohibited.

6547 **osservatorio** **observatory**
il
[osservatorjo]
Lui ha costruito un osservatorio per studiare le stelle.
-He built an observatory to study the stars.

6548 **paesino** **hamlet**
il
[paezino]
Vivono molti scienziati in questo paesino.
-Many scientists live in this small village.

6549 **sopraffare** **overwhelm|vanquish**
vb
[sopraffare]
Rischiamo, però, di sopraffare il consumatore se etichettiamo ogni alimento fabbricato con prodotti derivati da animali alimentati con OGM.
-But we risk overwhelming the consumer if we label every foodstuff made from products derived from animals fed on GMOs.

6550 **ricreare** **recreate|relax**
vb
[rikreare]
Sta provando a ricreare un senso di casa.
-She's trying to recreate a sense of home.

6551 **incerto** **uncertain|doubtful**
adj
[intʃerto]
Joe sembra incerto.
-Joe looks hesitant.

6552 **clientela** **clientele**
la
[kljentela]
Una clientela che è rimasta fedele al marchio sin da allora.
-A customer who has remained loyal ever since.

6553 **brandello** **shred**
il
[brandello]
Bisogna distruggere ogni brandello di DNA in questa casa.
-We need to destroy every shred of DNA in this house.

6554 **recensione** **review**
la
[retʃensjone]
Controlleremo se la recensione vìola queste linee guida.
-We will then check if the review violates these guidelines.

6555 **ammirato** **delighted**
adj
[ammirato]
Io ti ho sempre ammirato, Joe.
-I've always admired you, Joe.

6556 **squilibrato** **unbalanced; madman**

adj; lo Joe è squilibrato.
[skwilibrato] -Joe is deranged.

6557 **porcellino** **piggy|little pig**
il
[portʃellino]
No, basta mangiare i giornali, piccolo porcellino.
-No, stop eating the newspapers, you little piggy.

6558 **animato** **animated|lively**
adj
[animato]
Avrà preso spunto da questo cartone animato.
-He will have gotten the inspiration from that animated cartoon.

6559 **cauto** **cautious|wary**
adj
[kauto]
Volevo essere cauto.
-I wanted to be cautious.

6560 **ammutinamento** **mutiny**
il
[ammutinamento]
Di recente, oltretutto, ci è giunta notizia dell'ammutinamento dei prigionieri di Abu Ghraib.
-Just now, we have again been reading about the mutiny of the prisoners at Abu Ghraib.

6561 **irragionevole** **unreasonable**
adj
[irradʒonevole]
È irragionevole.
-That's preposterous.

6562 **caloria** **calorie**
la
[kalorja]
É la caloria l'unità che i consumatori informati utilizzano nei propri calcoli.
-The calorie is the unit that informed consumers use in their calculations.

6563 **difettoso** **defective|bad**
adj
[difettozo]
Oppure ad essere difettoso era il cibo destinato alla selvaggina?
-Or perhaps the animal feed was defective?

6564 **transazione** **transaction**
la
[transattsjone]
La transazione venne effettuata in yen piuttosto che in dollari statunitensi.
-This transaction was carried out in yen, rather than US dollars.

6565 **sbirciare** **peek**
vb
[zbirtʃare]
Dovreste smettere di sbirciare quando le persone stanno usando i loro cellulari.
-You should stop peeking when people are using their cellphones.

6566 **posato** **settled**
adj
[pozato]
Ha posato la matita sulla scrivania.
-He put down the pencil on the desk.

6567 **svantaggio** **disadvantage**
lo
[zvantaddʒo]
Per lui il divorzio è una buona invenzione con un solo svantaggio: prima ci si deve sposare.
-For him, divorce is a good invention, with one sole disadvantage: you have to get married first.

6568 **rinvenire** **find|revive**
vb
[rinvenire]
rinvenire i resti di un'antica civiltà.
-To discover the remains of an ancient civilization.

6569 **concezione** **conception**
la
[kontʃettsjone]
La nostra concezione del capitale umano, infatti, non è tecnocratica.
-Indeed, our concept of human capital is not a technocratic view.

6570 **vialetto** **alleyway**
il
[vjaletto]
Lo portiamo via a piedi sul vialetto.
-Take him on foot down this alley.

6571 **correzione** **correction**

la
[korrettsjone]
Joe è un ufficiale di correzione.
-Joe is a correctional officer.

6572 **alce**
il
[altʃe]
elk
È un'alce?
-Is it an elk?

6573 **astinenza**
le
[astinentsa]
abstinence
Bene, se l'astinenza può funzionare per quanto riguarda i rapporti sessuali, funzionerà.
-Well, if abstinence can work in sexual relationships, of course it will.

6574 **Corano**
il
[korano]
Koran
È in grado di recitare il Corano.
-He is able to recite the Koran.

6575 **elfo**
il
[elfo]
elf
"Voglio che il mio elfo scuro sia blu." "OK... Quello è viola. Sarai viola per questa settimana."
-"I want my dark elf to be blue." "OK... That one's purple. You'll be purple for this week."

6576 **virtuale**
adj
[virtwale]
virtual
La lotta contro le disuguaglianze non è una realtà virtuale, ma coinvolge persone vere.
-The fight against inequality is not virtual reality. It concerns real people.

6577 **settentrionale**
adj; il/la
[settentrjonale]
northern; northerner
Vivo nella Svezia settentrionale.
-I live in northern Sweden.

6578 **settanta**
num
[settanta]
seventy
Pesa settanta chili.
-He weighs 70 kilos.

6579 **ereditario**
adj
[ereditarjo]
hereditary
La moneta da €1 reca l'effigie del Principe Ranieri, sovrapposta a quella del Principe Ereditario Alberto.
-A double portrait of HSH Prince Rainier III and HSH Hereditary Prince Albert appears on the €1 coin.

6580 **ulna**
la
[ulna]
ulna
Questo intaglio parziale sull'ulna distale sinistra... crea un angolo di 70 gradi.
-This false start kerf on the left distal ulna – it's a perfect 70–degree angle.

6581 **rinascita**
la
[rinaʃʃita]
rebirth|revival
Prega in questo mistero per ottenere dalla Provvidenza la rinascita al bene.
-Pray for this mystery for the Providence renaissance to good.

6582 **intermediario**
adj; il
[intermedjarjo]
intermediary; intermediary
Io sono un intermediario che introduce gli affari.
-I am an intermediary who introduces business.

6583 **sembianza**
le
[sembjantsa]
appearance
Avere la sembianza di un galantuomo.
-To look like a gentleman.

6584 **dimagrire**
vb
[dimagrire]
lose weight|grow thin
Lei ha provato diversi metodi per dimagrire.
-She has tried various methods of slimming down.

6585 **disaccordo**
il
[dizakkordo]
disagreement|odds
Io ne sono del tutto in disaccordo.
-I completely disagree with that.

6586 **d.C.** **A.D.**
abr
[dk.]
A Pompei, prima dell'eruzione del Vesuvio nel 79 d.C.
-In Pompeii, before the eruption of Vesuvius in 79 A.D.

6587 **maialino** **piglet**
il
[majalino]
Quel maialino, ingrassato, sfama questa famiglia per tutto l'inverno.
-That pig fattened up feeds this family for a whole winter.

6588 **bensì** **very well**
adv
[bens'i]
Lui non è un chirurgo, bensì un macellaio.
-He's not a surgeon, but a butcher.

6589 **pubblicazione** **publication|release**
la
[pubblikattsjone]
Stiamo aspettando la pubblicazione del suo libro.
-We are expecting the publication of his book.

6590 **aggancio** **couple**
il
[aggantʃo]
Hai un aggancio commerciale e lei si occupa delle tue vendite.
-You've got a vendor connection, and she's handling your sales.

6591 **batterio** **bacterium**
il
[batterjo]
Questo batterio è parte del tappeto che ricopre i fondali al largo del Cile.
-Now this bacterium is part of mats that are found off the coast of Chile.

6592 **pacca** **slap**
la
[pakka]
Mi ha dato una pacca sul culo.
-He slapped my ass.

6593 **tropicale** **tropical**
adj
[tropikale]
Il teak è un legno scuro tropicale utilizzato per costruire del mobilio.
-Teak is a tropical dark wood used for making furniture.

6594 **colossale** **colossal**
adj
[kolossale]
Che colossale perdita di tempo!
-What a colossal waste of time!

6595 **mediterraneo** **Mediterranean**
adj
[mediterraneo]
L'Italia è circondata dal mar Mediterraneo.
-Italy is surrounded by the Mediterranean Sea.

6596 **infastidire** **annoy|irk**
vb
[infastidire]
Non le voglio infastidire.
-I don't want to bother them.

6597 **burrone** **ravine**
il
[burrone]
Spero che tu cada da un burrone.
-I wish you fall off a cliff.

6598 **schermare** **shield**
vb
[skermare]
Potrei schermare la registrazione contro effetti del genere.
-I could shield the recorder against that effect.

6599 **brigare** **intrigue**
vb
[brigare]
Ha trasformato il gigante Briareo e il suo seguito in innocui mulini.
-He has turned the mills into pacific mills.

6600 **anziché** **rather than**
adv
[antsik'e]
Dobbiamo guardare alle persone anziché ai soldi, alla sostanza anziché agli spot pubblicitari.
-We should look to people instead of to money, to substance instead of to advertisements.

6601 **fischio** **whistle|hiss**
il
[fiskjo]
Se ti serve qualcosa, fammi un fischio.
-If you need anything, just gimme a holla.

6602 **accettazione** **acceptance**
le
[attʃettattsjone]
Infine, l'ultima sfida è quella dell'accettazione della moneta da parte di tutti.
-Finally, the last challenge is that of ensuring acceptance of the currency by all.

6603 **applicazione** **application**
le
[applikattsjone]
Qual è la sua applicazione gratuita per iPad preferita?
-What's your favorite free iPad app?

6604 **ceppo** **log**
il
[tʃeppo]
Mettete un altro ceppo sul fuoco.
-Put another log on the fire.

6605 **monopolio** **monopoly**
il
[monopoljo]
Nonostante avesse dominato l'industria dell'acciaio, lui non ottenne mai un monopolio completo.
-Though he long dominated the steel industry, he never achieved a complete monopoly.

6606 **bronco** **bronchus**
il
[broŋko]
Ha una costola rotta e un bronco perforato.
-She has a rib fracture and a torn bronchus.

6607 **riaprire** **reopen**
vb
[rjaprire]
Alcuni governi vogliono riaprire la questione della composizione della Commissione.
-There are governments that want to reopen the question of the composition of the Commission.

6608 **battitore** **beater**
il
[battitore]
Chiunque possa essere il lanciatore, non sarà in grado di eliminare il nostro miglior battitore.
-Whoever the pitcher may be, he will not be able to strike out our best hitter.

6609 **granello** **grain**
il
[granello]
– Direi Come un granello di sale in una spiaggia.
-More like grain of salt on a beach.

6610 **sporgere** **protrude|lean out**
vb
[spordʒere]
Joe ha deciso di non sporgere denuncia.
-Joe decided not to press charges.

6611 **sbuffare** **snort|puff**
vb
[zbuffare]
Allora andate a sbuffare e ad ansimare e a far esplodere quella porta! -Then go huff, and puff, and blow that door down!

6612 **madrina** **godmother**
la
[madrina]
Lei è la mia madrina.
-She's my godmother.

6613 **predetto** **aforesaid; above-mentioned**
adj; il
[predetto]
L'ha predetto.
-You predicted it.

6614 **costoletta** **cutlet**
la
[kostoletta]
Fella... la costoletta era deliziosa.
-And, Fella the prime rib was delicious.

6615 **scettro** **scepter**
lo
[ʃettro]
Sì, uno splendido scettro e un gran palazzo.
-Yes, a beautiful scepter and a grand palace.

6616 **radioattivo** **radioactive**

adj
[radjoattivo]
Sono stati riscontrati dei quantitativi di Cesio radioattivo che superano i livelli di guardia in giovani esemplari di cicerello pescati nella prefettura di Fukushima.
-Radioactive cesium in amounts exceeding limits has been measured on young lancefish caught in Fukushima prefecture.

6617 **buonsenso** **common sense|sanity**
il
[bwonsenso]
Signor Presidente, spero di fornire un esempio di buonsenso olandese.
-Mr President, I hope to give an example of Dutch common sense.

6618 **caffeina** **caffeine**
la
[kaffeina]
La Coca-Cola contiene caffeina?
-Does Coca-Cola contain caffeine?

6619 **ipocrisia** **hypocrisy**
la
[ipokrizja]
Io sono stufo dell'ipocrisia.
-I'm sick of the hypocrisy.

6620 **agricoltore** **farmer|agriculturist**
il
[agrikoltore]
Nessun agricoltore – e parlo da agricoltore – vuole usare inutilmente le sostanze chimiche.
-No farmer – and I speak as a farmer – wants to use chemicals unnecessarily.

6621 **ordinato** **ordered**
adj
[ordinato]
Joe ha ordinato un doppio cheeseburger grande e delle patatine fritte.
-Joe ordered a large double cheeseburger and fries.

6622 **concittadino** **fellow citizen**
il
[kontʃittadino]
Mi spiace che il mio concittadino, l' onorevole Farage, non sia più in Aula.
-I am sorry that my fellow countryman, Mr Farage, has not remained in the Chamber.

6623 **decisivo** **decisive**
adj
[detʃizivo]
Sei decisivo.
-You're decisive.

6624 **redenzione** **redemption**
la
[redentsjone]
Le concedo una possibilità di redenzione.
-I shall grant you one path to redemption.

6625 **furore** **fury|rage**
il
[furore]
Avete ottenuto molto, ma a queste condizioni il vostro sembra furore, non coraggio. -You've achieved so much, but fighting these odds, it looks like rage, not courage.

6626 **carcassa** **carcass**
la
[karkassa]
È stata trovata una carcassa nel parco urbano.
-A carcass has been found at the urban park.

6627 **dolere** **ache|be sorry**
vb
[dolere]
Come dice un proverbio del mio paese, non si può tagliar la testa a chi duole solo un dente.
-This reminds me of a Greek proverb: you cannot chop off your head just because you have tooth ache.

6628 **gabbiano** **seagull|mew**
il
[gabbjano]
Questo uccello si chiama gabbiano.
-This bird is called a seagull.

6629 **rimbambito** **senile**
adj
[rimbambito]
Falla finita con questa farsa, pomposo rospo rimbambito.
-Get this farce over with, you pompous, senile toad.

6630 **folletto** **elf; elfin**

il; adj
[folletto]
Persino oggi si è parlato di James Bond e di spionaggio americano e ci è toccato anche assistere agli strepiti proferiti qualche istante or sono dal folle che siede alla mia sinistra.
-Even today we have heard talk of James Bond, of American espionage and we have had the rantings of the madman to my left a few moments ago.

6631 **aggiornare** **update**
vb
[addʒornare]
È dunque indispensabile aggiornare la direttiva che copre tale ambito.
-It is therefore highly necessary to update the directive covering this area.

6632 **roulette** **roulette**
la
[roulette]
L'uso dei profilattici è stato paragonato al gioco della roulette russa.
-The use of condoms has been compared to playing Russian roulette.

6633 **giustamente** **rightly|correctly**
adv
[dʒustamente]
La relatrice ha giustamente posto le esigenze dei bambini al cuore della relazione.
-The rapporteur correctly placed the needs of the child at the heart of this report.

6634 **applaudire** **applaud|cheer**
vb
[applaudire]
Non sempre possiamo applaudire il Presidente della Commissione con tanto entusiasmo.
-We cannot always applaud the President of the Commission so enthusiastically.

6635 **ustione** **burn**
le
[ustjone]
Un'ustione abbastanza particolare, in effetti.
-Quite a distinctive burn, as a matter of fact.

6636 **verbo** **verb**
il
[verbo]
Questa particella trasforma un sostantivo in un verbo.
-This particle turns a noun into a verb.

6637 **cafone** **peasant; raffish**
il; adj
[kafone]
Ora il cafone ti spacca la faccia!
-Now the boor's gonna smash your face!

6638 **specchietto** **table**
lo
[spekkjetto]
Il mio specchietto laterale non è allineato.
-My side mirror is out of alignment.

6639 **ultra-** **ultra-**
pfx
[ultra-]
Non è il non plus ultra, ma fa parte della soluzione ai nostri problemi.
-It is not the non plus ultra, but it is one part of the solution to our problems.

6640 **ginecologo** **gynecologist**
il
[dʒinekologo]
Se vuoi, posso raccomandarti un buon ginecologo.
-If you want, I can recommend a good gynecologist.

6641 **trota** **trout**
la
[trota]
Credevo che l'avrebbe sventrato come una trota, ma è ancora qui.
-I thought he would have gutted you like a trout, but here you are.

6642 **certificato** **certificate; certified**
il; adj
[tʃertifikato]
Io ho visto il certificato di nascita di Joe.
-I saw Joe's birth certificate.

6643 **cerniera** **hinge**
la
[tʃernjera]
Ha la cerniera aperta.
-Your zipper's open.

6644 **stimolo** **stimulus|urge**

	lo [stimolo]	Lo stimolo fiscale finisce in maggior risparmio, aumentando il debito pubblico. -Budget stimulus measures might end in higher savings, and in higher public debt.
6645	**cornetta**	**receiver**
	la [kornetta]	E quando telefono al signor Kitteridge, dica a chi prende la cornetta di tenergliela vicino alle orecchie. -And when I call to talk to Mr. Kitteridge, make sure that you tell everyone to keep the receiver tight up to his ear.
6646	**indipendentemente**	**independently**
	adv [indipendentemente]	Tale sistema può essere gestito indipendentemente dal processo legislativo comunitario. -This system can be operated independently of the Community's legislative process.
6647	**calpestare**	**trample|trample on**
	vb [kalpestare]	In tutti i giardini della mia città è vietato calpestare le aiuole. -In all of the gardens in my city it is illegal to trample the flower beds.
6648	**dittatura**	**dictatorship**
	la [dittatura]	Mussolini era il capo della dittatura fascista. -Mussolini was leader of the fascist dictatorship.
6649	**detonazione**	**detonation**
	la [detonattsjone]	Ogni detonazione sarà accompagnata da un'accelerazione. -Each detonation will be accompanied by a sudden burst of acceleration.
6650	**ledere**	**damage**
	vb [ledere]	I costi della riparazione del danno ambientale ricadono sulle parti lese o sullo Stato. -The costs of repairing the damage to the environment fall on the injured parties or the government.
6651	**leggerezza**	**lightness|levity**
	la [leddʒerettsa]	Non parla con leggerezza di cose serie. -He doesn't speak frivolously of serious things.
6652	**orto**	**garden|vegetable garden**
	lo [orto]	Una volta c'era un orto nel nostro cortile. -There used to be a vegetable garden in our yard.
6653	**consulenza**	**advice**
	la [konsulentsa]	Occorrono consulenza, informazione, condizioni locali e regionali favorevoli. -People need advice, information and favourable local and regional conditions.
6654	**nirvana**	**nirvana**
	la [nirvana]	E se ho trovato il Nirvana e sono ancora viva, chiunque sia vivo può trovare il Nirvana". -And if I have found Nirvana and I'm still alive, then everyone who is alive can find Nirvana."
6655	**scovare**	**find|flush out**
	vb [skovare]	Io sono a Lione, però forse andrò a Parigi per scovare un lavoro. -I am in Lyon, but maybe I'll go to Paris for hunting a job.
6656	**egiziano**	**Egyptian; Egyptian**
	adj; il [edʒittsjano]	Fadil è egiziano. -Fadil is Egyptian.
6657	**sopravvento**	**upper hand**

il I turisti prendono il sopravvento su quest'isola in estate.
[sopravvento] -Tourists take over this island in the summer.

6658 **funzionante** **working**
adj
[funtsjonante]
È funzionante quell'estintore?
-Is that fire extinguisher working?

6659 **infettare** **infect**
vb
[infettare]
Dobbiamo portarli dove non possono infettare nessuno.
-We need to get this guy somewhere he can't infect anyone.

6660 **incominciare** **begin**
vb
[iŋkomintʃare]
La follia deve ancora incominciare.
-The madness has yet to begin.

6661 **svelare** **reveal|unveil**
vb
[zvelare]
La polizia ha cercato duramente di svelare il mistero dell'omicidio.
-The police tried hard to unravel the mystery of killing.

6662 **gelido** **frosty|icy**
adj
[dʒelido]
È gelido.
-It is freezing cold.

6663 **ladruncolo** **petty thief**
il
[ladruŋkolo]
Stamattina mi sono slogata entrambe le caviglie, mentre rincorrevo un piccolo ladruncolo.
-I sprained both my ankles this morning chasing after a baby thief.

6664 **Bah!** **Bah!**
int
[ba!]
Bah! Fare di me una padella!
-Let her try and make a beehive out of me!

6665 **cargo** **freighter**
il
[kargo]
La nave cargo è arrivata con quattro ore d'anticipo.
-The cargo ship arrived four hours early.

6666 **applicare** **apply|put on**
vb
[applikare]
Non potete applicare questa teoria a questo caso.
-You can't apply this theory to this case.

6667 **cucito** **sewing**
il
[kutʃito]
Ed è tutto grazie al tuo rapido taglio e cucito da chirurgo.
-And it's all thanks to your, you know, quick surgeon sewing.

6668 **cianfrusaglia** **gimcrackery|knick-knacks**
la
[tʃanfruzaʎʎa]
Ho solo scambiato qualche cianfrusaglia con qualche altra cianfrusaglia.
-I just swapped a few bits and bobs for a few other bits and bobs.

6669 **spazzare** **sweep**
vb
[spattsare]
Dovete soltanto spazzare il pavimento.
-You have only to sweep the floor.

6670 **leopardo** **leopard**
il
[leopardo]
Il leopardo stava iniziando a stancarsi delle sue macchie.
-The leopard was starting to get tired of his spots.

6671 **schiarire** **clear|brighten up**
vb
[skjarire]
Sai, digiunare può aiutare davvero a schiarire le idee.
-You know, fasting can actually clear your mind.

6672 **cappio** **loop**
il
[kappjo]
Mettersi il cappio al collo.
-To put a noose around one's neck.

6673 **stupefacente** **amazing; drug**

adj; lo Questo è stupefacente.
[stupefatʃente] -This is puzzling.

6674 **ritrovamento** **find**
il
[ritrovamento]
Nel quinto mistero gaudioso si contempla il ritrovamento di Gesù nel tempio.
-In the fifth joyful mystery we contemplate the finding of Jesus in the temple.

6675 **piagnucolare** **whine|whimper**
vb
[pjaɲɲukolare]
Non resterò qui a sentirti piagnucolare.
-I'm not sticking around listening to you whine.

6676 **granaio** **barn**
il
[granajo]
Il granaio era piccolo, però era forte.
-The barn was small, but it was strong.

6677 **indurre** **induce|bring**
vb
[indurre]
E non ci indurre in tentazione, ma liberaci dal male.
-And lead us not into temptation, but deliver us from evil.

6678 **sfruttamento** **exploitation**
lo
[sfruttamento]
Credo che lo sfruttamento dell'ambiente sia una cattiva cosa.
-I believe that the exploitation of the environment is a bad thing.

6679 **mutazione** **mutation**
la
[mutattsjone]
C'è una mutazione nei geni e uno di loro muta e segue una strategia egoistica.
-There's a mutation in the gene and one of them mutates to follow a selfish strategy.

6680 **voga** **vogue**
La
[voga]
Non so bene che cosa si intendesse per contributo alla costruzione di un'Europa della gente - slogan che pareva tanto in voga alcuni anni fa.
-I am not quite sure what was meant by helping to build a people's Europe - that seemed to be a vogue phrase of a few years ago.

6681 **antibiotico** **antibiotic; antibiotic**
adj; il
[antibjotiko]
La nisina è un antibiotico, e chi vuole che un antibiotico venga aggiunto alla propria alimentazione?
-Nicine is an antibiotic, and who wants that added to their food?

6682 **colesterolo** **cholesterol**
il
[kolesterolo]
Io ho il colesterolo alto.
-I have high cholesterol.

6683 **stressante** **stressful**
adj
[stressante]
È stato stressante.
-It was stressful.

6684 **rianimazione** **resuscitation**
la
[rjanimattsjone]
A nome dei colleghi, propongo di installare in Aula l'attrezzatura per la rianimazione immediata nell'eventualità che si verifichi nuovamente un caso di questo tipo.
-I would propose on behalf of colleagues that we have immediate resuscitation equipment here in the Chamber in case such a distressing event occurs again.

6685 **traumatico** **traumatic**
adj
[traumatiko]
La Liberia ha passato il periodo più terribile e traumatico della sua storia.
-Liberia has been going through the most terrible, traumatic times.

6686 **minorile** **juvenile**

adj Dima effettivamente pensava che la pornografia con i nani fosse una
[minorile] qualche sottocategoria della pornografia minorile.
-Dima actually thought that midget porn is some subtype of child porn.

6687 **nubile** **maiden|single**
adj Qual è il tuo nome da nubile?
[nubile] -What is your maiden name?

6688 **riunito** **collected**
adj Il comitato di pianificazione si è riunito sei volte nel corso di dieci mesi.
[rjunito] -The planning committee met six times over the course of ten months.

6689 **ingiustamente** **wrongly**
adv Joe fu accusato ingiustamente.
[indʒustamente] -Joe was falsely accused.

6690 **omino** **little man**
il La scorsa settimana abbiamo avuto quel buffo omino che suona il banjo.
[omino] -We had that funny little man that plays the banjo last week.

6691 **scimpanzé** **chimpanzee**
lo Ogni scimpanzé ha la sua personalità.
[ʃimpants'e] -Every chimpanzee has his or her own personality.

6692 **nocciolo** **core|hazel**
il Hai mai ingoiato un nocciolo di albicocca?
[nottʃolo] -Have you ever swallowed an apricot pit?

6693 **precipizio** **precipice**
il Non ho spinto il ragazzo di Simone da quel precipizio.
[pretʃipittsjo] -I did not push simone's boy over that cliff.

6694 **reame** **kingdom**
il Gli ultimi papaveri del reame hanno attecchito là.
[reame] -The last poppies in this realm have taken seed there.

6695 **manicure** **manicure**
il/la Volevo solo una conferma per stasera prima di farmi la manicure.
[manikure] -I wanted to make sure that we were still on before I got my nails done.

6696 **torretta** **turret**
la Togliamo la tavola dalla mia torretta.
[torretta] — Let's get this board out of my turret.

6697 **irregolare** **irregular**
adj Questo è altamente irregolare.
[irregolare] -This is highly irregular.

6698 **bagliore** **glare|flare**
il Sembra ci sia uno strano bagliore proveniente dalla conca nasale della
[baʎʎore] vittima.
-There appears to be a strange glow emanating from the victim's inferior nasal conchae.

6699 **deviare** **divert|deflect**
vb Quindi suggerii di deviare il McLean. E ciò diede immediatamente vita a
[devjare] Gli Amici di McLean's Boulevard.
-Unfortunately, though, the site was separated from the river by McLean Boulevard so I suggested, "Let's reroute McLean," and that gave birth instantly to Friends of McLean Boulevard.

6700 **rasato** **shaven**
adj Joe era rasato e spettinato.
[razato] -Joe was unshaven and disheveled.

6701 **mittente** **sender**

	il/la [mittente]	Rispondi al mittente e a tutti i destinatari/nRispondi al mittente e a tutti i destinatari/nRisp. -Reply to sender and all recipients\nReply to sender and all recipients\nReply All
6702	**pesciolino** il [peʃʃolino]	**minnow** Ma perché sono un pesciolino dentro. -Because I'm a minnow on the inside.
6703	**anca** le [aŋka]	**hip** Se vedessi Anca, probabilmente non la riconoscerei. -If I saw Anca, I would probably not recognize her.
6704	**perseguitare** vb [persegwitare]	**persecute|haunt** Perseguitano coppie felici ed esaminano ogni loro mossa, ogni peculiarità. -They stalk blissful couples and they study their every move and mannerism.
6705	**interessamento** il [interessamento]	**interest** A questo si è limitato il suo interessamento. -That is how much they cared.
6706	**avena** le [avena]	**oats** Una razione di avena compensa un lavoro ben svolto, ma fornisce anche energia per tutto il lavoro che resta. -A ration of oats compensates a job well done, but oats also provide energy for all the work that remains.
6707	**serenità** la [serenit'a]	**serenity|tranquility** Ora che siamo tutti riuniti in serenità... vi invito a chiudere gli occhi. -(Woman) Now that we've all gathered in serenity, I invite you to close your eyes.
6708	**solista** il/la [solista]	**soloist** È solista. -She's a soloist.
6709	**invalido** adj; il [invalido]	**invalid; invalid** da giovane attivo qual era l'incidente lo ha trasformato in invalido -The accident changed him from an active young man into an invalid
6710	**busto** il [busto]	**bust|torso** Lei sta indossando un busto? -Are you wearing a girdle?
6711	**levata** la [levata]	**rising** Gli istanti di levata, culminazione e tramonto dell'oggetto per la data corrente sono mostrati nelle tre righe successive. -Rise, Transit, and Set times for the object on the current simulation date are shown on the next three lines.
6712	**smalto** lo [smalto]	**enamel** Esso causa anche la fluorosi dentale e danneggia lo smalto dei denti; i danni allo smalto rappresentano infatti un sintomo dell' avvelenamento da fluoro nell' infanzia. -It causes dental fluorosis, damage to the tooth enamel, which is symptomatic of fluoride poisoning in childhood.
6713	**miccia** la [mittʃa]	**fuse** Chi non tiene nel debito conto questo fatto, finirà prima o poi per accendere la miccia che farà saltare in aria il barile di polvere da sparo. -Whoever denies this might well be the one to light the fuse to the powder keg.
6714	**collezionista**	**collector**

	il/la [kollettsjonista]	Joe è un collezionista di spazzatura. -Joe is a garbage collector.
6715	**terrazzo** il [terrattso]	**terrace** Era il loro terrazzo -- dove dormivamo fuori la notte. -It means their terrace -- and we used to sleep out at night.
6716	**ghinea** la [ginea]	**guinea** Rispondete a qualche sua lettera e vi darò una ghinea. -Answer some of his letters, I will give you a guinea.
6717	**narratore** il [narratore]	**narrator|writer** (Narrator: And this central box connects the whole system together. -(Narratore: E questo contenitore centrale collega tutto il sistema.
6718	**parallelo** adj [parallelo]	**parallel** Il fiume scorre parallelo alla via principale. -The river runs parallel to the main street.
6719	**australiano** adj; il [australjano]	**Australian; Australian** Il wombat è un animale tipico australiano. -The wombat is a typical australian animal.
6720	**broccolo** il [brokkolo]	**broccoli** Il broccolo non è una verdura cinese, infatti, è originario dell'Italia. -Broccoli is not a Chinese vegetable; in fact, it is originally an Italian vegetable.
6721	**consumatore** il [konsumatore]	**consumer** Tali prodotti sono forniti al consumatore solo preconfezionati. -These products shall be delivered to the ultimate consumer only in a pre–packaged form.
6722	**pauroso** adj [paurozo]	**scary|fearful** Joe è pauroso. -Joe is creepy.
6723	**campanile** il [kampanile]	**bell tower|steeple** Come potete avere un campanile senza pipistrelli? -How can you have a belfry without bats?
6724	**celebrazione** la [tʃelebrattsjone]	**celebration** Dovremmo tenere una celebrazione, Joe. -We should have a celebration, Joe.
6725	**gala** le [gala]	**gala** Questo è il vestito che indossava al gala'. -This is the dress she wore to the gala.
6726	**giglio** il [dʒiʎʎo]	**lily** È stato il giglio della valle. -It was the lily of the valley.
6727	**diletto** il; adj [diletto]	**delight; beloved** Canterò per il mio diletto il mio cantico d'amore per la sua vigna. -"Let me sing for my beloved a love song concerning his vineyard".
6728	**prostata** la [prostata]	**prostate** Joe ha un tumore alla prostata. -Joe has prostate cancer.
6729	**millennio** il [millennjo]	**millennium** L'inizio del nuovo millennio vede una realtà molto diversa da quella del millennio scorso.

-The beginning of this new millennium is very different from the beginning of the last.

6730 **eternamente** adv [eternamente]
eternally
Sarò eternamente grato.
-I'll be forever grateful.

6731 **candidatura** la [kandidatura]
candidacy
Joe ha accettato la candidatura.
-Joe accepted the nomination.

6732 **ebbrezza** le [ebbrettsa]
intoxication|thrill
Joe fu arrestato per guida in stato di ebbrezza.
-Joe was arrested for driving while drunk.

6733 **annientare** vb [annjentare]
annihilate
Bisogna colmare le valli e annientare le distanze.
-We need to fill the valleys and annihilate distances.

6734 **isterico** adj; il [isteriko]
hysterical; hysteric
Joe è isterico.
-Joe's hysterical.

6735 **prugna** la [pruɲɲa]
plum
È a malapena della grandezza di una prugna.
-It's barely the size of a prune.

6736 **vietare** vb [vjetare]
prohibit|ban
In tali zone dovrebbe essere possibile limitare o vietare le attività di pesca.
-In such areas, it should be possible to restrict or to prohibit fishing activities.

6737 **baionetta** la [bajonetta]
bayonet
E guardate, San Pietro infilza una baionetta nella pancia di un minatore tedesco.
-And look, St Peter thrusting a bayonet into the belly of a German coal miner.

6738 **porcile** il [portʃile]
pigsty
La mia camera è un porcile.
-My room is a pigsty.

6739 **trambusto** il [trambusto]
bustle|commotion
La settimana scorsa quelle stesse strade erano allegre e popolate, con un enorme traffico internazionale, ingorghi stradali, negozi e uffici e il trambusto della vita normale.
-Last week those same streets were alive and buoyant with a massive international trade with traffic jams, shops and offices, and the bustle of normal life.

6740 **caloroso** adj [kalorozo]
warm
Joe è caloroso.
-Joe is affectionate.

6741 **ippodromo** il [ippodromo]
racecourse|hippodrome
E a volte lo ha fatto, che ci crediate o no, in un ippodromo a Los Angeles... una ragione per amare L.A....negli anni Quaranta.
-And he did sometimes, believe it or not, at a racetrack in Los Angeles -- one reason to love L.A. -- back in the 1940s.

6742 **cupo** adj [kupo]
dark|gloomy
Perché è così cupo?
-Why are you so glum?

6743 **solidarietà**
solidarity

la
[solidarjet'a]
La solidarietà è un'arma.
-Solidarity is a weapon.

6744 **scompartimento** lo [skompartimento]
compartment
Ho chiesto un posto nello scompartimento per fumatori.
-I asked for a seat in the smoking section.

6745 **immischiare** vb [immiskjare]
interfere
Questo, tuttavia, deve essere fatto a livello nazionale, non è una questione in cui si devono immischiare gli eurocrati di Bruxelles.
-However, this should be done at national level. It is not something for Eurocrats in Brussels to get involved in.

6746 **statura** la [statura]
stature
Sono troppo basso di statura.
-I am too short.

6747 **astro** gli [astro]
star
All'inizio, un astro cadde dal cielo e ci cambiò.
-In the beginning, a star fell from heaven and changed us.

6748 **facchino** il [fakkino]
porter
Lasciale al facchino, non portarle tu.
-Leave those for the porter, you don't carry them yourself.

6749 **abboccare** vb [abbokkare]
bite
Ok, va bene, voglio abboccare.
-Okay. All right. I'll bite.

6750 **ettaro** il; abr [ettaro]
hectare; ha
L'aiuto per ettaro per la canapa è più del doppio dell'aiuto per ettaro per i cereali.
-Per-hectare aid for hemp is more than twice as high as that for cereals.

6751 **templare** il [templare]
Templar
Si dirige a nord, cercando una chiesa templare come rifugio.
-They head north, looking for a Templar church as refuge.

6752 **cadetto** il [kadetto]
cadet
Credevo avessi perso la memoria, cadetto.
-I thought you lost all your memory, cadet. No.

6753 **contagioso** adj [kontadʒozo]
contagious|infectious
Il raffreddore è contagioso.
-Colds are contagious.

6754 **integrale** adj; il [integrale]
integral; integral
Preferisci il riso bianco o il riso integrale?
-Do you prefer white rice or brown rice?

6755 **microscopio** il [mikroskopjo]
microscope
La maggior parte di essi è invisibile senza l'aiuto di un microscopio.
-Most of them are invisible without the help of a microscope.

6756 **perseguire** vb [persegwire]
pursue|prosecute
Ma certamente avrai altre strade da perseguire.
-But surely you have other avenues you can pursue.

6757 **sosia** il [sozja]
double
è il tuo sosia!
-he's your double!

6758 **utilità** le [utilit'a]
utility|use
Il loro arredamento è stato scelto per l'utilità piuttosto che per lo stile.
-Their furniture was chosen for utility rather than style.

6759 **cannella** — **cinnamon**
la
[kannella]
Sono alla cannella... reagirebbero con gli antipsicotici.
-They've got cinnamon in them, which will react to your anti-psychotics.

6760 **macao** — **macaw**
il
[makao]
L'Unione europea continuerà ad interessarsi da vicino a Macao dopo il 19 dicembre.
-The European Union will continue to take a close interest in Macao after 19 December.

6761 **paradosso** — **paradox**
il
[paradosso]
Quindi c'è il paradossale problema di Marín, ma c'è anche il paradosso che egli crea per Tomlinson.
-So there is a paradoxical problem of Marín, but there is a paradox that you present for Tomlinson.

6762 **puntino** — **dot**
il
[puntino]
Guardate quest'immagine del piccolo puntino blu.
-And look at this image of the tiny, blue dot.

6763 **fessura** — **slot|slit**
la
[fessura]
Caccialo nella fessura.
-Shove it in the slot.

6764 **cittadinanza** — **citizenship**
la
[tʃittadinantsa]
Lui ha la cittadinanza ucraina.
-He has Ukrainian citizenship.

6765 **pareggio** — **draw|balance**
il
[pareddʒo]
La partita è finita in pareggio, e il risultato finale è stato di due a due.
-The game ended in a draw, and the final score was 2-2.

6766 **cocciuto** — **stubborn**
adj
[kottʃuto]
Joe è cocciuto.
-Joe is stubborn.

6767 **plutonio** — **plutonium**
il
[plutonjo]
Quantità minime di plutonio sono sufficienti per avvelenare tutta l'umanità.
-Even the tiniest amounts of plutonium are enough to poison the whole of mankind.

6768 **asiatico** — **Asian; Asian**
adj; il
[azjatiko]
Io ho mangiato in un ristorante asiatico.
-I ate at a curry house.

6769 **distaccare** — **detach|second**
vb
[distakkare]
Gli Stati membri possono distaccare presso Europol esperti nazionali.
-Member States may second national experts to Europol.

6770 **flessibile** — **flexible|supple**
adj
[flessibile]
Joe ha un orario flessibile.
-Joe has a flexible schedule.

6771 **paranormale** — **paranormal|psychic**
adj
[paranormale]
La psicocinesi è l'influenza paranormale della mente su eventi e processi fisici.
-You see, psychokinesis is the paranormal influence of the mind on physical events and processes.

6772 **magnate** — **magnate**
il
[maɲɲate]
Lui è un magnate.
-He's a tycoon.

6773 **tenuta** — **estate**

la
[tenuta]

I puristi devono morire. La lingua non dev'essere tenuta nella gabbia della tradizione.
-Purists are to be defeated. Language is not to be kept in the cage of tradition.

6774 **carretta** — **cart**
la
[karretta]
Togli la tua carretta per poter passare!
-Move your cart so we can get through.

6775 **iniettare** — **inject**
vb
[injettare]
Risulterebbe, infatti, molto difficile iniettare giornalmente il medicamento a migliaia di unità, magari per una settimana.
-It would not be possible to catch and inject thousands of pigs every day for perhaps a week.

6776 **assolo** — **solo; solo**
adv; gli
[assolo]
Il concerto iniziò con un assolo di pianoforte.
-The concert began with a piano solo.

6777 **annullamento** — **annulment|cancellation**
il
[annullamento]
Spero tu possa ottenere un annullamento.
-I'm hoping you can get an annulment.

6778 **rimpiazzare** — **replace|displace**
vb
[rimpjattsare]
Niente può rimpiazzare un vecchio amico.
-Nothing can take the place of an old friend.

6779 **decomposizione** — **decomposition**
la
[dekompozittsjone]
Difficile a dirsi a questo stadio di decomposizione.
-It's hard to tell at this stage of decomposition.

6780 **impensabile** — **unthinkable**
adj
[impensabile]
Joe fece l'impensabile.
-Joe did the unthinkable.

6781 **evidenza** — **evidence**
la
[evidentsa]
La capacità inesauribile dell'uomo di credere a ciò che preferisce essere vero piuttosto che ciò che l'evidenza dimostra di essere probabile e possibile mi ha sempre stupito..
-Man's unfailing capacity to believe what he prefers to be true rather than what the evidence shows to be likely and possible has always astounded me.

6782 **partecipe** — **sympathetic**
adj
[partetʃipe]
Non me ne vorrà se però la faccio partecipe delle mie preoccupazioni
-I hope you will forgive me for sharing my concerns with you nevertheless.

6783 **amorevole** — **loving**
adj
[amorevole]
Joe è amorevole.
-Joe is loving.

6784 **psicosi** — **psychosis**
la
[psikozi]
La reazione dei consumatori all'ESB è stata descritta in vari modi come una psicosi, irrazionale o indotta dal panico.
-The consumer reaction to BSE has been variously described as a psychosis, irrational or driven by panic.

6785 **irrazionale** — **irrational**
adj
[irrattsjonale]
Io non sono irrazionale.
-I'm not being unreasonable.

6786 **referto** — **report**

il
[referto]
Almeno secondo il referto del dottor Arden.
-At least according to Dr. Arden's postmortem report.

6787 **elettricista** **electrician**
il
[elettritʃista]
Joe vuole diventare un elettricista.
-Joe wants to become an electrician.

6788 **curiosare** **browse**
vb
[kurjozare]
Non indendevo curiosare.
-I didn't mean to pry.

6789 **sommergere** **submerge|flood**
vb
[sommerdʒere]
Stiamo per tentare di sommergere la città.
-We are about to attempt to submerge the city.

6790 **pascià** **pasha**
il
[paʃʃ'a]
Ma guardati, in panciolle come un pascià.
-Look at you, stretched out like a pasha.

6791 **priore** **prior**
il
[prjore]
È la seconda volta che il Ministro generale si incontra con il Priore di Taizé.
-This was the second time the Minister General met with the Prior of Taizé.

6792 **selezionare** **select|sort**
vb
[selettsjonare]
Al momento state inserendo le vostre frasi nel posto sbagliato. Dovreste selezionare "Contribuisci" in cima alla pagina e poi "Aggiungi frasi".
-At the moment, you are entering your sentences in the wrong place. You should select "Contribute" at the top of the page and then "Add sentences".

6793 **erbaccia** **weed**
le
[erbattʃa]
Ad esempio, il controllo di erbacce nei marciapiedi è di 400 volte più costoso senza prodotti chimici.
-For example, pavement weed control is 400 times more expensive without chemicals.

6794 **stallo** **stall**
lo
[stallo]
Ho dovuto superare lo stallo delle trattative romantiche.
-I had to break the deadlock in our romantic negotiations.

6795 **antidolorifico** **painkiller; analgesic**
il; adj
[antidolorifiko]
Joe ha preso un antidolorifico.
-Joe took a painkiller.

6796 **anticipare** **anticipate|advance**
vb
[antitʃipare]
Dobbiamo anticipare la partenza.
-We have to leave a bit earlier.

6797 **buddista** **Buddhist**
il/la
[buddista]
Non mi importa se lei è cattolica, buddista o musulmana. Tutto ciò che mi importa è la sua amicizia.
-I don't care if she's Catholic, Buddhist or Muslim. All I care is her friendship.

6798 **rendimento** **performance|return**
il
[rendimento]
Riceverai due certificati di rendimento.
-You shall receive two certificates of achievement.

6799 **alligatore** **alligator**
il
[alligatore]
L'alligatore ha mangiato il cane.
-The alligator ate the dog.

6800 **molecolare** **molecular**

adj
[molekolare]
Nel caso dovessimo riuscirci, come apparirebbe la programmazione molecolare?
-If we succeed, what will molecular programming look like?

6801 **marchesa** **marquise|marquis**
la
[markeza]
La marchesa vedova è una donna di una certa età.
-The Dowager Marchioness is a woman of a certain age.

6802 **contaminare** **contaminate|defile**
vb
[kontaminare]
Potrebbe contaminare la superficie del calcare.
-You might contaminate the surface of the limestone.

6803 **stupratore** **rapist**
lo
[stupratore]
Una donna non sposa il suo stupratore per cambiarlo.
-A woman does not get married to her rapist in order to reform him.

6804 **energetico** **energetic**
adj
[enerdʒetiko]
Il risparmio energetico e una migliore efficienza energetica sono priorità.
-Energy savings and better energy efficiency are priorities.

6805 **triade** **triad**
la
[trjade]
La triade ha tutto il mio sostegno.
-The triad has all my support.

6806 **cassonetto** **pelmet**
il
[kassonetto]
"Dormire in un cassonetto, eh?", chiese Al-Sayib. "Deve essere stata una esperienza puzzolente."
-"Sleeping in a dumpster, huh?" Al-Sayib asked. "That must have been a smelly experience."

6807 **potenzialmente** **virtually**
adv
[potentsjalmente]
Il regolamento quadro potenzialmente potrebbe apportare vantaggi significativi.
-Such a framework regulation could potentially have significant advantages.

6808 **svago** **fun|amusement**
lo
[zvago]
Ogni individuo ha diritto al riposo ed allo svago, comprendendo in ciò una ragionevole limitazione delle ore di lavoro e ferie periodiche retribuite.
-Everyone has the right to rest and leisure, including reasonable limitation of working hours and periodic holidays with pay.

6809 **invidioso** **envious; envier**
adj; il
[invidjozo]
Lui era invidioso della promozione della sua amica.
-He was envious of his friend's promotion.

6810 **chiosco** **kiosk|stand**
il
[kjosko]
Mentre stavamo lasciando Kampala per una strada polverosa, l'autista mi fece notare alcuni chioschi che vendevano schede telefoniche prepagate.
-As we were leaving Kampala on a dusty road, the driver drew my attention to some booths selling pre-paid telephone cards.

6811 **indegno** **unworthy**
adj
[indeɲɲo]
È chiaramente insopportabile e indegno.
-This is clearly intolerable and shameful.

6812 **rilievo** **relief**
il
[riljevo]
Enorme rilievo spetta all'enfasi posta sulla responsabilità della Commissione.
-The emphasis on the responsibility of the Commission is extremely important.

6813 **riconoscenza** **gratitude**
la[rikonoʃʃentsa]
Allora, preghiera penitenza e digiuno siano la corona che ricopre, di riconoscenza, i doni del Signore per avere da Lui la garanzia che tutto il

bene a noi necessario, si avveri nella sua interezza. -Then, prayer, penitence and fast be the crown covering with thankfulness Our Lord's gifts to receive from Him the assurance that all the good we need may be realized in its fullness.

6814 **inestimabile** — **invaluable|inestimable**
adj
[inestimabile]
Internet è una inestimabile fonte di informazione.
-The Internet is an invaluable source of information.

6815 **inserviente** — **attendant**
il/la
[inservjente]
Ho mandato via l'inserviente ma se vuoi...
-I had the janitor let go, but if you want, I can call...

6816 **cavalcata** — **ride**
la
[kavalkata]
Sperava che una cavalcata nella prateria potesse giovargli.
-He hoped a ride in the grasslands might assist him.

6817 **disobbedire** — **disobey**
vb
[dizobbedire]
Sembra che lui abbia disobbedito a Dio, chè è la disubbidienza suprema all'autorità.
-And apparently, he disobeyed God, and that's the ultimate disobedience to authority.

6818 **gentaglia** — **rabble|riffraff**
la
[dʒentaʎʎa]
Ci trasferiamo per tenere fuori la gentaglia.
-We're moving here to keep the riffraff out.

6819 **autodistruzione** — **self-destruction**
le
[autodistruttsjone]
Il Bangladesh rischia di sprofondare in una spirale di autodistruzione.
-Bangladesh is at risk of sliding into a spiral of self-destruction.

6820 **stringa** — **string**
la
[striŋga]
In questa relazione si dimostra chiaramente il fallimento del mercato unico oggi e la necessità di stringere i freni.
-There is clear evidence in this report of the failure of the Single Market at this moment, and of the need to tighten up.

6821 **garante** — **guarantor|guarantee**
il
[garante]
Io sarò il tuo garante.
-I will be your guarantor.

6822 **inchiodare** — **nail|rivet**
vb
[iŋkjodare]
Forse Ford può aiutarci a inchiodare questo tipo.
-Maybe Ford can get us what we need to nail this guy.

6823 **ipotecare** — **mortgage**
vb
[ipotekare]
Al tempo stesso, non possiamo continuare ad ipotecare la salute e il patrimonio dei nostri figli.
-Equally we cannot continue to mortgage our children's health and heritage.

6824 **cuffia** — **headset|headphones**
la
[kuffja]
Un vecchio uomo con una cuffia da notte aprì la finestra e guardò fuori. Rimproverò con rabbia: "Che cosa vuole a quest'ora della notte?"
-An old man in a nightcap opened the window and looked out. He called down angrily: "What do you want at this hour of night?"

6825 **rafforzare** — **strengthen**
vb
[raffortsare]
Dovrebbe essere chiaro che la riforma dei curriculum è obbligatoria al fine di rafforzare la ricerca interdisciplinare.
-It should be clear that the curriculum reform is mandatory in order to enhance interdisciplinary research.

6826 **digiuno** — **fasting; fast**

adj; il | (Risate) Tutti dovevamo digiunare durante il Ramadan.
[didʒuno] | -(Laughter) We all had to fast during Ramadan.

6827 **sofisticato** | **sophisticated**
adj | È sofisticato.
[sofistikato] | -You're sophisticated.

6828 **discutibile** | **questionable|debatable**
adj | Tutto è discutibile.
[diskutibile] | -Everything is arguable.

6829 **unicamente** | **only**
adv | Vieni da un pianeta popolato unicamente da donne?
[unikamente] | -Are you from a planet solely populated by women?

6830 **voluto** | **would; intentional**
av; adj | Non l'ho mai voluto.
[voluto] | -I never wanted that.

6831 **dedurre** | **deduce|conclude**
vb | Ciò che possiamo dedurre con sicurezza è che incrementerà soltanto il lavoro dei legali competenti in materia di brevetti.
[dedurre] | -What we can infer for sure is that it will only increase the work for some patent lawyers.

6832 **tramandare** | **hand down**
vb | Abbiamo il dovere di tramandare alle generazioni future i nostri paesi ed il nostro continente in uno stato di conservazione migliore rispetto a come li abbiamo ereditati.
[tramandare] | -We must ensure that when we hand down our countries and our continent to future generations, they are in a better condition than they were in when we inherited them.

6833 **carestia** | **famine**
la | La prospettiva di carestia incombe su molte zone del mondo.
[karestja] | -The prospect of famine hangs over many areas of the world.

6834 **brigante** | **brigand**
il | Non vale più di un brigante.
[brigante] | -No better than a brigand.

6835 **micidiale** | **deadly|murderous**
adj | Doveva essere micidiale e semplicemente brutale.
[mitʃidjale] | -It was supposed to be deadly, and just brutal.

6836 **incursione** | **raid|incursion**
le | Penseranno sia un'incursione della Coalizione.
[iŋkursjone] | -They'll think it's a Coalition raid.

6837 **rimozione** | **removal|dismissal**
la | L'amore è una pazzia temporanea curabile con il matrimonio o con la rimozione del paziente dalle influenze sotto cui ha subito il disordine.
[rimottsjone] | -Love is a temporary insanity curable by marriage or by removal of the patient from the influences under which he incurred the disorder.

6838 **sanguisuga** | **leech**
la | Lei è una sanguisuga... che si nutre della disperazione della gente.
[saŋgwizuga] | -You are a leech... feeding off people's desperation.

6839 **sospettoso** | **suspicious|distrustful**
adj | Lei è troppo sospettoso.
[sospettozo] | -You're too suspicious.

6840 **giardinaggio** | **gardening**

il
[dʒardinaddʒo]
Sta leggendo un manuale di giardinaggio.
-She is reading a manual on gardening.

6841 **istantaneo** **instant|sudden**
adj
[istantaneo]
Diamo un'occhiata al replay istantaneo.
-Let's take a look at the instant replay.

6842 **commerciante** **dealer|merchant**
il/la
[kommertʃante]
Il segantino ha portato un po' di legno al negozio del vinaio, ma il vinaio è ancora in attesa del bottaio. Il commerciante sta andando bene, però.
-The sawyer brought some timber over to the cooper's shop, but the cooper is still waiting on the hooper. The chandler is doing fine, though.

6843 **radiatore** **radiator**
il
[radjatore]
Noi possiamo riparare il radiatore.
-We can fix the heater.

6844 **pizzeria** **pizzeria**
la
[piddzerja]
I miei amici vanno al The New Pizzeria ogni venerdì sera.
-My friends go to The New Pizzeria every Friday evening.

6845 **ospitare** **accommodate|hold**
vb
[ospitare]
Questo albergo può ospitare oltre 1.000 ospiti.
-This hotel can accommodate over 1,000 guests.

6846 **spartano** **Spartan**
adj
[spartano]
Più che spartano, mi sento ateniese.
-I was not a Spartan, I am much more an Athenian.

6847 **pellegrino** **pilgrim**
il
[pellegrino]
Ogni essere umano è, in fondo, un pellegrino in ricerca della verità e del bene.
-Every human being is ultimately a pilgrim in search of truth and goodness.

6848 **ticchettio** **ticking**
il
[tikkettjo]
Il ticchettio dei tacchi a spillo mi da parecchio fastidio alle orecchie. Le persone che li indossano lo notano?
-The clicking of high heels kind of hurts my ears. Do the people wearing them not notice?

6849 **ucraino** **Ukrainian; Ukrainian**
adj; lo
[ukraino]
Lui è ucraino.
-He's Ukrainian.

6850 **studentesco** **student**
adj
[studentesko]
Mi chiedo chi porterà al ballo studentesco Joe.
-I wonder who Joe will take to the prom.

6851 **presunzione** **presumption**
la
[prezuntsjone]
La sua presunzione sulla sua bellezza infastidiva molte persone.
-Her conceit about her beauty annoyed many people.

6852 **tenace** **tenacious|strong**
adj
[tenatʃe]
Era tenace.
-He was tenacious.

6853 **pastiglia** **tablet|pad**
la
[pastiʎʎa]
Non credo che una pastiglia aiuterebbe.
-I don't think a pill would help, somehow.

6854 **arnese** **tool|thing**
il
[arneze]
Ed è un arnese da condividere.
-And that's a share tool.

6855 **sparizione** **disappearance**

la
[sparittsjone]
Quindi dopo la sparizione di Nick Hamilton.
-That would have been after Nick Hamilton's disappearance.

6856 **intraprendere**
vb
[intraprendere]
undertake
Chiedo ai rispettivi governi di intraprendere un dialogo fruttuoso con i dimostranti.
-I call on their governments to embark on fruitful dialogue with the demonstrators.

6857 **raffreddare**
vb
[raffreddare]
cool|cool off
Le teste calde qui farebbero bene a raffreddare gli animi, specialmente i Verdi.
-The hotheads here must cool down, particularly the Greens.

6858 **corazzare**
vb
[korattsare]
armor
A tale proposito mi limito a citare la relazione del governo olandese nella quale si afferma che è necessario «non costruire una corazza, bensì rafforzare la spina dorsale».
-I can only refer to the Dutch government's report, which says 'Don't get yourself a suit of armour, stiffen your backbone instead' .

6859 **utopia**
le
[utopja]
utopia
Ovviamente, questa è Utopia, è una formula per la paralisi, non per la libertà.
-Of course, this is Utopia; it's a formula for paralysis, not freedom.

6860 **mortificare**
vb
[mortifikare]
mortify
Perché, non strillare non lo mortificare…
-Because, don't shout, he'll be mortified..

6861 **spiacente**
adj
[spjatʃente]
afraid
Io sono davvero spiacente.
-I am truly sorry.

6862 **addolorato**
adj
[addolorato]
pained|sorrowful
Perché allora dovremmo essere addolorati oggi come se si trattasse di una perdita irreparabile o un viaggio senza ritorno del nostro amato Pastore?
-Why then should we be grieving today as for an irreparable loss and a journey with no return of our dear Shepherd?

6863 **originario**
adj
[oridʒinarjo]
original
Ora vivo ad Helsinki, però sono originario di Kuopio.
-I now live in Helsinki, but I'm originally from Kuopio.

6864 **raffinare**
vb
[raffinare]
refine|defecate
In secondo luogo occorre raffinare ulteriormente e rendere maggiormente politico lo strumento del discarico.
-Secondly, we need to further refine and further politicise the discharge instrument.

6865 **località**
le
[lokalit'a]
locality|resort
Le Hawaii sono una località turistica popolare.
-Hawaii is a popular tourist resort.

6866 **real**
il
[real]
real
Without real autonomy in income, there will not be real autonomy in expenditure.
-La mancanza di vera autonomia nelle entrate esclude una reale autonomia nelle spese.

6867 **lattuga**
la
[lattuga]
lettuce
Dovrei lavare la lattuga?
-Should I wash the lettuce?

6868 **frazione**
fraction

	la [frattsjone]	Questo movimento radicale rappresenta soltanto una sua frazione. -This radical movement speaks for only a fraction of them.
6869	**orizzontale** adj [oriddzontale]	**horizontal** Vorrei nuovamente sottolineare l'importanza del lavoro convergente e orizzontale. -Once again I want to underline the importance of convergent, horizontal work.
6870	**processione** la [protʃessjone]	**procession** Following the attacks with Molotov cocktails in recent weeks, several hundred citizens who sympathise with homosexuals participated in the procession. -A seguito di attacchi con bottiglie Molotov nelle scorse settimane, diverse centinaia di cittadini che simpatizzano con gli omosessuali hanno preso parte alla marcia.
6871	**poltrone** adj; lo [poltrone]	**lazybones; idler** Non so, poltrone sfondate... vecchie riviste, piante morte. -You know, busted chairs, old magazines, dead plants.
6872	**corrotto** adj [korrotto]	**corrupt** Io ho corrotto il poliziotto. -I bribed the policeman.
6873	**cadente** adj [kadente]	**falling|sagging** Una volta ho visto una stella cadente. -I have seen a shooting star once.
6874	**franare** vb [franare]	**collapse|slide down** E il mio cuore... ...sta per franare. -And my heart... ...is just going to cave in.
6875	**ubicazione** il [ubikattsjone]	**site** Dan ha mentito riguardo alla sua ubicazione. -Dan lied about his whereabouts.
6876	**contraddizione** la [kontraddittsjone]	**contradiction** Il mondo si trova di fronte a una contraddizione che sarà difficile sciogliere. -The world is faced with a contradiction that will be difficult to resolve.
6877	**incriminare** vb [iŋkriminare]	**incriminate|indict** Se uccidere in guerra è un crimine, allora si dovrebbe incriminare ogni soldato al mondo Sì, la guerra è un crimine, ma non l'ho cominciata io. -If killing in a war is a crime, then you have to charge every soldier in the world.
6878	**specializzazione** la [spetʃaliddzattsjone]	**specialization|major** Vi saranno effetti della specializzazione che meritano considerazione, oltre alla diversificazione. -There will be specialisation effects that merit consideration in addition to diversification.
6879	**letterario** adj [letterarjo]	**literary** La religione di un'era è il divertimento letterario della successiva. -The religion of one age is the literary entertainment of the next.
6880	**eroismo** il [eroismo]	**heroism** Tutti lodarono il suo eroismo. -Everybody praised his heroism.
6881	**ventesimo**	**twentieth|twentieth**

	adj [ventezimo]	I genocidi del ventesimo secolo hanno ucciso più persone di tutte le guerre. -Genocides of the twentieth century killed more people than all the wars.
6882	**marmocchio** il [marmokkjo]	**kid** Se sei sterile, suppongo che potreste sempre adottare qualche marmocchio indesiderato. -If you're totally barren, I guess the two of you could always adopt some unwanted brat.
6883	**scartare** vb [skartare]	**discard** Qualcosa che dobbiamo poter scartare definitivamente, prima di intraprendere un'altra strada. -Something we must discard before choosing another path.
6884	**falò** i [fal'ɔ]	**bonfire** Noi dobbiamo costruire un falò. -We need to build a fire.
6885	**costituire** vb [kostitwire]	**constitute|form** Questo non è un testo legislativo e non può in alcun modo costituire un regolamento. -This is not a legislative text and in no way can it constitute a regulation.
6886	**monello** il [monello]	**urchin|brat** Tieni il passo, monello, e non ti potrai sedere per una settimana. -Just keep it up, brat, and you won't be able to sit for a week.
6887	**mattutino** adj; lo [mattutino]	**morning; matins** Al primo sorgere del mattutino albore. -At the first sign of the morning sun.
6888	**anale** adj [anale]	**anal** Quando le guardie carcerarie mi facevano l'ispezione anale. -When the wardens submitted me to the anal inspection.
6889	**pancake** i [paŋkake]	**pancake** Ho preparato dei pancake per colazione. -I made pancakes for breakfast.
6890	**peperoncino** il [peperontʃino]	**chilli** Il peperoncino è molto usato nella cucina indiana. -Chilli is very much used in Indian cooking.
6891	**sessualità** la [sesswalit'a]	**sexuality** Dobbiamo interrogarci sul modo in cui la sessualità è trattata nella pubblicità. -We need to ask ourselves about the way in which sexuality is handled in advertising.
6892	**degenerato** adj [dedʒenerato]	**degenerate** Tuttavia, non dovrebbe degenerare in un attacco alla sovranità. -However, it should not degenerate into an attack on sovereignty.
6893	**disonorare** vb [dizonorare]	**dishonor|sully** Ma in questa casa siamo cittadini leali e non vi aiuteremo a disonorare il prefetto. -But in this house we're loyal citizens and we won't help you disgrace the prefect too.
6894	**esitazione** le [ezitattsjone]	**hesitation|hesitance** Joe ha annuito con esitazione. -Joe nodded hesitantly.
6895	**pezzettino**	**snippet**

il
[pettsettino]
Ancora un pezzettino e sarà fuori pericolo.
-Just one more little piece, and he should be out of the woods.

6896 **facciale**
adj
[fattʃale]
facial
Abbiamo parlato molto dell'aspetto facciale.
-So we've talked a lot about facial appearance.

6897 **fisco**
il
[fisko]
taxman
No, non vogliamo attirare attenzioni indesiderate da parte del fisco.
-No, we don't want to draw any unwanted tax attention.

6898 **urbano**
adj
[urbano]
urban
Il traffico è un grande problema urbano.
-Traffic is a major urban problem.

6899 **ottico**
adj; il
[ottiko]
optical; optician
Stiamo davvero replicando, quindi, il tipo di segnali che passano nel nervo ottico.
-So we are really duplicating the kind of signals that you have on the optic nerve.

6900 **licantropo**
il
[likantropo]
lycanthrope
Pensa cosa potrebbero fare a un licantropo.
- Think what'd they do to a werewolf.

6901 **ghigliottinare**
vb
[giʎʎottinare]
guillotine
Sono contrario - e lo dico molto francamente - alla ghigliottina.
-I personally - and I say so quite openly - am against the guillotine.

6902 **emisfero**
il
[emisfero]
hemisphere
Il Giappone è situato nell'emisfero settentrionale.
-Japan is located in the Northern Hemisphere.

6903 **contrariare**
vb
[kontrarjare]
upset|oppose
In caso contrario entreremmo in totale contraddizione con quanto stiamo affermando.
-Otherwise the result would totally contradict what we are saying.

6904 **graffiare**
vb
[graffjare]
scratch
Dimmi che il nostro povero samaritano morto è riuscito a graffiare il clown.
-Tell me our poor, dead Samaritan managed to scratch the clown.

6905 **pupilla**
la
[pupilla]
pupil
Respiro irregolare, pupilla destra dilatata.
-Unequal breath sounds, right pupil is dilated.

6906 **somaro**
il[somaro]
donkey
Te l'ho fatta di nuovo, somaro. -I busted you again, Donkey.

6907 **frullare**
vb
[frullare]
whisk|flutter
Sai, per le compere, accompagnarti alla clinica... frullare il pesce.
-You know, shopping, driving you to treatment... blending fish.

6908 **taccuino**
il
[takkwino]
notebook
Questo è il mio taccuino.
-This is my notebook.

6909 **sfruttato**
adj
[sfruttato]
tapped
Lui ha sfruttato la sua posizione per accumulare la sua fortuna.
-He exploited his position to build up his fortune.

6910 **poetico**
adj
[poetiko]
poetic
Offrirsi impavidamente alla morte fu l' ultimo gesto poetico della sua vita.
-To die fearlessly was the last poetic offering of his life.

6911 **giraffa** **giraffe**
la
[dʒiraffa]
Dov'è la giraffa?
-Where is the giraffe?

6912 **diesel** **Diesel**
il
[djezel]
Motor vehicle emissions - Quality of petrol and diesel fuels
-Emissioni dei veicoli a motore - Qualità della benzina e del combustibile diesel

6913 **armonico** **harmonic**
adj
[armoniko]
Con questa soluzione non si persegue l'obiettivo di uno sviluppo armonico del paese nel suo insieme.
-This solution does not serve the objectives of harmonious development of the national territory as a whole.

6914 **congedare** **dismiss**
vb
[kondʒedare]
Come abbiamo sentito, il re ha proclamato lo stato di emergenza, ha congedato il governo, ha assunto direttamente il potere e ha sospeso a tempo indefinito i diritti civili.
-We have heard that the King has declared a state of emergency, dismissed the government, assumed direct power and suspended civil rights indefinitely.

6915 **seducente** **seductive|enticing**
adj
[sedutʃente]
E' bello, grande, seducente, eppure portatore di grandi pericoli.
-It is a beautiful, grand and seductive project, but yet it harbours many dangers.

6916 **abominevole** **abominable**
adj
[abominevole]
L'ipocrisia dell'Unione europea è abominevole: criminalizza gli immigrati privi di documenti.
-The EU's hypocrisy is abominable: it is criminalising undocumented immigrants.

6917 **genocidio** **genocide**
il
[dʒenotʃidjo]
La deportazione e il genocidio sono due cose diverse.
-Deportation and genocide are two different things.

6918 **compensare** **compensate|compensate for**
vb
[kompensare]
I soldi non possono compensare la vita.
-Money cannot compensate for life.

6919 **scorretto** **incorrect|unfair**
adj
[skorretto]
Ritengo del tutto scorretto e sbagliato prendere parte a questo genere di votazioni.
-It is totally incorrect and wrong that we participate in those kind of votes.

6920 **stabilità** **stability**
la
[stabilit'a]
Come esiste una stabilità inflazionistica, può anche esistere una stabilità deflazionistica.
-Just as there is inflationary stability, there can also be deflationary stability.

6921 **paraurti** **bumper**
il
[paraurti]
Ero indietro, ho riverniciato senza staccare il paraurti.
-Well I got behind, so I painted it without pulling off the bumper.

6922 **twist** **twist**
il
[tvist]
That makes my job more difficult, because, if I want to surprise them, I need to tell a story that starts the same, but ends differently -- a trick with a twist on a twist.
-Ciò rende il mio lavoro più difficile, perché, se voglio sorprenderli, devo

raccontare una storia che inizia allo stesso modo, ma finisce diversamente - - un trucco con una svolta nella svolta.

6923 **fossato** **moat|ditch**
il
[fossato]
Noi abitiamo vicino al fossato.
-We live near the dike.

6924 **inserito** **inlaid**
adj
[inserito]
Ha inserito la spina della radio.
-He plugged in the radio.

6925 **baita** **chalet**
la
[baita]
Ho avuto tempo per pensarci alla baita.
-Since I had a lot of time to think up at that cabin.

6926 **diceria** **rumor|gossip**
la
[ditʃerja]
La diceria non può essere vera.
-The rumor cannot be true.

6927 **bambù** **bamboo**
il
[bambu]
Sta crescendo del bambù nel giardino.
-There's bamboo growing in the garden.

6928 **intelletto** **intellect|nous**
il
[intelletto]
Non avevo niente in comune con il loro intelletto la qualità del loro intelletto.
-It had nothing to do with their intellect, the quality of their intellect.

6929 **scudiero** **squire**
lo
[skudjero]
Finora sono sopravvissuta senza uno scudiero.
-I've made it this far in the world without a squire.

6930 **psicotico** **psychotic**
adj
[psikotiko]
Un delirio psicotico causato da un ricordo represso.
-It eased the pain, a psychotic delusion brought on by a repressed memory.

6931 **trapano** **drill**
il
[trapano]
Chi di voi qui possiede un trapano, un trapano elettrico?
-Who here owns a drill, a home power drill?

6932 **aggressività** **aggression**
le
[aggressivit'a]
L'aggressività del ragazzo sta creando problemi.
-The boy's aggression is making problems.

6933 **Vietnam** **Vietnam**
adj
[vjetnam]
Joe è un veterano del Vietnam.
-Joe is a Vietnam veteran.

6934 **vietnamita** **Vietnamese**
adj
[vjetnamita]
Ho la nazionalità francese ma sono di origine vietnamita.
-I have French nationality but Vietnamese origins.

6935 **enciclopedia** **encyclopedia**
la
[entʃiklopedja]
Nessuno di noi va in giro portandosi dietro l'enciclopedia del vino di .
-Not everybody carries Sotheby's Wine Encyclopaedia around with them.

6936 **distinto** **separate|distinct**
adj
[distinto]
Joe è molto distinto.
-Joe is very distinguished.

6937 **assorbire** **absorb|adsorb**
vb
[assorbire]
Le relazioni e le risoluzioni che esulano da questi ambiti dovrebbero assorbire meno tempo e risorse di personale.
-Reports and resolutions falling outside this scope should take up less agenda time and staff effort.

6938 **ammenda** **amends**
le
[ammenda]
Ora è il momento di fare ammenda.
-Now it's time to make amends.

6939 **affilare** **sharpen**
vb
[affilare]
Joe è piuttosto bravo ad affilare i coltelli.
-Joe is pretty good at sharpening knives.

6940 **cavalla** **mare|stableman**
la
[kavalla]
Questa è una cavalla.
-This is a horse.

6941 **spinacio** **spinach**
lo
[spinatʃo]
Per quanto mi riguarda, non ho mangiato spinaci o broccoli fino all'età di 19 anni.
-I, for one -- and I'm not kidding -- didn't eat real spinach or broccoli till I was 19.

6942 **telegrafo** **telegraph**
il
[telegrafo]
Sapete chi ha inventato il telegrafo?
-Do you know who invented the telegraph?

6943 **avanzo** **remains|remnant**
il
[avantso]
Io sgobbo, faccio girare il motore degli altri ma non avanzo.
-I slog, I turn the engine the other but not surplus.

6944 **geografia** **geography**
la
[dʒografja]
Lei è brava in geografia.
-She is good at geography.

6945 **intoppo** **hitch|obstacle**
lo
[intoppo]
C'è stato un piccolo intoppo..
-There has been a slight hitch..

6946 **pretore** **praetor**
il
[pretore]
Il mio piede va dove il nostro pretore ordina.
-I but place foot where our praetor commands.

6947 **estendere** **extend|expand**
vb
[estendere]
È stata affrontata anche la necessità di estendere il voto a maggioranza qualificata.
-The need to expand the system of qualified majority decisions was also addressed.

6948 **scaltro** **shrewd|cunning**
adj
[skaltro]
John è scaltro.
-John is streetwise.

6949 **postumo** **posthumous; aftereffect**
adj; il
[postumo]
Il suo corpo venne riesumato e decapitato postumo.
-His body was dug up and he was beheaded posthumously.

6950 **drogheria** **grocery**
la
[drogerja]
Saremo posizionati all'interno della drogheria quando entrerà.
-We'll be positioned inside the grocery store when the target enters.

6951 **montone** **mutton**
il
[montone]
Io preferisco la carne di montone a quella di manzo.
-I prefer mutton to beef.

6952 **congregazione** **congregation**
la
[koŋgregattsjone]
Sembrerebbe quasi una specie di... congregazione.
-Appears to be some kind of a... congregation.

6953 **marmotta** **marmot**

la
[marmotta]
Se devi sparare non colpire la marmotta.
-If you got to shoot, don't hit the groundhog.

6954 **scivolata** **slip|glide**
la
[ʃivolata]
Sono scivolata su una chiazza di ghiaccio.
-I slipped on an icy patch.

6955 **indiziato** **suspect**
adj
[indittsjato]
Credo sia ancora l'indiziato principale.
-He remains the prime suspect, I believe.

6956 **ferramenta** **hardware|ironmongery**
la
[ferramenta]
Io sto comprando una scala dal ferramenta.
-I am buying a ladder in the hardware store.

6957 **nicotina** **nicotine**
la
[nikotina]
Anche le misure di prevenzione contro la nicotina devono fare parte dell'azione.
-Anti-nicotine preventive measures must form part of this action, too.

6958 **involucro** **casing|envelope**
lo
[involukro]
Avvolse il suo sandwich in un involucro di plastica.
-She wrapped her sandwich in plastic wrap.

6959 **provvisorio** **provisional|temporary**
adj
[provvizorjo]
Avrete bisogno di un ponte provvisorio.
-You'll need a temporary bridge.

6960 **follemente** **madly|wildly**
adv
[follemente]
Joe è follemente geloso.
-Joe is insanely jealous.

6961 **trippa** **tripe**
la
[trippa]
– a parte il suo particolare disgusto per la trippa brasata.
-Aside from his particular dislike of braised tripe.

6962 **tosare** **shear|clip**
vb[tozare]
Puoi tosare una pecora molte volte, ma puoi scuoiarla una volta sola. -You can shear a sheep many times, but skin him only once.

6963 **chitarrista** **guitarist**
il/la
[kitarrista]
Vorrei essere un chitarrista.
-I'd like to be a guitarist.

6964 **malinconico** **melancholy|pensive**
adj
[maliŋkoniko]
Oggi mi sento malinconico.
-Today I'm feeling melancholic.

6965 **relax** **relaxation**
il
[relaks]
In their words, Dorte Schmidt-Brown was a hysterical woman who should try to relax a little.
-Secondo l'OLAF, Dorte Schmidt-Brown era una donna isterica che aveva bisogno di rilassarsi.

6966 **parziale** **partial**
adj
[partsjale]
Joe è parziale.
-Joe is biased.

6967 **sterco** **dung|shit**
lo
[sterko]
Rimuovono lo sterco, impollinano le nostre colture.
-They remove dung, they pollinate our crops.

6968 **errare** **err|wander**
vb
[errare]
Errare è umano. Incolpare qualcun altro per i propri errori è ancora più umano.

-To err is human. To blame somebody else for your errors is even more human.

6969 **asteroide** **asteroid**
il
[asteroide]
Il piccolo principe viveva su un asteroide chiamato B612.
-The little prince who lived on an asteroid, it was called B612.

6970 **cheto** **calm**
adj
[keto]
Per la stessa ragione si può pensare cheto o io siamo infiltrati.
-Someone could just as easily think we're moles.

6971 **provvidenza** **providence**
la
[provvidentsa]
La divina provvidenza m'ha messo i bastoni fra le rote.
-But divine providence has put a spoke in my wheel.

6972 **sindacale** **union**
adj
[sindakale]
Vorrai parlare col tuo delegato sindacale.
-You'll want to talk to your union delegate.

6973 **incatenare** **enchain**
vb
[iŋkatenare]
Le stesse che ha usato lei per incatenare suo figlio alla scrivania.
-Tactical handcuffs, dual–hinged, the same make you used to chain your son to his desk.

6974 **costruttore** **builder**
il
[kostruttore]
Il costruttore fornisce indicazioni sull'uso previsto del prodotto.
-The manufacturer shall provide information on the intended use of the product.

6975 **maggiormente** **most**
adv
[maddʒormente]
Ciò di cui il paese ha maggiormente bisogno sono leader saggi.
-What the country needs most is wise leaders.

6976 **impresario** **impresario|manager**
il
[imprezarjo]
– Devo vedere l'impresario alla galleria.
-I need to meet the contractor at the gallery.

6977 **grattacielo** **skyscraper**
il
[grattatʃelo]
Il grattacielo è al centro della città.
-The skyscraper is in the center of the city.

6978 **pilastro** **pillar**
il
[pilastro]
Siete stato l'unico pilastro per troppo tempo.
-You've been at least a single pillar for far too long.

6979 **cannibale** **cannibal**
il
[kannibale]
Salva un umano. Mangia un cannibale.
-Save a human. Eat a cannibal.

6980 **cornice** **frame|picture frame**
la
[kornitʃe]
Potremmo metterla in una bella cornice.
-I thought we could put it in a really nice frame.

6981 **spione** **sneak**
lo
[spjone]
Tu sei un tale spione.
-You're such a tattletale.

6982 **demolizione** **demolition**
la
[demolittsjone]
La demolizione del ponte su Ledra Street è un segno di speranza.
-The demolition of the bridge on Ledra Street is a sign of hope.

6983 **tarare** **calibrate**
vb
[tarare]
Un'altra volta faccia una misurazione di prova per tarare la macchina.
-Next time run a baseline to calibrate the machine.

6984 **alone** **halo**

lo | Lo circondava un alone di mistero.
[alone] | -An air of mystery surrounded him.

6985 **cappellino** **bonnet**
il
[kappellino]
Credo che dobbiate indossare il cappellino.
-I think you have to wear the hat.

6986 **sottolineare** **stress|underline**
vb
[sottolineare]
Non c'è bisogno di sottolineare qui l'importanza di questo testo fondamentale.
-There is no need to emphasize here the importance of this fundamental text.

6987 **distorcere** **distort|twist**
vb
[distortʃere]
Vi sono anche casi in cui il diritto viene distorto al fine di favorire gli interessi di specifici gruppi di pressione, come quelli favorevoli all'aborto e le grandi corporazioni.
-There are also instances when the law is slanted so as to favour the interests of specific pressure groups, such as pro-abortionists and large corporations.

6988 **trave** **beam**
la
[trave]
E' sempre più difficile vedere la trave nel nostro occhio che la pagliuzza nell'occhio altrui.
-It is always more difficult to see the beam in our own eye than the splinter in someone else's eye.

6989 **tribuna** **tribune**
la
[tribuna]
Si sta avvicinando alla tribuna, amici spettatori.
-He's coming up to the grandstand, fellow Federationists.

6990 **audacia** **audacity|boldness**
la
[audatʃa]
L'audacia di Cesare fu l'inizio di una carriera militare e politica molto distinta. Con il tempo, come Alessandro Magno e Napoleone Bonaparte, divenne una delle figure più famose nella storia del mondo.
-Caesar's audacity was the beginning of a very distinguished military and political career. In time, like Alexander the Great and Napoleon Bonapart, he became one of the most famous figures in world history.

6991 **coccolare** **pet|pamper**
vb
[kokkolare]
Perché a mio parere i diritti di questo gruppo coccolato sono erroneamente innalzati al di sopra di quelli di tutti gli altri.
-Because it seems to me the rights of this cosseted group are elevated above those of all others, and that is wrong.

6992 **replica** **replica|reply**
la
[replika]
Lo spettacolo di oggi è una replica.
-Today's show is a rerun.

6993 **eruzione** **eruption|rash**
la
[eruttsjone]
Ebbi un'eruzione cutanea da edera velenosa.
-I got a rash from poison ivy.

6994 **volantino** **leaflet|handout**
il
[volantino]
E poi ho trovato un volantino piegato nella tasca dei pantaloni con il tuo numero.
-And then I find a brochure folded up in the back pocket of my shorts with your number.

6995 **saetta** **arrow**
la
[saetta]
Il cane andò via come una saetta.
-The dog went away like a shot.

6996 **entusiasmare** **enthuse**

	vb [entuzjasmare]	Ci si può dunque immaginare che ciò susciterà ben poco entusiasmo nelle nostre regioni a favore della governance da lei descritta. -You can imagine that this will not excite much enthusiasm in our regions for the governance outlined here.
6997	**scrofa** la [skrofa]	**sow** Come chiunque altro in quest'Aula spero e attendo che la proposta sui box individuali per le scrofe sia approvata giovedì. -Like everyone else in this House, I hope and expect that the sow stalls proposal will go through on Thursday.
6998	**accappatoio** il [akkappatojo]	**bathrobe** Credo di poter tagliare questo accappatoio. -I figure I can cut up this robe.
6999	**esotico** adj [ezotiko]	**exotic** Recitavo sempre la parte dell'africano esotico. -I was always playing the exotic African.
7000	**separatamente** adv [separatamente]	**separately|apart** Sono arrivate separatamente. -They arrived separately.
7001	**modalità** le [modalit'a]	**modality** Non applicando la modalità consueta, bensì con la procedura rapida. -Not via the usual procedure, but by means of a special 'fast track' procedure.
7002	**misurato** adj [mizurato]	**measured** È stato gentile, educato, misurato... qualcosa non va. -He was sweet, polite, measured... something's wrong.
7003	**esistente** adj [ezistente]	**existing|living** Il quadro istituzionale esistente, con il requisito di unanimità per talune decisioni, è molto rigido. -The existent institutional framework, with the requirement of unanimity for certain decisions, is a heavy one.
7004	**gratuitamente** adv [gratwitamente]	**free** Gliela sto dando gratuitamente. -I'm giving it to you for free.
7005	**costellazione** la [kostellattsjone]	**constellation** La stella principale della costellazione dello scorpione. -It's the main star in the Scorpio constellation.
7006	**kamikaze** i [kamikaddze]	**kamikaze** Sembrerà certo una missione kamikaze a qualsiasi politico, ma è comunque inevitabile. -It will certainly sound like a kamikaze mission to any politician but it is nonetheless inevitable.
7007	**pesantemente** adv [pezantemente]	**heavily** Il mio fegato è pesantemente danneggiato. -My liver is heavily damaged.
7008	**artico** adj [artiko]	**Arctic** Gli impatti derivati dall'innalzamento del livello del mare e dalle ondate di tempesta, eventi meteorologici estremi, temperature più elevate e ondate di calore, i cambiamenti delle precipitazioni, il riscaldamento dell'Artico e le altre condizioni climatiche stanno interessando l'affidabilità e la capacità del sistema di trasporto degli Stati Uniti in molti modi. -The impacts from sea level rise and storm surge, extreme weather events, higher temperatures and heat waves, precipitation changes, Arctic

warming, and other climatic conditions are affecting the reliability and capacity of the U.S. transportation system in many ways.

7009 **ricaricare** **recharge|refill**
vb
[rikarikare]
Dopo aver sparato, dovrà ricaricare.
-If he fires, he has to reload.

7010 **altalena** **swing**
le
[altalena]
Voglio andare a giocare sull'altalena.
-I want to go and play on the swing.

7011 **discendenza** **descent|offspring**
la
[diʃʃendentsa]
È DNA mitocondriale, che registra una linea di discendenza materna.
-Mitochondrial DNA, tracing a purely maternal line of descent.

7012 **effrazione** **burglary**
le
[effrattsjone]
– Dovremo procedere con l'effrazione.
-We'll have to go through with the break–in.

7013 **batista** **batiste**
la
[batista]
Mio padre era il banchiere di batista.
-My father was Batista's banker.

7014 **israeliano** **Israeli**
adj
[izraeljano]
Il Primo Ministro israeliano Netanyahu sarà ospitato questa sera dalla sua controparte tedesca, la signora Merkel, nell'Ufficio del Cancelliere Federale a Berlino.
-Israeli Prime Minister Mr. Netanyahu will be hosted today evening by his German counterpart, Mrs. Merkel, in the Federal Chancellor's Office in Berlin.

7015 **addominale** **abdominal**
adj
[addominale]
Rimuovo il tessuto addominale così puoi vedere le ossa.
-I will remove this abdominal tissue so you can get to the bones.

7016 **usignolo** **nightingale**
il
[uziɲɲolo]
Io ho sentito un usignolo giapponese.
-I heard a Japanese nightingale.

7017 **irreale** **unreal**
adj
[irreale]
Il suo concerto è stato irreale.
-His concert was unreal.

7018 **pessimista** **pessimist**
il/la
[pessimista]
A me non piace sembrare pessimista, però John è un caso totalmente disperato. Non è neanche disperato. Ha perso la testa!
-I don't like seeming pessimistic, but John's a total basket case. He's not just useless either. He's lost his mind!

7019 **cianuro** **cyanide**
il
[tʃanuro]
Il cianuro è una di queste e la sue gestione è regolamentata per ovvie ragioni.
-Cyanide is one of these hazardous substances and the handling of cyanide is regulated for obvious reasons.

7020 **aggirare** **bypass**
vb
[addʒirare]
Lei è brava ad aggirare le regole.
-She's good at getting around rules.

7021 **inconscio** **unconscious**
adj
[iŋkonʃo]
Quell'uomo, per me, ha rappresentato un elemento dell'inconscio della città.
-That homeless man, to me, really represented an element of the unconscious of the city.

7022 **consorte** **consort**
il
[konsorte]
È quindi difficile, per la Commissione, stabilire a quale categoria appartengano il signor Clark e la sua consorte.
-It is therefore difficult for the Commission to judge in what category Mr Clark or his wife belong.

7023 **sfinire** **exhaust|wear out**
vb
[sfinire]
Ritardare il risarcimento così da sfinire la controparte e ridurre il pagamento.
-Delaying the reward to exhaust the opposition and therefore reduce the payout.

7024 **bacchetta** **rod**
la
[bakketta]
Non esiste la bacchetta magica al cui tocco si materializza una soluzione miracolosa.
-There is no magic wand that we can wave to bring about a magic solution.

7025 **elisir** **elixir**
gli
[elizir]
Non si può trovare una soluzione né in una fortezza Europa né in un elisir di ringiovanimento.
-There is no solution to be found in either a Fortress Europe or a rejuvenating elixir.

7026 **tuttofare** **handyman**
il
[tuttofare]
Abbiamo bisogno di un artigiano, di un tuttofare più che di uno statista.
-We need a craftsman, a handyman, rather than a statesman.

7027 **anteprima** **preview**
le
[anteprima]
Ci procurerà una piccola anteprima delle domande.
-She's going to get us a little preview of the questions.

7028 **sconveniente** **improper|unseemly**
adj
[skonvenjente]
Sta pensando quanto sia sconveniente, fastidioso, difficile e spiacevole.
-You're thinking, how inconvenient, how annoying... how difficult, how disagreeable.

7029 **seccante** **annoying|tiresome**
adj
[sekkante]
Mi secca che il Parlamento abbia presentato il suo contributo troppo tardi.
-I am annoyed that Parliament has made its contribution too late.

7030 **impulsivo** **impulsive**
adj
[impulsivo]
Joe è impulsivo.
-Joe is impulsive.

7031 **fissazione** **fixing|obsession**
la
[fissattsjone]
Personalmente propendo per la fissazione di un prezzo minimo per il latte in ogni paese.
-Personally, I support the fixing of a minimum price for milk in each country.

7032 **concime** **manure|compost**
il
[kontʃime]
La prova va effettuata su un campione rappresentativo di concime.
-The test must be carried out on a representative sample of fertiliser.

7033 **inseparabile** **inseparable**
adj
[inseparabile]
L'infrastruttura in così larga scala è anche inseparabile dalla comunicazione.
-Infrastructure at that large scale is also inseparable from communication.

7034 **avaria** **damage**
la
[avarja]
Simulare avaria elettrica al compartimento 4.
-Simulate electrical failure, compartment four.

7035 **pattinare** **skate**

vb Lei è capace di pattinare.
[pattinare] -She is able to skate.

7036 **cupido** **avid**
adj No, sono un'eccellente cupido.
[kupido] -No, no, I'm actually a very good matchmaker.

7037 **allevatore** **farmer**
il Se tornassi indietro, farei il poeta o l'allevatore.
[allevatore] -But in retrospect, I'd rather have been a poet or a farmer.

7038 **massaggiatore** **masseur**
il Io sono un massaggiatore.
[massaddʒatore] -I am a masseur.

7039 **disputare** **dispute|argue**
vb Non è difficile adottare una risoluzione; più difficile è disputare di vicende che sono inaccettabili dal punto di vista del sistema di valori europeo che rivendichiamo come nostro.
[disputare] -It is not difficult to adopt a resolution, but it is difficult to dispute facts that are unacceptable in terms of the European system of values we claim as our own.

7040 **cavalletta** **grasshopper**
la Sulla destra, vedete una cavalletta.
[kavalletta] -On the right–hand side you see a grasshopper.

7041 **stecchito** **lank**
adj Lo sto facendo per non farti finire stecchito.
[stekkito] -I am doing this so that you don't end up dead.

7042 **favorire** **promote|favor**
vb Potrebbe essersi evoluto per favorire la sopravvivenza del bambino.
[favorire] -It may have evolved to aid the baby's survival.

7043 **corporazione** **guild**
la Magari la corporazione manteneva alcuni segreti quaggiù.
[korporattsjone] -Maybe the corporation's keeping a few secrets down here.

7044 **flirtare** **flirt**
vb Walter, non ho tempo di flirtare con te.
[flirtare] -Walter, I don't have time to flirt with you.

7045 **carrozzeria** **body**
la Cerca di allontanare la carrozzeria dalla ruota.
[karrottserja] -Try and get the bodywork off the wheel.

7046 **lessare** **boil**
vb È a un solo bicchiere di vino dal legarti nell'attico e lessare il tuo Coniglio.
[lessare] -She is one glass of wine away from tying you up in the attic and boiling your bunny.

7047 **incollare** **paste|stick**
vb Non è permesso incollare della carta sulla parete.
[iŋkollare] -It's not allowed to paste paper on the wall.

7048 **volt** **volt**
lo C'erano 240 volt che passavano attraverso fili di rame e interruttori artigianali.
[volt] -So there was 240 volts going through these homemade copper wires, homemade plug.

7049 **fetente** **stinker**
il Ho imparato anch'io da questa guerra fetente.
[fetente] -I learned myself from this stinking war.

7050 **fuoristrada** il [fworistrada]
cross-country vehicle
Il primo è quello dei grandi fuoristrada.
-The first is that of large off-road vehicles.

7051 **stemma** lo [stemma]
arms
Devi cercare lo stemma di famiglia.
-You have to look for the family crest.

7052 **tintinnio** il [tintinnjo]
jingle|clink
Stavo controllando tutte le lattine della famosa confezione da 6 di Paul Warren, poi ho sentito un tintinnio e ho trovato questo, incastrato sul fondo della lattina che Thad e Curtis hanno preso dalla tomba di Grant.
-I was processing all the beer cans we collected from Paul Warren's Six–Pack Challenge, and I heard a rattle, and I found this stuck inside the last can Thad and Curtis picked up at Grant's Tomb.

7053 **accecare** vb [attʃekare]
blind
Soprattutto se... abbiamo provato ad accecare qualcuno con del profumo.
-Especially when we... tried to blind somebody with perfume.

7054 **Nettuno** il [nettuno]
Neptune
Ha vistato Giove, Saturno, Urano e Nettuno.
-But it visited Jupiter, Saturn, Uranus and Neptune.

7055 **ricreazione** la [rikreattsjone]
recreation|playtime
La ricreazione è finita.
-Recess ended.

7056 **scaletta** la [skaletta]
stile
Il paradigma scala, che consiste nel suonare su e giù una scala, a memoria.
-There's a scale paradigm, which is just playing a scale up and down, memorized.

7057 **cambiavalute** i [kambjavalute]
moneychanger
Stiamo chiamando tutti i cambiavalute della città, in cerca del signor Musharakh.
-We've been calling currency exchanges all over the city, looking for Mr. Musharakh.

7058 **logo** il [logo]
logo
A me piace il logo di Google.
-I like the Google logo.

7059 **smontare** vb [smontare]
disassemble|dismantle
Puoi smontare quel trasmettitore rimuovendo il chip criptato.
-You can dismantle that transmitter by removing the encoder chip...

7060 **muscolare** adj [muskolare]
muscular
State vedendo questo bio-reattore muscolare che fa fare esercizio avanti e indietro al muscolo.
-You're seeing this muscle bio-reactor actually exercising the muscle back and forth.

7061 **presagio** il [prezadʒo]
omen|foreboding
Gli sherpa allora ci dissero che era un bruttissimo presagio, e noi avremmo dovuto ascoltarli.
-And the Sherpas told us then that was a very bad omen, and we should have listened to them.

7062 **bestiale** adj [bestjale]
bestial|feral
Signor Presidente, definire 'bestiali' le crudeltà commesse in Sierra Leone equivale a offendere gli animali.
-Mr President, to term these on-going brutalities in Sierra Leone as bestial is an insult to animals.

7063 **terrorizzato** **petrified**
adj
[terroriddzato]
Joe non sembra terrorizzato.
-Joe doesn't look frightened.

7064 **prefiggere** **fix beforehand**
vb[prefiddʒere]
Ecco il motivo per cui ci dobbiamo prefiggere obiettivi che precisino dati numerici ed un calendario. -This is why we must insist on objectives which are expressed in definite figures, with a definite timetable.

7065 **collant** **tights**
i
[kollant]
Questi uomini stanno indossando dei collant.
-These men are wearing tights.

7066 **tirchio** **stingy; miser**
adj; il
[tirkjo]
Anche qualora la Commissione compisse un grande sforzo nei confronti del Regno Unito, non vi sarebbe alcuna garanzia che il tirchio Ministro delle finanze britannico possa reperire altrettanti fondi.
-Even if the European Commission uses its best efforts in the United Kingdom there is no guarantee that the scrooge-like United Kingdom Chancellor will find matching funding.

7067 **vedetta** **look-out**
la
[vedetta]
Facevo la vedetta al Puerto Rico Diablos.
-I was a lookout for the Puerto Rican Diablos.

7068 **votazione** **vote|score**
la
[votattsjone]
I delegati lo elessero alla prima votazione.
-The delegates elected him on the first vote.

7069 **rotaia** **rail|rut**
la
[rotaja]
Questo limite si riferisce al rischio di sormonto della ruota sulla rotaia.
-This limit characterises the risk of wheel climbing the rail.

7070 **scialle** **shawl**
lo
[ʃalle]
Sembra uno scialle da anziano in quella posizione!
-It seems a shawl for the elderly in that position!

7071 **trust** **trust**
il
[trust]
ECB Opinion on the financing of the Austrian contribution to an IMF trust fund
-Parere della BCE sul finanziamento del contributo austriaco a un fondo fiduciario dell'FMI

7072 **frottola** **fib; flam**
la; adj
[frottola]
Non racconterò una frottola all'intera nazione.
-I'm not telling a lie to the whole country.

7073 **magnificamente** **beautifully**
adv
[maɲɲifikamente]
Joe si sentiva magnificamente.
-Joe felt wonderful.

7074 **falsificare** **falsify|forge**
vb
[falsifikare]
Sanzioni contro gli Stati membri che falsificano le statistiche e forniscono dati non veritieri.
-Sanctions against Member States which falsify statistics and supply false statistics.

7075 **vitto** **food**
il
[vitto]
Chi fugge sa infatti che troverà protezione, vitto e alloggio nei campi d'accoglienza al di là della frontiera.
-Those who flee know that they will get protection, food and shelter in the camps they go to.

7076 **sleale** **unfair**

	adj	Tu sei sleale.
	[zleale]	-You're unfair.
7077	**tenore**	**tenor**
	il	Lui ha un buon tenore di vita da quando ha iniziato questo lavoro.
	[tenore]	-He has been well off since he started this job.
7078	**siglare**	**sign**
	vb	Gli USA continuano a sovvenzionare i loro agricoltori e si apprestano a siglare degli accordi bilaterali.
	[siʎʎare]	-The USA is still helping out its farmers and is starting to sign bilateral agreements.
7079	**meravigliare**	**wonder|surprise**
	vb	Odo con meraviglia che l'onorevole Cohn-Bendit si dice a favore del diritto comune d'asilo.
	[meraviʎʎare]	-It amazes me to hear Mr Cohn-Bendit declaring in favour of a common law on asylum.
7080	**antichità**	**antiquity|antique**
	le	La cicala ha rappresentato la noncuranza dall'antichità.
	[antikit'a]	-The cicada has represented insouciance since antiquity.
7081	**predisporre**	**predispose**
	vb	Sarei grato se poteste predisporre questa variazione.
	[predisporre]	-I would be grateful if you could arrange for that to be done.
7082	**pudore**	**modesty**
	il	Abbiamo il pudore - almeno questa sera - di non dare la colpa alle avverse condizioni meteorologiche.
	[pudore]	-Let us have the decency, as we do tonight, not to blame the weather.
7083	**assunzione**	**assumption|engagement**
	le	Mi piace l'aspetto della politica di assunzione, Tony.
	[assuntsjone]	-Like the look of the recruitment policy.
7084	**raffica**	**gust|flurry**
	la	Una raffica di vento.
	[raffika]	-A gust of wind.
7085	**restrizione**	**restriction|restraint**
	la	Decisero di abolire la vecchia restrizione.
	[restrittsjone]	-They decided to abolish the old restriction.
7086	**paracadutista**	**parachutist**
	il	Joe è un ex paracadutista.
	[parakadutista]	-Joe is a former paratrooper.
7087	**obbligazione**	**obligation**
	le	Cessazione dell'obbligazione alimentare (precisare): ...
	[obbligattsjone]	-Termination of the maintenance obligation (please specify): ...
7088	**fiala**	**vial**
	la	È disponibile anche come soluzione iniettabile in fiala o cartuccia.
	[fjala]	-It is also available as a solution for injection in a vial or a cartridge.
7089	**medusa**	**jellyfish**
	la	La maggior parte delle punture di medusa non sono mortali, ma molte sono comunque abbastanza dolorose.
	[meduza]	-Most jellyfish stings aren't deadly, but many are pretty painful nonetheless.
7090	**rugiada**	**dew**
	la	Che male farebbe se dovessi andare in giardino per un breve periodo di tempo e divertirmi tra gli alberi e fiori, e gli uccelli cantanti e le farfalle
	[rudʒada]	

svolazzanti e il ronzio degli insetti, e guardare le gocce di rugiada che si nascondono dai raggi del sole nel cuori delle rose e gigli, e vagano sotto il sole, invece di rimanere tutto il giorno in questa stanza?
-What harm would it do if I were to go into the garden for a short time and enjoy myself among the trees and flowers, and the singing birds and fluttering butterflies and humming insects, and look at the dew-drops hiding from the sunbeams in the hearts of the roses and lilies, and wander about in the sunshine, instead of remaining all day in this room?

7091 **fracasso** **din|crash**
il
[frakasso]
Hai sentito nulla prima del fracasso?
-Did you hear anything before the crash?

7092 **maggiorenne** **adult; major**
adj; il/la
[maddʒorenne]
Dato che è maggiorenne può votare.
-As he is already of age, he can vote.

7093 **bit** **bit**
i
[bit]
Immagino che questo bit è per Miss Hamilton.
-I suppose this bit is for Miss Hamilton.

7094 **espirare** **breathe out**
vb
[espirare]
Noi espiriamo CO2, proprio come il micelio.
-We exhale carbon dioxide, so does mycelium.

7095 **rosmarino** **rosemary**
il
[rosmarino]
Basilico, salvia, rosmarino, timo e origano sono erbe popolari.
-Basil, sage, rosemary, thyme and oregano are popular herbs.

7096 **mestruazione** **menstruation**
la
[mestrwattsjone]
Forse non se ne vuole parlare perché riguarda le mestruazioni e non vogliamo neppure nominarle.
-Maybe it is because it is about women's menstruation that we do not want to talk about it; do not even want to name it.

7097 **dottrina** **doctrine|scholarship**
la
[dottrina]
Questa dottrina dovrebbe essere espressamente criticata e rifiutata dal Parlamento europeo.
-This doctrine should, therefore, be expressly criticised and rejected by the European Parliament.

7098 **diametro** **diameter**
il
[djametro]
Le venule e le arteriole sono vasi sanguigni di diametro piccolo che collegano i capillari alle vene e alle arterie.
-Venules and arterioles are small diameter blood vessels that connect capillaries to veins and arteries.

7099 **guru** **guru**
il
[guru]
Era Rosabeth Moss Kanter, una mia professoressa e guru all'Harvard Business School.
-It was from Rosabeth Moss Kanter, Harvard Business School guru and a professor of mine.

7100 **regionale** **regional**
adj
[redʒonale]
Questi progetti fanno parte del programma di sviluppo regionale.
-These projects are part of the regional development program.

7101 **strazio** **torment**
lo
[strattsjo]
Le sofferenze e lo strazio del popolo sudanese esigono uno sforzo internazionale rinnovato e molto più risoluto.
-The suffering and agony of the Sudanese people demands a renewed and much more determined international effort on their behalf.

7102 **ventilatore** **fan**

il Ha riparato un ventilatore.
[ventilatore] -She repaired a ventilator.

7103 **insolenza** **insolence**
la Silenzio! Non tollererò la sua insolenza!
[insolentsa] -Silence! I will not tolerate your insolence!

7104 **conservazione** **conservation|storage**
la Per risolvere il problema della conservazione occorre proteggere l'intero ecosistema.
[konservattsjone] -In order to tackle the issue of conservation, it is necessary to protect the whole ecosystem.

7105 **incentivo** **incentive|stimulant**
il Forse hai bisogno di un piccolo incentivo…
[intʃentivo] -Well, perhaps you could use a little incentive.

7106 **ronda** **patrol**
la Hai ragione, sono a capo della ronda di quartiere.
[ronda] -You're right. I am head of the neighborhood watch.

7107 **comodità** **comfort|convenience**
la Siamo preoccupati per la mancanza di comodità.
[komoditˈa] -We are concerned about the shortage of the commodities.

7108 **intrigante** **intriguing; schemer**
adj; il/la Joe è un tipo intrigante.
[intrigante] -Joe is an intriguing guy.

7109 **balbettare** **stutter|babble**
vb Quando iniziava a balbettare, le sue compagne di classe non riuscivano a smettere di ridere.
[balbettare] -When she began to stutter, her classmates couldn't help laughing.

7110 **piantato** **planted**
adj Ho piantato un pesco nel mio cortile.
[pjantato] -I planted a peach tree in my yard.

7111 **fannullone** **slacker**
il È uno studente fannullone.
[fannullone] -He is a lazy student.

7112 **complicità** **complicity**
la Non aggiungerà alla responsabilità della colonizzazione passata la complicità del presente.
[komplitʃitˈa] -It will not add complicity in the present to the burden of past colonisation.

7113 **raggiante** **radiant**
adj Il Re era raggiante, così orgoglioso di suo figlio.
[raddʒante] -The king was beaming, so proud of his son.

7114 **malloppo** **swag|bundle**
il Balthazar Ambrose, portaci al malloppo.
[malloppo] -Balthazar Ambrose, take us to the loot.

7115 **avvelenamento** **poisoning**
il Noi sospettiamo avvelenamento.
[avvelenamento] -We suspect poisoning.

7116 **facilità** **facility|easiness**
la La carta brucia con facilità.
[fatʃilitˈa] -Paper burns easily.

7117 **ripristinare** **restore**

vb Ora cerchiamo di ripristinare il contatto.
[ripristinare] -We're trying to restore the communication now.

7118 **scarpetta** **bootee**
la Oppure con una scarpa se siete me, visto che sono impossibili da montare.
[skarpetta] -Hammer it together with a shoe, if you're me, because they're impossible to assemble.

7119 **festicciola** **social**
la Pensavo dovesse essere solo una festicciola.
[festittʃola] -I thought it was supposed to be a small party.

7120 **puledro** **foal**
il La mia giumenta ha partorito un puledro.
[puledro] -My mare foaled.

7121 **cosmetico** **cosmetic; cosmetic**
adj; il Soprattutto, sarà uno strumento cosmetico quasi democratico per un'istituzione ademocratica.
[kosmetiko] -Most of all, it will be a quasi-democratic cosmetic for an undemocratic institution.

7122 **inaffidabile** **unreliable**
adj Joe sembra essere inaffidabile.
[inaffidabile] -Joe seems to be unreliable.

7123 **supposizione** **supposition|guess**
la È una supposizione, non un fatto.
[suppozittsjone] -That's a supposition, not a fact.

7124 **prestazione** **performance**
la Io ho davvero una brutta ansia da prestazione prima di dare un discorso.
[prestattsjone] -I get really bad performance anxiety before I give a speech.

7125 **ispezionare** **inspect**
vb Signora Presidente, signora Commissario, il caso dell'Irlanda è venuto alla luce grazie alle ispezioni effettuate.
[ispettsjonare] -Madam President, Commissioner, at least this was discovered, in the Irish case, by means of inspections.

7126 **rinnovare** **renew|renovate**
vb Joe ha dimenticato di rinnovare il passaporto.
[rinnovare] -Joe forgot to renew his passport.

7127 **rinfresco** **refreshment**
il Joe portò un rinfresco.
[rinfresko] -Joe brought refreshments.

7128 **congettura** **conjecture|calculation**
la È una pura congettura.
[kondʒettura] -That's pure conjecture.

7129 **delegazione** **delegation**
la Per contro, la delegazione della Comunità dev'essere una delegazione e non un'ambasciata.
[delegattsjone] -The Commission delegation, on the other hand, must be a delegation and not an embassy.

7130 **filato** **yarn; mohair**
il; adj Joe ha mangiato troppo zucchero filato.
[filato] -Joe ate too much cotton candy.

7131 **monologare** **monologize**

vb [monologare] | Si può effettuare un'unica prova per omologare contemporaneamente un sedile e un veicolo.
-One test may be used to approve simultaneously a seat and a vehicle.

7132 **barretta** | **bar**
la [barretta] | Similmente, osserviamo una barretta di cereali.
-Similarly, let's look at a granola bar.

7133 **antipasto** | **appetizer|hors d'oeuvre**
il [antipasto] | Ti sembrerà solo un antipasto se non mi dici cosa sai.
-That will seem like an appetizer if you don't tell me what you know.

7134 **designer** | **designer**
i [deziɲɲer] | Joe è un designer.
-Joe is a designer.

7135 **immaturo** | **immature|juvenile**
adj [immaturo] | Penso sia davvero immaturo.
-I think it's really immature.

7136 **fossile** | **fossil**
adj [fossile] | Come dice Ralph Waldo Emerson, "il linguaggio è poesia fossile".
-As Ralph Waldo Emerson puts it, "language is fossil poetry".

7137 **convulsione** | **convulsion**
la [konvulsjone] | And so people begin thinking in terms of electricity to produce convulsions.
-E così si comincio' a pensare all'uso dell'elettricità per produrre convulsioni.

7138 **scooter** | **scooter**
lo [skooter] | È saltata sullo scooter.
-She jumped on the scooter.

7139 **anfetamina** | **amphetamine**
la [anfetamina] | Abbiamo avuto il caso di Leah Betts, una ragazza morta assumendo l'ecstasy, un'anfetamina.
-We had the case of Leah Betts, a young girl who died taking ecstasy, an amphetamine.

7140 **integrazione** | **integration**
la [integrattsjone] | L'integrazione professionale è così associata all'integrazione sociale.
-Professional integration is therefore associated with social integration.

7141 **penetrazione** | **penetration**
la [penetrattsjone] | Tenuto conto dei tassi di penetrazione del mercato, sono soprattutto gli autori americani ad essere tutelati.
-Taking into account the level of market penetration, it is above all American authors who are protected.

7142 **accoppiamento** | **coupling|connection**
gli [akkoppjamento] | Sai, uno dei nostri mantra dice che l'accoppiamento è partecipazione.
-You know, one of our mantras, Nick, is that coupling is participation.

7143 **turbolenza** | **turbulence**
la [turbolentsa] | Questo riguarda soprattutto le auto e la turbolenza negli aeroplani.
-This concerns mainly cars and turbulence in aeroplanes.

7144 **emulo** | **emulator; emulous**
lo; adj [emulo] | L'Europa non è più un esempio da emulare; è un nemico da combattere e a cui opporsi.
-So Europe is not just an example now to emulate; it's an enemy to fight and to resist.

7145 **tollerante** | **tolerant|permissive**

adj Joe sembra essere tollerante.
[tollerante] -Joe seems to be tolerant.

7146 **eunuco** **eunuch**
il Onorevole collega, vorrei farle rilevare che un Parlamento nel quale lavora un numero così alto di colleghe per sua natura non può essere un eunuco!
[eunuko] -Mr Staes, I should like to point out to you that a Parliament in which we have so many female colleagues cannot, by its very nature, be a eunuch!

7147 **rimare** **rhyme**
vb Quindi magari la storia non si ripete, ma certo fa rima.
[rimare] -So history doesn't necessarily repeat itself, but it does rhyme.

7148 **harem** **harem**
gli Ora hai un harem, fa molto Las Vegas.
[arem] -Now you have a harem... very Vegas.

7149 **segnato** **marked**
adj I primi anni '70 avevano segnato un periodo di eccellenza musicale e artistica in Ghana.
[seɲɲato] -The early 70s marked a time of musical and artistic excellence in Ghana.

7150 **staccionata** **fence**
la Forse avremo una staccionata bianca penso che sarebbe bellissimo.
[stattʃonata] -Perhaps we'll get a white fence. I think that would be lovely.

7151 **platino** **platinum**
il Lei ha i capelli biondo platino.
[platino] -She has platinum blonde hair.

7152 **ripassare** **revise**
vb Alla fine, la coscienziosa ragazza lasciò perdere i suoi compiti di inglese, e cominciò a ripassare la sua lista di parole in Ainu.
[ripassare] -At the end, the conscientious girl gave up with her English homework, and started to revise her list of Ainu words.

7153 **allibratore** **bookmaker**
gli A New York facevo l'allibratore.
[allibratore] -I was a bookie, back in New York.

7154 **accenno** **hint|reference**
il A tale proposito, va fatto un accenno alla Conferenza nazionale.
[attʃenno] -In that connection, the National Conference deserves a mention.

7155 **benefattore** **benefactor**
il La guerra è ingiusta perché uccide persone innocenti e, come dice un proverbio arabo, l'assassino non è mai un benefattore.
[benefattore] -It is unfair, because it kills innocent people, and, as the Arab proverb says, a killer is never a benefactor.

7156 **arretrare** **draw back**
vb La decisione del governo etiope di far arretrare l'esercito va accolta con grande favore.
[arretrare] -The Ethiopian Government's decision to move back its forces has been very welcome.

7157 **aroma** **aroma|flavor**
il Amo l'aroma del caffè appena tostato.
[aroma] -I love the aroma of freshly brewed coffee.

7158 **educato** **polite**
adj Joe è sempre molto educato.
[edukato] -Joe is always very polite.

7159 **agnellino** **lambkin**

il | Adesso devo parlare con l'agnellino qui.
[aɲɲellino] | -Now I have to talk... to the lambkin.

7160 **frugare** | **rummage**
vb | L'ho sorpresa a frugare nella mia roba.
[frugare] | -I caught her trying to go through my stuff.

7161 **invertire** | **reverse|be inverted**
vb | Devo cercare di invertire il processo.
[invertire] | -I have to try to reverse the process.

7162 **credibilità** | **credibility**
la | Loro hanno perso tutta la credibilità.
[kredibilit'a] | -They've lost all credibility.

7163 **onorario** | **honorary; fee**
adj; il | Poco ci importa di quel misero onorario.
[onorarjo] | -Because we don't care about that measly fee.

7164 **scodellare** | **dish out**
vb | Sembra che devi scodellare un figlio.
[skodellare] | -Looks like you'll bear a son.

7165 **brutalità** | **brutality**
la | Non dovremo dimenticare mai le vittime delle brutalità commesse durante la guerra nella ex Iugoslavia.
[brutalit'a] | -We must never forget the victims of brutalities committed during the war in the former Yugoslavia.

7166 **depravare** | **deprave**
vb | Perché provi a depravarci?
[depravare] | -Why do you try to deprave us?

7167 **indistruttibile** | **indestructible**
adj | Dobbiamo insegnare ai bambini che il mondo non è indistruttibile.
[indistruttibile] | -We have to teach the kids that the world is not indestructible.

7168 **organico** | **organic; staff**
adj; i | L'acido salicilico è un composto organico.
[organiko] | -Salicylic acid is an organic compound.

7169 **argenteria** | **silverware**
la | Lucidare l'argenteria.
[ardʒenterja] | -To polish the silverware.

7170 **miniatura** | **miniature**
la | – È una miniatura dell'isola.
[minjatura] | -It's a miniature of the island.

7171 **superbo** | **superb**
adj[superbo] | Paolo non divenne superbo anche se era ricco. -Paul didn't become arrogant even though he was rich.

7172 **intimidire** | **intimidate|threaten**
vb | Joe provò a intimidire Mary.
[intimidire] | -Joe tried to intimidate Mary.

7173 **ascoltatore** | **listener**
il | Io sono un buon ascoltatore.
[askoltatore] | -I'm a good listener.

7174 **originariamente** | **originally**
adv | Questo era originariamente visto come il sistema cerebrale del piacere.
[oridʒinarjamente] | -This was originally seen as a system that was the pleasure system of the brain.

7175 **urtare** **bump|strike**
vb
[urtare]
Un aspetto interessante: se analizzate gli incidenti frontali -- dove è la parte anteriore della macchina a urtare -- notate che i seggiolini proteggono un po' di più.
-One thing that's interesting: if you look at frontal-impact crashes -- when the car crashes, the front hits into something -- indeed, what you see is that the car seats look a little bit better.

7176 **puzzola** **skunk|fitchew**
la
[puttsola]
Noi lo chiamiamo "Uomo puzzola".
-We call him "Skunk Man".

7177 **addome** **abdomen**
il
[addome]
Mi riferisco all'alimentazione attraverso un tubo inserito nell'addome.
-What we are talking about is feeding a tube into the abdomen.

7178 **consumare** **consume|use**
vb
[konsumare]
È una specie di... nuovo modo sperimentale di consumare alcol.
-It's kind of like an experimental new way to consume alcohol.

7179 **transito** **transit**
il
[transito]
Il piano originario prevedeva di far transitare le navi in acque irlandesi, ma sembra che ora sia stato cambiato.
-Originally the plan was for the vessels to pass through Irish waters but at the moment it seems that is not the case.

7180 **arancio** **orange; orange**
adj; gli
[arantʃo]
Sto piantando un arancio.
-I am planting an orange tree.

7181 **safari** **safari**
i
[safari]
Per stampare un documento in Firefox o Safari, procedi nel seguente modo:
-To print a Google document in Firefox or Safari, follow these steps:

7182 **direttiva** **directive|direction**
la
[direttiva]
Si applica la direttiva sul commercio elettronico oppure questa direttiva?
-Is it the e-commerce directive or this directive which applies in that case?

7183 **anguilla** **eel**
la
[aŋgwilla]
Per ottenere la ricostituzione degli di anguilla è stato deciso di ridurre la pesca dell'anguilla alla metà.
-In order to get eel stocks to recover, it has been decided to reduce eel-fishing by half.

7184 **investigativo** **investigative|detective**
adj
[investigativo]
Il ruolo investigativo del Mediatore, d'intesa con il Parlamento, è molto importante.
-The investigative role of the Ombudsman in conjunction with Parliament is very important.

7185 **motoscafo** **motorboat**
il
[motoskafo]
Se vi vedo comprare un motoscafo...
-I see one of you guys buy a speedboat...

7186 **devastare** **devastate|ravage**
vb
[devastare]
Queste morti devastano le famiglie e fanno a pezzi il cuore delle comunità.
-Such deaths devastate families and tear the heart out of communities.

7187 **riscaldare** **heat|warm**
vb
[riskaldare]
Puoi riscaldare questo piatto?
-Could you heat this dish?

7188 **proiettore** **projector**

il
[projettore]
E abbiamo installato un proiettore su un muro fuori nel parcheggio del suo ospedale.
-And we set up a projector on a wall out in the parking lot outside of his hospital.

7189 **cannuccia** **straw**
la
[kannuttʃa]
Posso avere una cannuccia, per favore?
-May I have a straw, please?

7190 **ardore** **ardor|heat**
il
[ardore]
Un tale ardore potrebbe dimostrarsi spietato.
-Such fire may yet prove more fierce.

7191 **accademico** **academic; academic**
adj; il
[akkademiko]
Scrisse agli accademici di Parigi, cercando di spiegare la sua teoria.
-And he wrote to the academicians in Paris, trying to explain his theory.

7192 **erodere** **erode**
vb
[erodere]
Senti, Falco, l'arteria si può erodere.
-Look, Hawkeye, the artety can erode.

7193 **leucemia** **leukemia**
la
[leutʃemja]
Hanno diagnosticato a mio zio la leucemia.
-My uncle has been diagnosed with leukemia.

7194 **qualificato** **qualified**
adj
[kwalifikato]
Io non credo che Joe sia qualificato.
-I don't believe Joe is qualified.

7195 **ammanettare** **handcuff**
vb
[ammanettare]
Poco ci mancava a doverla ammanettare.
-I thought they'd have to handcuff her.

7196 **masturbazione** **masturbation**
la
[masturbattsjone]
Il titolo è : "Osservazioni sulla masturbazione in-utero" (risate) Ecco, a sinistra vedete la mano, indicata dalla freccia grande.
-The title is "Observations of In-Utero Masturbation."

7197 **titanio** **titanium**
il
[titanjo]
Il caso del biossido di titanio chiarisce inequivocabilmente che il Parlamento ha i propri diritti.
-The titanium dioxide case makes it abundantly clear that Parliament has its rights.

7198 **stolto** **fool; foolish**
lo; adj[stolto]
Che cos'è uno stolto? -What's a loon?

7199 **modestia** **modesty**
la
[modestja]
Potrei aggiungere, con la dovuta modestia, che il merito va al Parlamento europeo.
-I might add, with all modesty, that this House can take the credit for this.

7200 **rinnegato** **renegade**
il
[rinnegato]
Da un lato, essa accetta ipocritamente un protocollo in cui sembra riconoscere Cipro, ma allo stesso tempo rilascia una dichiarazione rinnegando tale riconoscimento.
-On one hand it disingenuously accepts a Protocol apparently accepting Cyprus, but at the same time issues a declaration disavowing any such recognition.

7201 **persiano** **Persian; Persian**
adj; il
[persjano]
Lunga vita al persiano!
-Long live the Persian language!

7202 **secca** **shoal**

la
[sekka]
È la stagione secca qui.
-It's the dry season here.

7203 **decapitare** **decapitate**
vb
[dekapitare]
Al rientro a casa è stato attaccato da dieci estremisti musulmani armati e poi decapitato.
-On his way home, he was attacked by ten armed Muslim extremists and subsequently beheaded.

7204 **legname** **timber|wood**
il
[leɲɲame]
Trent'anni fa, il legname era l'industria principale qui.
-Thirty years ago, timber was the main industry here.

7205 **intollerabile** **intolerable**
adj
[intollerabile]
Chi ha approvato questa intollerabile spazzatura per TV?
-Who approved this intolerable rubbish for TV?

7206 **purosangue** **thoroughbred; full-blooded**
i; adj
[purozaŋgwe]
In merito ai cavalli, spesso mi dico che vorrei essere un purosangue perché si viaggia in prima classe.
-On horses, I often say to myself that I wish I were a thoroughbred, because they travel first class.

7207 **gallone** **gallon|chevron**
il
[gallone]
Imagine only 40 miles per gallon cars would be on the road.
-Immaginate semplicemente che girino macchine da 40 miglia per gallone.

7208 **scalino** **step**
lo
[skalino]
Fate attenzione al primo scalino può essere precario.
-Do be careful of the first step it can be precarious.

7209 **decoro** **decor|decorum**
il
[dekoro]
E ancora come hanno decorato l'ufficio.
-Notice, again, how they decorate their office.

7210 **baleno** **flash**
il
[baleno]
Lester, devi rilassarti e goderti il giorno del Ringraziamento, perché le vacanze passano in un... baleno!
-Lester, you need to relax and enjoy Thanksgiving, because the holidays go by in a... flash!

7211 **escogitare** **devise|think up**
vb
[eskodʒitar]
– Devo escogitare un nuovo piano.
-I... I have to come up with a new game plan.

7212 **alluce** **big toe**
il
[allutʃe]
Ho letto qualcosa su dei chirurghi che hanno usato l'alluce del paziente... in sostituzione del pollice.
-I mean, I read something about surgeons using a man's big toe as... as a replacement for a thumb.

7213 **riprodurre** **reproduce**
vb
[riprodurre]
Questo telefono riesce a riprodurre dei video?
-Can this phone play videos?

7214 **schiacciante** **overpowering**
adj
[skjattʃante]
E questi problemi sono così enormi e globali, è schiacciante".
-And these problems are so large and global, and it's just overwhelming."

7215 **eremita** **hermit|eremite**
il
[eremita]
Joe è un eremita.
-Joe is a hermit.

7216 **acconciatura** **hairstyle|headdress**

	la [akkontʃatura]	Kenneth non ha più un'acconciatura diversa. -Kenneth doesn't have different hair anymore.
7217	**apparato** il [apparato]	**apparatus** Tuttavia, un partito politico non è soltanto l'apparato di partito, è molto di più. -However, a political party is not merely the party apparatus; it is much more than that.
7218	**mantenimento** il [mantenimento]	**maintenance** Lo Stato non deve contribuire al loro mantenimento. -The state does not have to contribute to their maintenance.
7219	**racket** il [rakket]	**racket** È stato condannato per racket tre anni fa. -He was convicted of racketeering three years ago.
7220	**ossequio** il [ossekwjo]	**respect** Ma anche in questo caso, la cooperazione dovrà essere attuata in ossequio al principio della sussidiarietà. -Even in that respect, any cooperation should, however, be carried out according to the subsidiarity principle.
7221	**accurato** adj [akkurato]	**accurate|careful** Sono accurato. -I'm diligent.
7222	**traduttore** il [traduttore]	**translator** Perché voglio essere un traduttore. -Because I want to be a translator.
7223	**pollaio** il [pollajo]	**hen-house** Sto pensando di bruciartelo il pollaio. -I'm thinking of burning your roost.
7224	**damasco** il [damasko]	**damask** Questo è il damasco che mi hai donato. -This is the damask you gave me.
7225	**piantina** la [pjantina]	**map|seedling** Mi dia la piantina. -Give me the map.
7226	**melma** la [melma]	**mud** Potrebbe succedere molto tempo dopo che ce ne saremo andati, ma sono certo che alla fine sprofonderà nella melma sulla quale è stato edificato. -It may happen long after we have left, but I am sure it will eventually sink into the mire it was built upon.
7227	**manomettere** vb [manomettere]	**tamper** Facciamo innanzi tutto entrare in vigore il Trattato, e collaudiamo il tutto nella pratica prima di tornare a manomettere di nuovo l'equilibrio concordato dei poteri. -Let us first bring the treaty into force and try things out in practice before returning to tampering afresh with the agreed balance of power.
7228	**fornitura** la [fornitura]	**supply|providing** Dobbiamo condannare con forza qualunque fornitura illegale di armi. -We must condemn in the strongest possible terms any supply of illegal weapons.
7229	**spoglio**	**bare; examination**

adj; lo Le persone ammesse allo spoglio sono tenute ad osservare il segreto.
[spoʎʎo] -The persons present at the examination shall be under an obligation not to disclose any particulars relating thereto.

7230 **mouse** **mouse**
il Joe ha visto un mouse.
[mouze] -Joe saw a mouse.

7231 **ricetrasmittente** **transceiver**
il/la La batteria della ricetrasmittente è morta.
[ritʃetrasmittente] — The battery in the transceiver's dead.

7232 **esito** **outcome**
il I media hanno un ruolo determinante sull'esito delle elezioni.
[ezito] -The media has a lot of influence on the outcome of an election.

7233 **trasmittente** **transmitter**
la K è un rice-trasmittente di luce naturale.
[trasmittente] -K is a daylight receiver transmitter.

7234 **lacca** **lacquer**
la Mi chiedo quante donne questa mattina non hanno usato la lacca per i capelli e chi di noi non ha usato un deodorante.
[lakka] -I wonder how many women this morning did not spray lacquer on their hair and which of us did not use an underarm spray.

7235 **rublo** **ruble**
il Già si parla dell'introduzione di una moneta comune (il rublo russo).
[rublo] -There is already talk of the introduction of a common currency (the Russian rouble).

7236 **avvio** **start**
lo Questi attacchi sono cominciati poco prima dell'avvio dello spiegamento dell'EUFOR.
[avvjo] -This rebel attack was launched shortly before the start of the EUFOR deployment.

7237 **demenza** **dementia**
la La demenza è causa di grandi sofferenze per milioni di europei e per le loro famiglie.
[dementsa] -Dementia means great suffering for millions of Europeans and their families.

7238 **cetriolo** **cucumber**
il Io mangio un cetriolo.
[tʃetrjolo] -I am eating a cucumber.

7239 **silicone** **silicone**
il La seconda richiedeva semplicemente il divieto delle protesi mammarie al silicone.
[silikone] -The second option was an outright ban on silicone breast implants.

7240 **commercialista** **business consultant**
il/la – non andrò da un commercialista.
[kommertʃalista] — I'm not going to an accountant.

7241 **enzima** **enzyme**
il Mi compiaccio che con questo voto abbiamo respinto l'impiego di questo enzima.
[entsima] -I therefore welcome this vote rejecting this enzyme.

7242 **tacciare** **tax**
vb Cupidigia è solo la parola usata dagli uomini invidiosi per tacciare gli uomini ambiziosi.
[tattʃare] -Greed is but a word jealous men inflict upon the ambitious.

7243 **verro** **boar**
il
[verro]
Diciamo che questo verro fa uno strano tipo di corteggiamento.
-They say that the boar has a very odd courtship repertoire.

7244 **reliquia** **relic**
la
[relikwja]
La più grande reliquia della Passione del Cristo: la Sindone.
-The biggest relic of the Passion of Christ: the Shroud.

7245 **contorno** **contour|outline**
il
[kontorno]
Per cambiare il colore dei bordi della tabella, seleziona la tabella e fai clic sul pulsante Colore e dimensioni contorno nella barra degli strumenti (icona raffigurante una matita sopra a una riga).
-To change the color of the table borders, select the table and click the Outline color and size button in the toolbar (pencil icon above a line).

7246 **depravazione** **depravity|wickedness**
la
[depravattsjone]
Vede la depravazione in un comportamento assolutamente normale.
-Seeing depravity in perfectly normal behaviour.

7247 **indecente** **indecent**
adj
[indetʃente]
In questa confusione c'è qualcosa di assolutamente indecente.
-There is something obscene about confusing the two.

7248 **fantino** **jockey**
il
[fantino]
Il fantino deve correre tre volte oggi.
-The jockey has got three rides today.

7249 **prolungare** **extend|prolong**
vb
[proluŋgare]
Ciò malgrado, questo accordo rischia invece di prolungare la durata dell'era nucleare.
-The agreement also threatens to extend the life of the nuclear society.

7250 **fascia** **band**
la
[faʃʃa]
Perciò attribuiamo grande importanza al fatto che questa fascia inizi già da 500 ECU.
-We set great store by this, and by having this band begin at ECU 500.

7251 **realista** **realist**
il/la
[realista]
Sii realista.
-Get real.

7252 **granturco** **corn**
il
[granturko]
E' vero che i biocarburanti hanno causato un aumento del prezzo del granturco americano.
-It is true that biofuels have caused an increase in the price of American corn.

7253 **esilarante** **exhilarating**
adj
[ezilarante]
È stata così esilarante.
-It was so exhilarating.

7254 **anidride** **anhydride**
le
[anidride]
L'anidride carbonica è un gas che viene prodotto ogni volta che un combustibile come carbone, petrolio o gas naturale viene bruciato.
-Carbon dioxide is a gas that is produced every time a fuel such as coal, oil, or natural gas is burned.

7255 **ricaduta** **relapse**
la
[rikaduta]
Si prevedono effetti di ricaduta a scapito dell'euro e delle economie della zona euro.
-Spill-over effects are expected to affect the euro and the economies of the eurozone.

7256 **semplicità** **simplicity|artlessness**

la
[semplitʃit'a]
Mi piace la semplicità del suo vestito.
-I like the simplicity of her dress.

7257 **invernale**
adj
[invernale]
wintry
Qual è la vostra attività invernale preferita?
-What's your favorite winter activity?

7258 **mostarda**
la
[mostarda]
mustard
Puoi dare all'agente della mostarda?
-Would you get the good Agent some mustard?

7259 **infermiere**
il
[infermjere]
nurse
L'infermiere usò uno sfigmomanometro per controllare la mia pressione sanguigna.
-The nurse used a sphygmomanometer to check my blood pressure.

7260 **scivolo**
lo
[ʃivolo]
slide|slipway
Volete andare giù dallo scivolo?
-Do you want to go down the slide?

7261 **appositamente**
adv
[appozitamente]
specially
Per evitare qualsiasi incertezza ho appositamente deciso il ricorso al sistema di votazione elettronico.
-I deliberately held an electronic vote so that there could be no confusion.

7262 **neon**
i
[neon]
neon
L'elio, il neon, l'argon, il kripton, lo xeno e il radon sono dei gas nobili.
-Helium, neon, argon, krypton, xenon and radon are noble gases.

7263 **notifica**
la[notifika]
notification|serving
Le autorità spagnole dovranno notificare il piano alla Commissione. -The Spanish authorities must notify the plan to the Commission.

7264 **atterrire**
vb
[atterrire]
terrify|frighten
L'uomo saggio non si lascia atterrire dalla conoscenza, Merlino.
-A wise man is not cowed by knowledge, Merlin.

7265 **reclutamento**
il
[reklutamento]
recruitment
Anche il reclutamento di questi osservatori mi sembra alquanto dubbio.
-It seems to me that the recruitment of these observers is a very parlous affair.

7266 **pseudonimo**
lo
[pseudonimo]
pseudonym|alias
Vivevate modestamente scrivendo poesie con uno pseudonimo.
-You've made a modest living writing poetry under a pseudonym.

7267 **conchiglia**
la
[koŋkiʎʎa]
shell
Incolla la conchiglia al centro, Andy!
-Glue that shell in the middle, Andy!

7268 **ribalta**
la
[ribalta]
limelight
Hai bisogno di tornare alla ribalta.
-You need to be back in the spotlight.

7269 **ragazzaccio**
il
[ragattsattʃo]
brat
Tu sei un ragazzaccio, vero?
-You're a bad boy, aren't you?

7270 **foca**
la
[foka]
seal
Ma un pezzo di ghiacciaio è caduto in mare e una foca vi è salita sopra.
-But this glacier caved into the water and a seal got on it.

7271 **crinale**
il
[krinale]
ridge
Arrischiarci al crinale la notte andrebbe a nostro svantaggio.
-To attempt the ridge at night would see us to disadvantage.

7272 **fenicio** **Phoenician; Phoenician**
adj; il
[fenitʃo]
E navigai come fenicio per un po'.
-And I sailed as a phoenician for a time.

7273 **protettivo** **protective**
adj
[protettivo]
È molto protettivo.
-He's very protective.

7274 **deodorante** **deodorant; deodorant**
adj; il
[deodorante]
Questo deodorante lascia delle macchie bianche sulla mia camicia.
-This deodorant leaves white stains on my shirt.

7275 **odissea** **odyssey**
la
[odissea]
L'odissea verso l'Europa è durata circa 10 giorni in condizioni disumane.
-Their Odyssey to Europe had lasted ten days under inhumane conditions.

7276 **stridere** **screech|squeal**
vb
[stridere]
Nessuno ha mai fatto stridere gli pneumatici alla sua prima lezione di guida.
-Nobody's ever had tyre squeal on their first–ever driving lesson.

7277 **talismano** **talisman**
il
[talismano]
Dobbiamo riattivare il talismano ripetendo l'incantesimo.
-We have to reactivate the talisman by repeating the spell.

7278 **campionato** **championship**
il
[kampjonato]
La tua squadra non ha alcuna possibilità di vincere la partita di campionato.
-Your team doesn't have a prayer to win the championship game.

7279 **riflessione** **reflection|meditation**
la
[riflessjone]
La riflessione è molto necessaria.
-Consideration is very necessary.

7280 **carpa** **carp**
la
[karpa]
Martedì sera ci cucinerà una carpa.
-Tuesday night, she's cooking a carp.

7281 **habitat** **habitat; handicapped**
gli; adj
[abitat]
La sesta area è l'habitat: un habitat improntato all'efficienza energetica e idrica, libero da inquinamento.
-The sixth is habitat: an energy-efficient, water-efficient, pollution-free habitat.

7282 **poliziotta** **policewoman**
la
[polittsjotta]
Lei è una poliziotta.
-She's a police officer.

7283 **candido** **white; white**
adj; il
[kandido]
Il nome del candidato scelto è visibile ed è inoltre evidenziato dall'asterisco.
-The name of the candidate selected is visible and is also emphasised by the asterisk.

7284 **attivista** **activist**
il/la
[attivista]
Al Gore è un attivista contro il riscaldamento globale.
-Al Gore is a global-warming activist.

7285 **infestare** **infest|haunt**
vb
[infestare]
Almeno il 60% delle case nella riserva sono infestate da muffa nera.
-At least 60 percent of the homes on the reservation are infested with black mold.

7286 **strabiliante** **amazing**
adj
[strabiljante]
Un piccolo strumento ha avuto un effetto strabiliante; ora si tratta di continuare su questa strada con coerenza.

-It is not the people, not the West, but those in power in the government. A small instrument with an astounding effect!

7287 **relative** **relative|relevant**
adj
[relativo]
Tutto nella vita è relativo.
-Everything in life is relative.

7288 **raddoppiare** **double|redouble**
vb
[raddoppjare]
E l'UE deve raddoppiare gli sforzi per accelerare tale processo in ogni modo.
-The EU should redouble its efforts to expedite that process in every way possible.

7289 **intrattenere** **entertain**
vb
[intrattenere]
Lui è un uomo in pensione che lavora come volontario per intrattenere i pazienti negli ospedali.
-He is a retired man who volunteers to entertain patients in hospitals.

7290 **annuario** **yearbook|almanac**
il
[annwarjo]
Vorrei sapere perché ha tolto Jimmy Edwards dall'annuario.
-I want to know why you had Jimmy Edwards removed from the yearbook.

7291 **sottosuolo** **subsoil**
il
[sottozwolo]
Si informi sulle modifiche del sottosuolo fatte nel '40.
-Call Paris and get information about changes in the subsoil in 1940.

7292 **oncia** **ounce**
le
[ontʃa]
Santità! Ho requisito ogni oncia di zolfo di questa terra.
-Holiness, I have commandeered every ounce of sulphur in this land.

7293 **smarrire** **lose|get lost**
vb
[smarrire]
Un tempo per trovare, e un tempo per smarrire.
-A time to get, and a time to lose.

7294 **scacciare** **drive away|expel**
vb
[skattʃare]
E scacciarci via come noi scacciamo i moscerini quando ci troviamo nella foresta pluviale a disboscare.
-And swat us away like flies, the way we swat away flies when we go into the rainforest and start logging it.

7295 **abbazia** **abbey**
la
[abbattsja]
Desidero, in particolare, fissare lo sguardo sull'Abbazia di Montecassino, vero scrigno di un tesoro prezioso di spiritualità, di cultura, di arte.
-I would like in particular to fix your gaze on the Abbey of Montecassino, the true coffer of a precious treasure of spirituality, culture and art.

7296 **castoro** **beaver**
il
[kastoro]
Non sa scegliere tra volpe e castoro.
-She can't choose between the fox and the beaver.

7297 **blaterare** **chatter**
vb
[blaterare]
Già che ci siamo, semplicemente non sopporto di ascoltare lei e il Presidente Barroso blaterare sull'Africa e su ciò che dobbiamo fare per aiutare la popolazione africana.
-While we are at it, I simply cannot bear listening to you and Mr Barroso blathering on about Africa and what we have to do to help people there.

7298 **merluzzo** **cod**
il
[merluttso]
Mi ha portato del merluzzo, da mangiare dopo.
-She's brought some cod, for me to have afterwards.

7299 **nesso** **link**

il
[nesso]
I fatti mostrano che non c'è alcun nesso tra i livelli fiscali e l'occupazione.
-The facts show that there is no connection between tax levels and employment.

7300 **dentiera** **denture**
la
[dentjera]
La mia dentiera si era rotta durante i lavori forzati e continuava a darmi fastidio.
-My denture was broken during forced labour and it kept scraping my gum.

7301 **omosessualità** **homosexuality**
la
[omozesswalit'a]
Volevo parlarti riguardo alla tua omosessualità.
-I want to talk to you about your homosexuality.

7302 **eresia** **heresy**
la
[erezja]
Quando arriveremo al muro sarete punito per questa eresia.
-When we get to the wall you will be punished for this heresy.

7303 **petalo** **petal**
il
[petalo]
I petali seguono la luce ed il motore ne riceve i raggi concentrati, per assorbirne il calore e trasformarlo in elettricità.
-The petals track and the engine gets the concentrated sunlight, take that heat and turn it into electricity.

7304 **mischiare** **mix|mingle**
vb
[miskjare]
Tante persone pensano che sia impossibile non mischiare le lingue.
-There are many people who think that it's impossible not to mix up languages.

7305 **riluttante** **reluctant|unwilling**
adj
[riluttante]
Joe è riluttante ad andarsene.
-Joe is reluctant to leave.

7306 **sbalordire** **astound|stun**
vb
[zbalordire]
Le informazioni sono il mio modo preferito per sbalordire, signore.
-Information is my favorite way to dazzle, sir.

7307 **prode** **stalwart**
adj
[prode]
Oso mettere in dubbio l'affermazione del Presidente Prodi secondo il quale non ci sono resti di Nizza.
-When Mr Prodi says there are no more leftovers from Nice, I would make so bold as to doubt his word.

7308 **ceramica** **ceramic**
la
[tʃeramika]
La ceramica appare di solito in una cultura dopo l'avvento dell'agricoltura.
-Pottery usually appears in a culture after the advent of agriculture.

7309 **felpa** **sweatshirt**
la
[felpa]
Devo ancora vedere qualcun'altro indossava quella felpa.
-I have yet to see anyone else wear that sweatshirt.

7310 **sciacallo** **jackal**
lo
[ʃakallo]
Ovunque circoli denaro, tendono a comparire sciacalli che mirano soltanto ad accaparrare qualcosa per se stessi.
-Jackals tend to appear wherever money is involved, with the sole aim of snatching something for themselves.

7311 **fabbricare** **manufacture|make**
vb
[fabbrikare]
Infatti, come potremmo pensare di fabbricare veicoli con un motore "pulito» se questo dovesse funzionare con carburante inquinante?
-How could we build vehicles with a "clean' engine which would have to operate using pollutant fuel?

7312 **contegno** **behavior|manner**

il | Vi prego, contegno.
[konteɲɲo] | -Please, dignity.

7313 **superiorità** — **superiority**
la
[superjorit'a]
Ha un complesso di superiorità.
-He has a superiority complex.

7314 **mescolare** — **mix|stir**
vb
[meskolare]
Puoi mescolare cibi differenti in un frullatore.
-You can mix different foods in a blender.

7315 **amoroso** — **loving|amorous**
adj
[amorozo]
È... un progetto amoroso, ma è al contrario.
-There's a romantic project, but it's upside down.

7316 **impegnativo** — **challenging**
adj
[impeɲɲativo]
È un lavoro molto impegnativo.
-It's very demanding work.

7317 **sbucare** — **come out of**
vb
[zbukare]
Dovresti scavare un milione di metri per sbucare dall'altra parte.
-You'd have to dig a million meters to come out on the other side.

7318 **reclutare** — **recruit**
vb
[reklutare]
Cercavo qualcuno da reclutare per infiltrare l'organizzazione di Khalid.
-I was looking to recruit someone to insert into Khalid's organization.

7319 **tifoso** — **fan; fanatic**
il; adj
[tifozo]
Schifoso, bugiardo tifoso dei Cubs.
-You're a dirty, filthy, lying Cubs fan.

7320 **artrite** — **arthritis**
la
[artrite]
Joe ha l'artrite.
-Joe has arthritis.

7321 **centurione** — **centurion**
il
[tʃenturjone]
Ma quel centurione disse: “no Signore, non venire a casa mia, non c'è bisogno.
-But the centurion said: “Lord, no, do not come to my house, there is no need.

7322 **ciondolare** — **dangle**
vb
[tʃondolare]
Ciondolare in giro per il quartiere come se fosse... ...il modo più rapido per andare all'obitorio.
-To get to hang around in that area, is a quick way for you to end.

7323 **loto** — **lotus**
il
[loto]
Io imparai la posizione del loto al corso di yoga.
-I learned the lotus position in yoga class.

7324 **ovale** — **oval; oval**
adj; il
[ovale]
Però, per essere sincero, non saprei distinguere un foramen ovale da un buco nel cuore.
-But to be fair, I wouldn't know a patent foramen ovale - from a hole in the heart.

7325 **ciambellano** — **chamberlain**
la
[tʃambellano]
Divenni ciambellano quando ne avevo solo diciotto.
-I became a chamberlain when I was only 18 too.

7326 **gareggiare** — **compete|race**
vb
[gareddʒare]
Sta cercando di gareggiare dopo essere stata del tutto umiliata in campo affettivo... di nuovo.
-She's trying to compete after being completely humiliated in the romance department... again.

7327 **efficacia** **effectiveness**
la
[effikatʃa]
Questo potrebbe creare economie di scala e aumentare l'efficacia dei servizi.
-This could create economies of scale and increase the effectiveness of services.

7328 **ubriachezza** **drunkenness**
le
[ubrjakettsa]
Vista l'alta percentuale di incidenti causati dall'eccessiva velocità e dall'ubriachezza, il nuovo sistema contribuisce in misura importante alla sicurezza stradale.
-Given the high rate of accidents caused by speeding and drunkenness, this is an important contribution to road safety.

7329 **tentacolo** **tentacle**
il
[tentakolo]
Evidentemente, un pezzo così di tentacolo ha centinaia di migliaia di piccoli dardi e ogni dardo non solo vi punge la pelle, ma vi inietta veleno.
-Evidently, a piece this big of tentacle has a hundred-thousand little barbs on it and each barb is not just stinging your skin, it's sending a venom.

7330 **disponibilità** **availability**
la
[disponibilit'a]
La disponibilità a correggere è un segno di saggezza.
-Willingness to correct is a sign of wisdom.

7331 **bruco** **caterpillar**
il
[bruko]
Proprio quando il bruco pensò che il mondo fosse finito, diventò farfalla.
-Just when the caterpillar thought the world was over, it became a butterfly.

7332 **contrattacco** **counterattack**
il
[kontrattakko]
Potrebbe semplicemente mobilitarsi per un contrattacco su Calais.
-He could just be mobilizing against a counterattack on Calais.

7333 **babordo** **port**
il
[babordo]
Stai al timone e dirigiti a due punti a babordo del forte.
-Stand by helm and keep her headed two points to larboard of the fort.

7334 **cocchiere** **coachman**
il
[kokkjere]
Un cocchiere ha consegnato questa per te.
-A coachman delivered this for you.

7335 **restauro** **restoration|repair**
il
[restauro]
Spesso il diclorometano viene utilizzato da privati che effettuano lavori di restauro delle proprie abitazioni.
-Often dichloromethane is used by individuals carrying out restoration work in their own homes.

7336 **prelievo** **withdrawal**
il
[preljevo]
Dal 1990 il prelievo d'acqua sul pianeta è decuplicato.
-Since 1990, water withdrawal has increased tenfold around the world.

7337 **conoscente** **acquaintance**
il/la
[konoʃʃente]
Non è un amico, ma un conoscente.
-He is not a friend, but an acquaintance.

7338 **aggiudicare** **award**
vb
[addʒudikare]
Le autorità pubbliche continuano ad aggiudicare appalti pubblici senza seguire procedure adeguate.
-Public authorities continue to award public contracts without following appropriate tendering procedures.

7339 **lesione** **lesion|injury**
la
[lezjone]
Nessun individuo potrà essere sottoposto ad interferenze arbitrarie nella sua vita privata, nella sua famiglia, nella sua casa, nella sua corrispondenza, né a lesione del suo onore e della sua reputazione. Ogni

individuo ha diritto ad essere tutelato dalla legge contro tali interferenze o lesioni.
-No one shall be subjected to arbitrary interference with his privacy, family, home or correspondence, nor to attacks upon his honour and reputation. Everyone has the right to the protection of the law against such interference or attacks.

7340 **miracoloso** **miraculous**
adj Prova questo unguento miracoloso.
[mirakolozo] -Try this miracle ointment.

7341 **scettico** **skeptic; sceptical**
lo; adj Rimango scettico.
[ʃettiko] -I remain skeptical.

7342 **precedentemente** **previously**
adv I protocolli allegati precedentemente al trattato CEEA sono abrogati.
[pretʃedentemente] -The Protocols previously annexed to the EAEC Treaty shall be repealed.

7343 **crostata** **tart**
la A voi piace la crostata di mele?
[krostata] -Do you like the apple pie?

7344 **fragore** **crash|thunder**
il Se con la vostra Arte, mia carissima madre, avete gettato le acque selvagge in questo fragore ora calmatele...
[fragore] -If by your art, my dearest mother, you have put the wild waters in this roar, allay them.

7345 **anestetico** **anesthetic; anesthetic**
adj; il Anzi, odora di anestetico: difatti non ne sento più il gusto.
[anestetiko] -"Or rather, it smells like anaesthetic: in fact, I can't taste it' s flavour any more."

7346 **lupus** **lupus**
il Ma chi è che si fida dell'uomo, quando si pensa al proverbio del vecchio mondo latino: "homo homini lupus", l'uomo è lupo dell'uomo?!
[lupus] -But who is that trusts, when one thinks of the old proverb world Latin "homo homini lupus, man is wolf?

7347 **visibilità** **visibility**
la La nebbia ha limitato la visibilità a cento metri.
[vizibilitˈa] -Fog has limited visibility to 100 meters.

7348 **rogna** **mange|scabies**
la Sì, ha avuto un brutto caso di rogna.
[roɲɲa] -Yes, he had a bad case of the mange.

7349 **sinagoga** **synagogue**
la Io sto tornando alla sinagoga.
[sinagoga] -I'm going back to the synagogue.

7350 **insurrezione** **insurrection|insurgency**
le Per reprimere, in modo conforme alla legge, una sommossa o un' insurrezione.
[insurrettsjone] -In action lawfully taken for the purpose of quelling a riot or insurrection.

7351 **pagella** **report card|school report**
la Porto a casa una pagella ottima.
[padʒella] -I bring home a report card and it's almost all A's.

7352 **chirurgico** **surgical**
adj L'intervento chirurgico è molto costoso.
[kirurdʒiko] -The surgery is very expensive.

7353 **incertezza** **uncertainty|suspense**
le
[intʃertettsa]
L'anno scorso era un periodo di incertezza economica.
-Last year was a period of economic uncertainty.

7354 **inopportuno** **inopportune|untimely**
adj
[inopportuno]
La disponibilità a scusarsi non è mai inopportuna, e quindi apprezzo particolarmente questo punto del testo.
-A readiness to apologise never comes amiss, so I particularly support that particular clause in the draft.

7355 **scompiglio** **confusion|mess**
lo
[skompiʎʎo]
La sua dichiarazione ha creato scompiglio.
-His statement raised havoc.

7356 **ragnatela** **web**
la[raɲɲatela]
Un grosso ragno stava tessendo una ragnatela. -A big spider was spinning a web.

7357 **purgatorio** **purgatory; purgatorial**
il; adj
[purgatorjo]
Non stiamo marciando dal paradiso al purgatorio.
-We are not going from paradise to purgatory.

7358 **pizzo** **lace**
il
[piddzo]
Signorina Bunting, sono il nostro pizzo e la nostra seta migliori.
-Miss Bunting, this is our best lace and silk.

7359 **sgombro** **mackerel; clear**
lo; adj
[zgombro]
La Commissione avrebbe dovuto sfruttare gli anni scorsi per sviluppare la propria posizione su un mercato globale dei prodotti tessili ancora sgombro, articolando una politica diretta a tal fine.
-The Commission should have utilised the past few years to develop a position on an unencumbered global textiles market and a policy towards that end.

7360 **narice** **nostril**
la
[naritʃe]
Hai allargato le narici.
-You flared your nostril.

7361 **spogliarello** **striptease**
lo
[spoʎʎarello]
E' quasi come fare uno spogliarello al buio - mi perdoni l' espressione, signor Presidente.
-It is, in fact, almost like performing a striptease in the dark, if you will pardon the expression.

7362 **sidro** **cider**
il
[sidro]
Amo il sidro di mele.
-I love apple cider.

7363 **approssimativamente** **approximately**
adv
[approssimativamente]
Il numero Pi è approssimativamente pari a 3,14 o 22/7. Il suo simbolo è "π".
-The number pi is approximately equal to 3.14 or 22/7. Its symbol is "π".

7364 **inning** **inning**
gli
[inniŋg]
Basi piene, due fuori nel nono inning.
-Bases loaded, two outs in the ninth inning.

7365 **digerire** **digest**
vb
[didʒerire]
Il vino aiuta a digerire il cibo.
-Wine helps digest food.

7366 **levatrice** **midwife**
la
[levatritʃe]
Lei è una levatrice.
-She's a midwife.

7367 **confidente** **confidant; confident**

il/la; adj
[konfidente]

Preghiamo per cambiare quelle spine in rose chiedendo amore confidente e pieno al Cuore adorabile del Salvatore.
-Let us pray to change those thorns into roses, asking for a love that is confident and held in the embrace of the adorable Heart of our Saver.

7368 **fosforo** **phosphorus**

il
[fosforo]

Il fosforo topicida ha una sfumatura gialla.
-Phosphorus rodenticides have a yellow hue.

7369 **comizio** **meeting**

il
[komittsjo]

Il comizio deve cominciare il prima possibile.
-The meeting needs to begin as soon as possible.

7370 **bollito** **boiled**

adj
[bollito]

Io ne ho bollito uno.
-I boiled one.

7371 **magnaccia** **ponce**

i
[maɲɲattʃa]

L'idea generale era che solo magnaccia e prostitute vivessero nel South Bronx.
-The common perception was that only pimps and pushers and prostitutes were from the South Bronx.

7372 **estinto** **extinct**

adj
[estinto]

Io sono quasi estinto -- Io sono un paleontologo che colleziona fossili.
-I am almost extinct -- I'm a paleontologist who collects fossils.

7373 **esca** **bait|tinder**

le
[eska]

Non esca con Joe.
-Don't go out with Joe.

7374 **dispari** **odd|unequal**

adj
[dispari]

Uno, tre e cinque sono dei numeri dispari.
-One, three, and five are odd numbers.

7375 **furetto** **ferret**

il
[furetto]

Ma la domanda principale è ancora senza risposta: in quale categoria classificare il furetto?
-The main question remains unanswered: what category does the ferret go in?

7376 **mandarino** **mandarin**

il
[mandarino]

Non posso parlare bene il mandarino.
-I cannot speak Mandarin well.

7377 **cavità** **cavity|hollow**

le
[kavitˈa]

Fammi vedere come aspiri la cavità.
-Let me see how you aspirate the cavity.

7378 **apparecchiatura** **equipment**

le
[apparekkjatura]

La nostra apparecchiatura è stata distrutta.
-Our equipment was destroyed.

7379 **slip** **briefs**

gli
[zlip]

A proposito, ho lo stesso paio di slip.
-By the way, i have that same pair of panties.

7380 **ozono** **ozone**

il
[oddzono]

L' ozono è un problema collettivo che deve essere affrontato collettivamente.
-Ozone is a collective problem which has to be dealt with collectively.

7381 **cambogiano** **Cambodian; Cambodian**

	adj; il [kambodʒano]	Giustamente, la risoluzione chiede al governo cambogiano di ritirare tali direttive. -The resolution rightly asks the Cambodian Government to withdraw these guidelines.
7382	**offerente**	**bidder**
	il/la [offerente]	L'appalto andrà aggiudicato all'offerente con la soluzione economicamente più vantaggiosa. -It is the tenderer with the financially most advantageous offer to whom the contract must be awarded.
7383	**supplica**	**supplication|petition**
	la [supplika]	La supplica è la forma di preghiera più comune. -Supplication is the most common form of prayer.
7384	**cumulo**	**heap|drift**
	il [kumulo]	Contemporaneamente dovrebbe essere prevista la possibilità di cumulare questa quota per un massimo di 5 anni. -It should also be possible to cumulate this proportion over a period not exceeding five years.
7385	**egregio**	**excellent**
	adj [egredʒo]	Comunque, egregio Marchese, ha detto che vuole accasarsi. -Anyway, dear Marquis, you have said you wanted to get married.
7386	**ortografia**	**spelling**
	la [ortografja]	L'ortografia dell'inglese disturba molte persone. -English spelling bothers many people.
7387	**duna**	**dune**
	la [duna]	Noi abbiamo camminato sulla duna. -We walked on the dune.
7388	**furbacchione**	**dodger|slicker**
	il [furbakkjone]	No, furbacchione, non è un cucciolo. -No, wise guy, it's not a puppy.
7389	**allucinante**	**incredible**
	adj [allutʃinante]	è stata un'esperienza allucinante.. -it was a hallucinatory experience..
7390	**valletto**	**valet**
	il [valletto]	Perché se è stato il valletto... -Because, if it was the valet... he is a dead man.
7391	**porpora**	**purple**
	la [porpora]	Sarà vestito di porpora e scarlatto. -He shall be clothed in scarlet and purple.
7392	**ciclone**	**cyclone**
	il [tʃiklone]	Voglio sbronzarmi e cavalcare il ciclone. -I want to get hammered and ride the Cyclone.
7393	**piccarsi**	**Take pride in sth, be offended**
	vb [pikkarsi]	Si piccava di essere un abile cacciatore; si picca di essere un grande intenditore di vini. -He thought he was a skilled hunter; we take it upon ourselves to be a great wine connoisseur.
7394	**friggere**	**fry**
	vb [friddʒere]	Non posso friggere queste uova. Sono marce. -I cannot fry these eggs. They are rotten.
7395	**panca**	**bench**

	la	Si sedette sulla panca e incrociò le gambe.
	[paŋka]	-He sat on the bench and crossed his legs.
7396	**intromettere**	**intervene|come between**
	vb	Non ti intromettere e guardalo un attimo...
	[intromettere]	-Look after him and don't interfere.
7397	**decennio**	**decade**
	il	(Risate) I donatori, quindi, devono dedicarsi alla causa per almeno un
	[detʃennjo]	decennio. -(Laughter) So the donors have to stick with this situation for at least a decade.
7398	**cesta**	**basket**
	la	Ci sono poche mele nella cesta.
	[tʃesta]	-There are few apples in the basket.
7399	**marionetta**	**puppet**
	la	Io voglio un pezzo di legno per fare una marionetta. Me lo darete?
	[marjonetta]	-I want a piece of wood to make a marionette. Will you give it to me?
7400	**prematuro**	**premature|early**
	adj	Ebbi un figlio prematuro.
	[prematuro]	-I had a premature baby.
7401	**rotolare**	**roll**
	vb	Continui a far rotolare la palla.
	[rotolare]	-Keep the ball rolling.
7402	**eufemismo**	**euphemism**
	il	Utilizzando un bell' eufemismo si parla di "deficit democratico" .
	[eufemismo]	-This is referred to by the polite euphemism of a 'democratic deficit' .
7403	**croccante**	**crisp**
	adj	Possa la vostra crosta essere croccante, e il vostro pane ben lievitato.
	[krokkante]	-May your crust be crisp, and your bread always rise.
7404	**bisonte**	**bison**
	il	Quella è una mucca o un bisonte?
	[bizonte]	-Is that a cow or a buffalo?
7405	**estintore**	**fire extinguisher|quencher**
	il	Io ho comprato un nuovo estintore.
	[estintore]	-I have bought a new fire extinguisher.
7406	**malefico**	**malefic**
	adj	Una simile politica, invece, non farà che dare un nuovo, malefico impulso
	[malefiko]	al culto della violenza e della morte. -All it will do is to give a malign new impulse to a cult of violence and death.
7407	**giammai**	**never**
	adv	Ogni aborto condanna la nostra società, mai una donna, giammai un
	[dʒammai]	individuo. -Every abortion is a condemnation of our society, but never a condemnation of an individual woman.
7408	**inspiegabile**	**inexplicable**
	adj	Questo incidente è abbastanza inspiegabile.
	[inspjegabile]	-This incident is quite uncanny.
7409	**elica**	**propeller**
	le	Sembrerebbe un qualche tipo di elica.
	[elika]	-It appears to be a propeller of some kind.
7410	**vagliare**	**sift|examine**

vb
[vaʎʎare]

Infine, questo cambiamento obbligherà il Parlamento ad affinare e migliorare i criteri con cui le nostre commissioni esaminano e vagliano i prodotti della comitatologia.
-Finally, the change will force Parliament to sharpen up and upgrade the way the committees sift and scrutinise the product of comitology.

7411 **provenienza** **origin|provenance**
la
[provenjentsa]
Gli ostacoli commerciali, quali le norme relative alla provenienza, vanno eliminati.
-Trade barriers, such as the rules of the place of origin, must be abolished.

7412 **incapacità** **inability**
le
[iŋkapatʃit'a]
Sono rimasta sorpresa dalla sua incapacità di fare le cose rapidamente.
-I was surprised at her inability to do things promptly.

7413 **tingere** **dye|color**
vb
[tindʒere]
Joe si è fatto tingere i capelli di nero.
-Joe had his hair dyed black.

7414 **illustrare** **illustrate**
vb
[illustrare]
Tutti possono aggiungere cose al database per illustrare nuovi vocaboli.
-Everyone can feed the database to illustrate new vocabulary.

7415 **dondolo** **rocking chair**
il
[dondolo]
Fare dondolare un secchio all'estremità di una corda.
-To swing a bucket from the end of a rope.

7416 **samba** **samba**
la
[samba]
Sono l'unica brasiliana a non sapere il portoghese e a non saper ballare la samba.
-I'm the only Brazilian who can't speak Portuguese and dance samba.

7417 **sovraccarico** **overload; overladen**
il; adj
[sovrakkariko]
Il mio cervello è sovraccarico.
-My brain is overloaded.

7418 **abbronzatura** **tanning|tan**
la
[abbrontsatura]
Ha una bella abbronzatura.
-She has a beautiful tan.

7419 **puma** **puma**
la
[puma]
He's basically worked the cost to PUMA.
-In sostanza ha calcolato i costi di PUMA.

7420 **mammifero** **mammal; mammalian**
il; adj
[mammifero]
Quell'enorme mammifero si chiama elefante.
-That huge mammal is called an elephant.

7421 **rapito** **rapt**
adj
[rapito]
E quando la persona rapita è essa stessa giornalista, spetta a noi tener desta l'attenzione sulla sua vicenda, così come i giornalisti lo fanno per altre persone.
-When the kidnapped person is himself a journalist, it is our responsibility to cherish their fate as they cherish others'.

7422 **ranocchio** **frog**
il
[ranokkjo]
Il tuo ranocchio non si è trasformato in principe.
-Your frog didn't turn into a prince.

7423 **latrina** **latrine**
la
[latrina]
Dov'è la latrina?
-Where is the latrine?

7424 **telespettatore** **televiewer**

il [telespettatore] Le interruzioni pubblicitarie devono avere luogo nel rispetto del telespettatore e del suo comfort.
-Commercial interruptions must take place in such a way as to respect the viewer and his or her comfort.

7425 **riviera** **coast**
la
[rivjera]
È un bellissimo trilocale sulla spiaggia della riviera messicana.
-It's a beautiful, beach–adjacent, 2–bedroom condo On the Mexican Riviera.

7426 **ammontare** **amount; amount**
il; vb
[ammontare]
Tuttavia, non dobbiamo preoccuparci esclusivamente dell'ammontare dei finanziamenti.
-However, it is not just the amount of financing which need concern us.

7427 **indicatore** **indicator|gauge**
il
[indikatore]
It is an indicator of the democratic maturity and self-confidence of a country.
-E' un indicatore della maturità democratica e della sicurezza di sé di un paese.

7428 **tranquillante** **tranquilizer; tranquilizing**
il; adj
[traŋkwillante]
Servono alcuni minuti perché tranquillante faccia effetto.
-It'll take a few minutes for the tranquilizer to take full effect.

7429 **escremento** **excrement|faeces**
il
[eskremento]
È un sinonimo di "escremento".
-It's another word for excrement.

7430 **erpete** **herpes**
il
[erpete]
#N/A

7431 **alterare** **alter|falsify**
vb
[alterare]
Solo che le richieste erano sempre più numerose era difficile alterare documenti esistenti.
-But demand was ever-growing and it was difficult to tamper with existing documents.

7432 **deceduto** **deceased**
adj
[detʃeduto]
La scorsa notte suo nonno è deceduto in ospedale.
-Last night, his grandfather passed away in the hospital.

7433 **graffito** **graffito**
il
[graffito]
This is a piece of graffiti in my old neighborhood in Berkeley, California, where I did my PhD on why we're better in games than we are in real life.
-Questo è un graffito nel mio vecchio quartiere di Berkeley, in California, dove ho fatto il PhD sul perché siamo più bravi nel gioco che nella vita reale.

7434 **supplire** **make up**
vb
[supplire]
Noi abbiamo dichiarato la nostra disponibilità - e teniamo fede a quella promessa - a rinunciare sia ad un membro effettivo sia ad uno supplente.
-We said we were willing, and we stand by that promise, to give up one member and one alternate.

7435 **incasso** **taking**
il
[iŋkasso]
– Don Nicola, l'incasso è stato 7500 lire.
— Don Nicholas, the collection was 7500 pounds.

7436 **frattura** **fracture|break**
la
[frattura]
La frattura dell'anca spesso porta al ricovero di un anziano.
-Hip fracture often leads to institutionalization of a senior.

7437 **flagrante** **flagrant**

adj
[flagrante]
Si tratta di una flagrante violazione delle prerogative nazionali della Francia.
-This all constitutes a flagrant violation of French national sovereignty.

7438 **influente**
adj
[inflwente]
influential
Sei influente.
-You're influential.

7439 **narrare**
vb
[narrare]
tell|relate
Ma secondo me, sono oggetti affascinanti per narrare visivamente una storia.
-But to me, they are fascinating objects to visually narrate a story.

7440 **unicorno**
il
[unikorno]
unicorn
Hai già catturato quell'Unicorno?
-Have you caught that Unicorn yet?

7441 **sudicio**
adj
[suditʃo]
dirty|grimy
Essere sudicio come un maiale.
-To be filthy dirty.

7442 **clessidra**
la
[klessidra]
hourglass
Ogni cellula rossa del vostro sangue proprio adesso ha questi pori a forma di clessidra chiamati acquaporine.
-Every red blood cell of your body right now has these hourglass-shaped pores called aquaporins.

7443 **dirottare**
vb
[dirottare]
hijack|divert
Almeno non devi dirottare un aereo.
-At least you don't have to hijack a plane.

7444 **frutteto**
il
[frutteto]
orchard
Casa mia ha un frutteto.
-My house has a fruit garden.

7445 **calzare**
vb
[kaltsare]
fit|wear
Raramente questo proverbio sulle erbe amare si dimostra così calzante come nell'argomento in discussione.
-Rarely could the proverb about the bitter herbs have applied quite so aptly as in this case.

7446 **vantare**
vb
[vantare]
claim
Non so quanti paesi dell'Europa occidentale potranno vantare un bilancio in pareggio.
-I do not know how many countries in western Europe will be able to boast a balanced budget.

7447 **psiche**
la
[psike]
psyche
Lo sport è un mezzo per migliorare la condizione fisica, ma ovviamente influenza anche la psiche umana.
-Sport is a means of improving physical condition, but obviously it also influences the human psyche.

7448 **ringhiera**
la
[riŋgjera]
railing
Eccetto per quella macchietta di sangue sulla ringhiera.
-Except, of course, for that spot of blood on the railing.

7449 **grafico**
adj; il
[grafiko]
graphic; chart
La pizza è un grafico a torta che mostra quanto rimane di essa.
-Pizza is a pie chart showing how much of it is left.

7450 **manifestare**
vb
[manifestare]
manifest|express
Ogni individuo ha diritto alla libertà di pensiero, di coscienza e di religione; tale diritto include la libertà di cambiare di religione o di credo, e la libertà di manifestare, isolatamente o in comune, e sia in pubblico che in

privato, la propria religione o il proprio credo nell'insegnamento, nelle pratiche, nel culto e nell'osservanza dei riti.
-Everyone has the right to freedom of thought, conscience and religion; this right includes freedom to change his religion or belief, and freedom, either alone or in community with others and in public or private, to manifest his religion or belief in teaching, practice, worship and observance.

7451 **disgustare** **disgust|put off**
vb
[dizgustare]
Sono disgustato da quanto ho sentito dire oggi da molti.
-I am sickened by what I have heard today from many.

7452 **ristabilire** **restore|re-establish**
vb
[ristabilire]
Bisogna ristabilire al più presto la preferenza comunitaria!
-Let us reestablish Community preference and quickly.

7453 **forestiero** **stranger; alien**
il; adj
[forestjero]
il forestiero (cfr Es 22,20), lo schiavo (cfr Dt 15,12-18).
-Sir 4,4-5, 8-9), the stranger (cf. Ex 22,20), the slave (cf. Dt 15, 12-18).

7454 **spacco** **split|slit**
lo
[spakko]
Il sangue è uscito da uno spacco sul cranio.
-Blood's from a split in the crown of her head.

7455 **interiora** **innards**
le
[interjora]
Pulite le interiora e tagliategli le pinne...
-Gut it and cut its fins...

7456 **camerata** **dormitory|comrade**
la
[kamerata]
Camerata europeo, non chiederti per chi suona la campana. Suona per te!
-European comrades, do not ask for whom the bell tolls: it tolls for thee.

7457 **zanna** **tusk**
la
[dzanna]
Potresti scheggiarti una zanna, se provassi a morderlo.
-You could chip a fang on it.

7458 **scalo** **airport**
lo
[skalo]
La storia di Bolin... comincia in un esotico porto di scalo.
-The story of Bolin begins in an exotic port of call.

7459 **osteria** **tavern|pub**
le
[osterja]
Questo è il famoso dipinto di Hogarth di una consulta politica in osteria, che è esattamente come si presentavano le caffetterie a quell'epoca.
-This is Hogarth's famous painting of a kind of political dinner at a tavern, but this is what the coffee shops looked like back then.

7460 **pattinaggio** **skating**
il
[pattinaddʒo]
Signor Presidente, con questa discussione viene in mente il pattinaggio artistico.
-Mr President, with this discussion the sport of figure skating comes to mind.

7461 **lunatico** **moody|lunatic**
adj
[lunatiko]
Joe è molto lunatico.
-Joe is very temperamental.

7462 **infrazione** **infringement|offense**
le
[infrattsjone]
Tali sanzioni sono proporzionate alla gravità dell'infrazione.
-Those penalties shall be proportional to the seriousness of the infringement.

7463 **pellerossa** **redskin**
il/la
[pellerossa]
Smettetela di spacciarvi per un pellerossa.
-Stop trying to pass yourself off as a red man.

7464 **erigere** **erect|build**
vb
[eridʒere]
E soprattutto non possiamo erigere barriere comunitarie contro la ricerca sulle cellule staminali embrionali.
-In particular, we cannot erect Community barriers to research into embryonic stem cells.

7465 **pezza** **piece|rag**
la
[pettsa]
Ho un pezza di carta lacerato.
-I've got a torn piece of paper.

7466 **pedale** **pedal**
il
[pedale]
Sono d'accordo con chi ha detto "occorre pedalare", ma aggiungo "altrimenti si cade".
- I agree with whoever said 'we have to pedal', but I would add 'otherwise we fall off'.

7467 **atletico** **athletic**
adj
[atletiko]
Sei atletico.
-You're athletic.

7468 **canguro** **kangaroo**
il
[kaŋguro]
Il canguro salta molto in alto.
-The kangaroo jumps very high.

7469 **fattibile** **feasible**
adj
[fattibile]
Penso che sia fattibile.
-I think it's doable.

7470 **delirare** **rave**
vb
[delirare]
C'è davvero gente che si offre volontaria per questo, e di solito escono delirando riguardo alla loro produttività mentre erano nel bunker.
-People actually volunteer for this, and they usually come out kind of raving about their productive time in the hole.

7471 **burocrate** **bureaucrat**
il
[burokrate]
Sarà un burocrate a decidere in merito alla mia buona prassi agricola?
-Is some bureaucrat always going to decide what is good farming practice for me?

7472 **quattrocento** **four hundred**
num
[kwattrotʃento]
Ci sono soltanto quattrocento manifestanti in piazza.
-There are only four hundred demonstrators in the square.

7473 **stridore** **scrape**
lo
[stridore]
È stato impreciso e rumoroso e con un sacco di stridore di pneumatici, che di solito indica che le gomme stanno emettendo suoni invece di farti andare forte.
-It was wide and noisy and a lot of tyre squeal, which indicates the tyres are making a noise rather than getting you going.

7474 **spedito** **quick**
adj
[spedito]
Se cammino con passo spedito posso arrivare fino a Nogales.
-If I walk at a quick pace, I can make it to Nogales.

7475 **scappatoia** **loophole**
la
[skappatoja]
Joe utilizzò una scappatoia giuridica.
-Joe used a legal loophole.

7476 **nozione** **notion**
la
[nottsjone]
La nozione di sviluppo sostenibile deve avere una dimensione reale.
-The concept of sustainable development must be given a practical dimension.

7477 **malavita** **underworld**

la
[malavita]
Sembra essere un deposito per la malavita criminale.
-Sounds like a one–stop storage facility for the criminal underworld.

7478 **incitamento**
il
[intʃitamento]
incitement
Cristo crocifisso, in questo senso, è per noi il modello, l'ispirazione e l'incitamento più alto.
-In this sense Christ crucified is for us the loftiest model, inspiration and encouragement.

7479 **evo**
il
[evo]
ages
Non siamo più nel Medio Evo e il sistema delle corporazioni appartiene al passato.
-We are no longer living in the Middle Ages, and the guild system is a thing of the past.

7480 **pugilato**
il
[pudʒilato]
boxing
Esiste soltanto uno sport che non apprezzo: il pugilato femminile.
-There is just one sport of which I am not a fan, and that is women's boxing.

7481 **provocazione**
la
[provokattsjone]
provocation
Questo non è un metodo, è una provocazione.
-This is not a method, this is provocation.

7482 **metrò**
il
[metrˈɔ]
tube
Ma le bombe non riguardano coloro che non prendono né il treno né il metro.
-But bombs do not concern those who do not travel either by RER or by metro.

7483 **immacolato**
adj
[immakolato]
spotless|stainless
E nella mia immersione, sono sceso a 5.500 m in un'area in cui credevo che il fondale sarebbe stato completamente immacolato.
-And on my dive, I went down 18,000 feet, to an area that I thought would be pristine wilderness area on the sea floor.

7484 **nomade**
adj; il/la
[nomade]
nomadic; nomad
Moshe Safdie: Era un vero nomade.
-Moshe Safdie: He was a real nomad.

7485 **rovente**
adj
[rovente]
hot|burning
Un esempio è l'energia, che qui è anche una questione rovente.
-One example is energy, which is also a red-hot issue there.

7486 **carnale**
adj
[karnale]
carnal
Di conseguenza l'uomo carnale e sensuale deve cedere, deve lasciare il posto all'uomo spirituale, spiritualizzato.
-Consequently the carnal and sensual man must draw back, he must give way to the spiritual man, the spiritualized man.

7487 **creatività**
la
[kreativitˈa]
creativeness
La creatività è la chiave.
-Creativity is the key.

7488 **cruciverba**
i
[krutʃiverba]
crossword
È come un cruciverba, anzi è la madre di tutti i cruciverba, perché se lo risolvi la posta in gioco è molto alta.
-So this is just like a crossword puzzle, except that this is the mother of all crossword puzzles because the stakes are so high if you solve it.

7489 **blindato**
adj
[blindato]
armored|bulletproof
Mi sposto con una macchina blindata e con le guardie del corpo.
-I drive around in an armoured car with security.

7490 **pianificazione**
planning

	la [pjanifikattsjone]	Si deve inserire la politica sanitaria in una più ampia pianificazione per lo sviluppo economico e sociale. -Health policy needs to be embedded in broader social and economic development planning.
7491	**emissione** le [emissjone]	**emission|issue** È una strana emissione di qualcosa. -It's a particulate emission of some sort.
7492	**grottesco** adj [grottesko]	**grotesque|uncouth** Joe è grottesco. -Joe is grotesque.
7493	**tabellone** il [tabellone]	**billboard|bulletin board** È riportato anche sul tabellone del sermone. -Ah. Even carried it over to my sermon board.
7494	**cacao** il [kakao]	**cocoa** Io non uso il burro cacao. -I don't wear chapstick.
7495	**videoregistratore** il [videoredʒistratore]	**video recorder** Rubare un videoregistratore è troppo pericoloso. — It's too risky to steal a video recorder.
7496	**falsità** le [falsit'a]	**falsehood|falseness** Joe ha diffuso delle falsità su Mary. -Joe spread falsehoods about Mary.
7497	**distinzione** la [distintsjone]	**distinction** La distinzione non è sempre precisa. -The distinction is not always precise.
7498	**sperimentazione** la [sperimentattsjone]	**experimentation** È ancora in fase di sperimentazione. -It's still being tested.
7499	**inclinazione** la [iŋklinattsjone]	**inclination|tilt** Indica l'inclinazione che abbiamo tutti a corrompere i nostri bisogni più basilari. -It describes the inclination we all have to pervert our most basic needs.
7500	**compatriota** il/la [kompatrjota]	**compatriot** L'Europa non è Giulietta Capuleti, una compatriota del Presidente, e gli Stati Uniti non sono Romeo. -Europe is not Juliet Capulet, a compatriot of the President, and the USA is not Romeo.
7501	**accertare** vb [attʃertare]	**ascertain** La commissione per il controllo di bilancio non deve mollare la presa e non ho dubbi che l'onorevole Theato si accerterà che venga fatto. -The Committee on Budgetary Control must keep hold of this. I have little doubt that Mrs Theato will see that will happen.
7502	**galleggiante** adj; il [galleddʒante]	**floating; float** Joe ha visto qualche pesce morto galleggiante sul lago. -Joe saw some dead fish floating on the lake.
7503	**mediante** prp [medjante]	**through** La maggior parte degli scienziati crede che questo sia stato provocato dall'uomo, mediante il rilascio di metano, diossido di carbonio e altri gas serra sin dall'industrializzazione. Tuttavia un'altra esigua parte di scienziati ne dubita. -Most scientists believe that this has been caused by man, through the

release of methane, of carbon dioxide, and other greenhouse gases since industrialization. A few other scientists doubt this, however.

7504 **filiale** **branch; filial**
la; adj
[filjale]
Si tratta essenzialmente di società statunitensi provviste di una filiale a Londra.
-These are chiefly US companies with a branch in London.

7505 **cattedra** **chair**
la
[kattedra]
..una grossa cattedra a Stanford.
-…a fat chair at Stanford.

7506 **stirare** **iron|stretch**
vb
[stirare]
Io odio stirare.
-I hate ironing.

7507 **coerente** **consistent**
adj
[koerente]
Per certe cose è molto coerente.
-For certain things it's very coherent.

7508 **conquista** **conquest**
la
[koŋkwista]
L'amore conquista tutto.
-Love conquers all.

7509 **negoziato** **negotiation**
il
[negottsjato]
Dovremo affrontare due difficoltà principali in questo importante negoziato:
-We shall have to address two important difficulties in this major negotiation:

7510 **schierare** **deploy|line up**
vb
[skjerare]
Deve schierare le forze rimanenti intorno alle basi più importanti.
-He must deploy his remaining strength around his most valuable Pacific base.

7511 **nume** **numen**
il
[nume]
–O è un nume tutelare della casa o...
-Either he's a domestic goddess or….

7512 **balzare** **jump|skip**
vb
[baltsare]
La Scientifica verrà qui domani, e poi potrai di nuovo balzare in sella.
-Forensics will be here tomorrow, and you can jump back in then.

7513 **premeditare** **premeditate**
vb
[premeditare]
Tale decisione equivale a un crimine premeditato contro l'intera nazione.
-That decision amounted to a premeditated crime against the entire nation.

7514 **pellegrinaggio** **pilgrimage**
il
[pellegrinaddʒo]
Aspetterò finché abbiate finito col vostro pellegrinaggio.
-I'll wait until you're done with your pilgrimage.

7515 **accessibile** **accessible|attainable**
adj
[attʃessibile]
Google non era accessibile ieri.
-Google was down yesterday.

7516 **residuo** **residue; residual**
il; adj
[rezidwo]
Per l'importo residuo sono stati predisposti una serie di altri progetti destinati alla fase intermedia.
-In the meantime, plans have been worked out for the remaining amount.

7517 **questura** **police force**
la
[kwestura]
Piuttosto pericoloso aspettarmi in auto fuori dalla questura.
-It was pretty risky to wait in the car outside the police station.

7518 **ammalato** **sick; sick person**

	adj; il [ammalato]	Non hai un aspetto molto buono. Sei ammalato? -You don't look very well. Are you sick?
7519	**orsetto** il [orsetto]	**bear cub** Kary Mullis: "Si si l'avrebbero potuto fare anche per l'orsetto Teddy!" -Kary Mullis: They might have done it for the teddy bear, yeah.
7520	**brama** la [brama]	**craving|desire** Sembra che nemmeno questo settore sia esente dalla brama del libero scambio. -Even in this sector, there would seem to be a craving for free trade.
7521	**vallata** la [vallata]	**valley** Non avremmo dovuto percorrere la vallata. -We shouldn't have driven across the valley.
7522	**ciliegia** la [tʃiljedʒa]	**cherry** Questa ciliegia è rosso scuro. -This cherry is dark red.
7523	**colombiano** adj [kolombjano]	**Columbian** Ufficialmente oppone lo Stato colombiano ai narcotrafficanti. -Officially, it is the Colombian State combating drug traffickers.
7524	**lucente** adj [lutʃente]	**shiny|lucent** Sembra però che un oggetto lucente abbia attirato l'attenzione del maschio MacArthur. -It seems as though a shiny object has captured the male MacArthur's attention.
7525	**ultimatum** gli [ultimatum]	**ultimatum** Non mi costringere a farti un ultimatum. -Don't you harangue me into making an ultimatum...

Adjectives

Italian English Translation
Rank Part of Speech

caricato loaded
5001 *adj*
navale naval
5004 *adj*
scozzese Scottish; Scots
5016 *adj; il*
misericordioso merciful
5017 *adj*
perverso perverse
5026 *adj*
illuminato illuminated
5034 *adj*
immorale immoral
5039 *adj*
impermeabile waterproof; raincoat
5044 *adj; il*
adesivo adhesive; adhesive
5045 *adj; il*
equivoco misunderstanding; equivocal
5058 *il; adj*
affettuoso affectionate|loving
5062 *adj*
premuroso considerate
5063 *adj*
magnetico magnetic
5068 *adj*
prepotente overbearing
5074 *adj*
spontaneo spontaneous|natural
5081 *adj*
cinico cynical; cynic
5083 *adj; il*
celebre famous|great
5100 *adj*
raffinato refined|fine
5101 *adj*
sottoposto subject
5103 *adj*
socialista socialist; socialist
5105 *adj; il/la*
infedele unfaithful
5111 *adj*
triplo triple|triplicate
5118 *adj*
meschino petty|mean
5121 *adj*
viaggiatore traveler; traveling
5122 *il; adj*
marcio rotten
5128 *adj*
barbaro barbarian; barbarian
5129 *adj; il*
irresistibile irresistible
5130 *adj*
glorioso glorious
5132 *adj*
incluso included
5141 *adj*
bancario banking; bank clerk
5142 *adj; il*
maturo mature|adult
5150 *adj*
alcolizzato alcoholic
5152 *adj*
combustibile fuel; combustible
5158 *il; adj*
mostruoso monstrous
5162 *adj*
avido greedy|eager
5165 *adj*
incosciente unconscious
5166 *adj*
annegato drowned
5179 *adj*
devoto devotee; devoted
5181 *il; adj*
repubblicano republican; Rep
5183 *adj; abr*
vegetale vegetable
5185 *adj*
incognito incognito; incognito
5188 *adj; il*
quieto quiet
5190 *adj*
irritante irritating; irritant
5198 *adj; il*
misero miserable|unfortunate
5206 *adj*
gelo frost; cold

	5207	*il; adj*
storpio		cripple
	5214	*adj*
fluido		fluid
	5220	*adj*
accogliente		cozy|hospitable
	5228	*adj*
furfante		villain; miscreant
	5229	*il; adj*
favorevole		favorable|favor
	5233	*adj*
peloso		hairy|furry
	5236	*adj*
profugo		refugee; fugitive
	5239	*il; adj*
merdoso		shitty
	5242	*adj*
sparso		stray
	5243	*adj*
preliminare		preliminary
	5247	*adj*
conosciuto		known
	5252	*adj*
snob		snob; snobbish
	5253	*gli; adj*
orale		oral
	5273	*adj*
composto		composed; compound
	5274	*adj; il*
smarrito		lost
	5277	*adj*
saldo		balance; firm
	5278	*il; adj*
eroico		heroic
	5283	*adj*
argentino		Argentine
	5285	*adj*
rilevante		considerable
	5294	*adj*
satellitare		satellite
	5296	*adj*
radicale		radical; radical
	5299	*adj; il*
mercenario		mercenary; mercenary
	5300	*adj; il*
presunto		alleged
	5309	*adj*
anticipato		premature
	5313	*adj*
confermato		confirmed
	5314	*adj*
minerale		mineral; mineral
	5316	*adj; il*
diabolico		diabolical
	5320	*adj*
metallico		metallic
	5325	*adj*
immigrato		immigrant
	5331	*adj*
stimolante		stimulant; stimulant
	5333	*adj; lo*
valoroso		valiant|gallant
	5335	*adj*
affascinante		charming|fascinating
	5336	*adj*
corrente		current; current
	5337	*adj; la*
intruso		intruder; intrusive
	5340	*il; adj*
veterano		veteran; veteran; vet
	5343	*adj; il; abr*
ungherese		Hungarian; Hungarian
	5344	*adj; il/la*
ricercato		refined|wanted
	5345	*adj*
invincibile		invincible
	5351	*adj*
resistente		resistant
	5352	*adj*
vegetariano		vegetarian; vegetarian food
	5355	*adj; il*
giudiziario		judicial; judiciary
	5356	*adj; lo*
ficcanaso		nosy; busybody
	5359	*adj; i*
casalingo		home|homemade
	5360	*adj*
prevedibile		predictable
	5369	*adj*
pneumatico		tire; pneumatic
	5373	*lo; adj*
organizzato		organized

5380 *adj*
confidenziale confidential

5384 *adj*
antiproiettile bulletproof

5386 *adj*
fastidioso annoying|troublesome

5392 *adj*
confortevole comfortable|cozy

5399 *adj*
armeno Armenian; Armenian

5407 *adj; gli*
intatto intact

5413 *adj*
acre acrid

5418 *adj*
solenne solemn|impressive

5422 *adj*
aziendale corporate

5423 *adj*
fradicio wet|soggy

5424 *adj*
ampio large|wide

5426 *adj*
consumato consummate

5442 *adj*
discendente descending; descendant

5456 *adj; il/la*
significativo significant|meaningful

5464 *adj*
ignoto unknown

5472 *adj*
macchiato spotted|soiled

5474 *adj*
spirale spiral; spiral

5475 *adj; la*
acuto acute; high note

5479 *adj; il*
allettante tempting|tantalizing

5483 *adj*
giovanile youth

5484 *adj*
meridionale southern; meridional

5486 *adj; il/la*
verticale vertical|plumb

5501 *adj*
fenomenale phenomenal

5506 *adj*
favorito favorite; favorite

5514 *adj; il*
difensivo defensive

5516 *adj*
cornuto horned

5518 *adj*
cubo cube; cubic

5519 *il; adj*
neutrale neutral|neuter

5526 *adj*
indigeno indigenous; native

5527 *adj; il*
calvo bald; baldhead

5536 *adj; il*
mediocre mediocre|poor

5538 *adj*
portoghese Portuguese; Portuguese

5539 *adj; il/la*
ardente ardent|burning

5543 *adj*
gonfio swollen

5545 *adj*
intestino intestine; internecine

5548 *il; adj*
predatore predator; predatory

5549 *il; adj*
sanguigno blood

5554 *adj*
quadrato square; square

5563 *adj; il*
misto mixed; mixture

5568 *adj; il*
manifesto manifest; poster

5577 *adj; il*
sperimentale experimental

5579 *adj*
cantante singer; singing

5592 *il/la; adj*
imprevisto unexpected

5593 *adj*
turistico tourist's

5594 *adj*
inaspettato unexpected

5601 *adj*
pelato peeled

5603 *adj*
pubblicitario advertising
5605 *adj*
cinematografico cinematographic
5606 *adj*
primitivo primitive|original
5611 *adj*
riservato reserved|confidential
5613 *adj*
sensuale sensual|sensuous
5616 *adj*
vergognoso shameful|ashamed
5620 *adj*
sequestrato sequestered
5621 *adj*
scomodo uncomfortable|inconvenient
5624 *adj*
specializzato specialized
5633 *adj*
venturo next; proximo
5634 *adj; adv*
fiscale fiscal
5651 *adj*
universitario university; academic
5652 *adj; il*
liberale liberal; liberal
5656 *adj; il/la*
sensitivo sensitive; psychic
5658 *adj; il*
mensile monthly; salary
5663 *adj; il*
incompetente incompetent
5669 *adj*
infetto infected
5670 *adj*
mendicante beggar; beggarly
5675 *il/la; adj*
massiccio solid; massif
5681 *adj; il*
zoppo lame; lame person
5682 *adj; lo*
fuggitivo fugitive
5685 *adj*
concreto concrete
5686 *adj*
equivalente equivalent
5689 *adj*
soffice soft
5694 *adj*
velenoso poisonous|baneful
5698 *adj*
minuscolo tiny|lowercase
5699 *adj*
immaginario imaginary|fictitious
5707 *adj*
ordinario ordinary|common
5709 *adj*
licenziato discharged; graduate
5723 *adj; lo*
gratuito free|pointless
5724 *adj*
laterale side
5728 *adj*
frontale front|frontal
5733 *adj*
alcuno any|some
5734 *adj*
imperdonabile unforgivable|irremissible
5736 *adj*
parlante speaking
5738 *adj*
battuto wrought
5757 *adj*
distante distant|far
5760 *adj*
aggiornato up-to-date
5762 *adj*
clandestino clandestine|black
5771 *adj*
ridotto reduced; foyer
5775 *adj; il*
cosmico cosmic
5781 *adj*
clemente clement
5783 *adj*
plastico plastic
5785 *adj*
minatorio threatening
5786 *adj*
sublime sublime; sublime
5793 *adj; il*
impeccabile impeccable

5796 *adj*
selvatico wild

5801 *adj*
antipatico unpleasant|disagreeable

5809 *adj*
squallido shabby|squalid

5817 *adj*
residente resident; resident

5818 *adj; il/la*
cordiale cordial; cordial

5819 *adj; il*
scarso poor|low

5820 *adj*
fondatore founder; founding

5829 *il; adj*
ambulante itinerant

5832 *adj*
rude rude|rough

5833 *adj*
soprannaturale supernatural|unearthly

5834 *adj*
anormale abnormal

5837 *adj*
corrispondente corresponding; correspondent

5841 *adj; il*
leggendario legendary

5842 *adj*
determinato determined

5844 *adj*
ammirevole admirable

5848 *adj*
remoto remote|back

5858 *adj*
castano brown

5859 *adj*
amabile lovable|amiable

5864 *adj*
passionale passionate

5866 *adj*
incomprensibile incomprehensible

5875 *adj*
sterile sterile|barren

5878 *adj*
nativo native

5880 *adj*
memorabile memorable

5896 *adj*
plausibile plausible

5905 *adj*
curvo curved

5910 *adj*
cosiddetto so-called

5911 *adj*
pacifico Pacific|peaceful

5914 *adj*
sorridente smiling

5920 *adj*
sottoscritto undersigned

5926 *adj*
eccentrico eccentric|erratic

5928 *adj*
colmo full; ridge

5933 *adj; il*
alterato altered

5934 *adj*
intensivo intensive

5935 *adj*
comprensivo inclusive

5937 *adj*
sadico sadistic; sadist

5943 *adj; il*
singolare singular|unusual

5946 *adj*
forzato forced|far-fetched

5953 *adj*
strambo wacky; weirdo

5956 *adj; lo*
equo fair

5961 *adj*
seccato annoyed

5974 *adj*
secondario secondary

5982 *adj*
impertinente impertinent|naughty

5984 *adj*
disperso missing; missing person

5987 *adj; il*
rozzo rough|coarse

6008 *adj*
infrarosso infrared

6011 *adj*
indimenticabile unforgettable

6014 *adj*
viziato vitiated
6016 *adj*
polare polar
6019 *adj*
serale evening
6022 *adj*
crudo raw|piping
6023 *adj*
sfacciato cheeky; jackanapes
6024 *adj; lo*
apparente apparent
6039 *adj*
illustre illustrious|distinguished
6040 *adj*
marziano Martian; Martian
6044 *adj; il*
rotondo round
6045 *adj*
eventuale possible
6048 *adj*
disonesto dishonest
6051 *adj*
monetario monetary
6052 *adj*
devastante devastating
6053 *adj*
villano rude; villein
6054 *adj; il*
oculare eye
6058 *adj*
partigiano partisan; partisan
6069 *adj; il*
accessorio accessory; subsidiary
6071 *il; adj*
osceno obscene|rude
6076 *adj*
soddisfacente satisfactory|satisfying
6077 *adj*
provinciale provincial
6097 *adj*
crociato crusader; cruciate
6108 *il; adj*
esigente demanding|exacting
6112 *adj*
chiacchierone chatterbox; mouthy
6116 *il; adj*
panoramico panoramic
6123 *adj*
ambientale environmental
6126 *adj*
possente mighty
6130 *adj*
norvegese Norwegian; Norwegian
6131 *adj; il/la*
ingegnoso ingenious|patent
6142 *adj*
multiplo multiple; multiple
6163 *adj; il*
appropriato appropriate|proper
6173 *adj*
mancino left; left-hander
6182 *adj; il*
demente demented; madman
6183 *adj; la*
mitico mythical
6186 *adj*
soffocato dull
6188 *adj*
sonnifero sleeping pill; somniferous
6190 *il; adj*
obbligatorio binding|mandatory
6192 *adj*
abituale usual|habitual
6197 *adj*
tardo late|slow
6198 *adj*
infallibile infallible|foolproof
6206 *adj*
accidentale accidental|adventitious
6209 *adj*
randagio stray
6210 *adj*
ceco Czech; Czech
6218 *adj; il*
individuale individual|one-man
6223 *adj*
gobbo hunchbacked; humpback
6228 *adj; il*
mistico mystical; mystic
6230 *adj; il*
giudeo Judean

	6234	*adj*
esclusivo		exclusive|select
	6241	*adj*
piccino		little; child
	6248	*adj; il*
precoce		early|premature
	6250	*adj*
raccolto		crop; collected
	6257	*il; adj*
genitale		genital; genitals
	6258	*adj; lo*
latteo		milky
	6260	*adj*
abbondante		abundant|plenty
	6266	*adj*
scosso		shaken; upset
	6273	*il; adj*
vieto		antiquated
	6281	*adj*
agile		agile|lithe
	6288	*adj*
condizionale		conditional
	6293	*adj*
studioso		scholar; studious
	6298	*lo; adj*
ostinato		stubborn|obstinate
	6299	*adj*
ristretto		limited
	6308	*adj*
insistente		insistent|persistent
	6320	*adj*
municipale		municipal
	6322	*adj*
materno		maternal
	6324	*adj*
settimanale		weekly
	6325	*adj*
imponente		imposing|massive
	6327	*adj*
indifeso		helpless|defenseless
	6332	*adj*
rumoroso		noisy|loud
	6336	*adj*
erotico		erotic
	6338	*adj*
morente		dying
	6339	*adj*
immune		immune
	6350	*adj*
natalizio		Christmassy
	6356	*adj*
invasore		invader; invading
	6358	*il; adj*
partecipante		participant; participating
	6361	*il/la; adj*
imprudente		imprudent
	6367	*adj*
aspirante		aspirant; aspiring
	6374	*il/la; adj*
preoccupante		worrying|alarming
	6378	*adj*
albanese		Albanian; Albanian
	6379	*adj; il/la*
incassato		built-in
	6387	*adj*
ignobile		ignoble
	6399	*adj*
ruggine		rust; russet
	6407	*la; adj*
retorico		rhetorical
	6413	*adj*
scandaloso		scandalous
	6414	*adj*
perfido		perfidious
	6416	*adj*
sperduto		lost
	6421	*adj*
dominante		dominant|dominating
	6428	*adj*
sensato		sensible
	6430	*adj*
fasullo		phoney
	6437	*adj*
elettromagnetico		electromagnetic
	6441	*adj*
rabbioso		angry|rabid
	6454	*adj*
penoso		painful
	6456	*adj*
pazzoide		crazy
	6460	*adj*
pietoso		pitiful|merciful

6461	*adj*	6556	*adj; lo*
medievale	medieval	**animato**	animated|lively
6462	*adj*	6558	*adj*
disteso	outstretched	**cauto**	cautious|wary
6465	*adj*	6559	*adj*
extraterrestre	extraterrestrial; alien	**irragionevole**	unreasonable
6480	*adj; il*	6561	*adj*
pensionato	retired; pensioner	**difettoso**	defective|bad
6483	*adj; il*	6563	*adj*
collettivo	collective	**posato**	settled
6484	*adj*	6566	*adj*
elastico	elastic; rubber band	**virtuale**	virtual
6487	*adj; il*	6576	*adj*
fitto	dense|thick	**settentrionale**	northern; northerner
6493	*adj*	6577	*adj; il/la*
virile	virile; manliness	**ereditario**	hereditary
6501	*adj; il*	6579	*adj*
mite	mild|gentle	**intermediario**	intermediary; intermediary
6505	*adj*	6582	*adj; il*
brusco	abrupt|brusque	**tropicale**	tropical
6509	*adj*	6593	*adj*
convenzionale	conventional	**colossale**	colossal
6510	*adj*	6594	*adj*
tubercoloso	tuberculous	**mediterraneo**	Mediterranean
6512	*adj*	6595	*adj*
traverso	cross|oblique	**predetto**	aforesaid; above-mentioned
6523	*adj*	6613	*adj; il*
deluso	disappointed	**radioattivo**	radioactive
6525	*adj*	6616	*adj*
indolore	painless	**ordinato**	ordered
6531	*adj*	6621	*adj*
toccante	touching	**decisivo**	decisive
6535	*adj*	6623	*adj*
riccio	curly; hedgehog	**rimbambito**	senile
6537	*adj; il*	6629	*adj*
divorziato	divorced; divorcee	**folletto**	elf; elfin
6538	*adj; il*	6630	*il; adj*
inappropriato	inappropriate	**cafone**	peasant; raffish
6540	*adj*	6637	*il; adj*
fertile	fertile|fruitful	**certificato**	certificate; certified
6543	*adj*	6642	*il; adj*
incerto	uncertain|doubtful	**egiziano**	Egyptian; Egyptian
6551	*adj*	6656	*adj; il*
ammirato	delighted	**funzionante**	working
6555	*adj*	6658	*adj*
squilibrato	unbalanced; madman	**gelido**	frosty|icy

6662 *adj*
stupefacente amazing; drug
6673 *adj; lo*
antibiotico antibiotic; antibiotic
6681 *adj; il*
stressante stressful
6683 *adj*
traumatico traumatic
6685 *adj*
minorile juvenile
6686 *adj*
nubile maiden|single
6687 *adj*
riunito collected
6688 *adj*
irregolare irregular
6697 *adj*
rasato shaven
6700 *adj*
invalido invalid; invalid
6709 *adj; il*
parallelo parallel
6718 *adj*
australiano Australian; Australian
6719 *adj; il*
pauroso scary|fearful
6722 *adj*
diletto delight; beloved
6727 *il; adj*
isterico hysterical; hysteric
6734 *adj; il*
caloroso warm
6740 *adj*
cupo dark|gloomy
6742 *adj*
contagioso contagious|infectious
6753 *adj*
integrale integral; integral
6754 *adj; il*
cocciuto stubborn
6766 *adj*
asiatico Asian; Asian
6768 *adj; il*
flessibile flexible|supple
6770 *adj*
paranormale paranormal|psychic

6771 *adj*
impensabile unthinkable
6780 *adj*
partecipe sympathetic
6782 *adj*
amorevole loving
6783 *adj*
irrazionale irrational
6785 *adj*
antidolorifico painkiller; analgesic
6795 *il; adj*
molecolare molecular
6800 *adj*
energetico energetic
6804 *adj*
invidioso envious; envier
6809 *adj; il*
indegno unworthy
6811 *adj*
inestimabile invaluable|inestimable
6814 *adj*
digiuno fasting; fast
6826 *adj; il*
sofisticato sophisticated
6827 *adj*
discutibile questionable|debatable
6828 *adj*
voluto would; intentional
6830 *av; adj*
micidiale deadly|murderous
6835 *adj*
sospettoso suspicious|distrustful
6839 *adj*
istantaneo instant|sudden
6841 *adj*
spartano Spartan
6846 *adj*
ucraino Ukrainian; Ukrainian
6849 *adj; lo*
studentesco student
6850 *adj*
tenace tenacious|strong
6852 *adj*
spiacente afraid
6861 *adj*
addolorato pained|sorrowful

	6862	*adj*
originario		original
	6863	*adj*
orizzontale		horizontal
	6869	*adj*
poltrone		lazybones; idler
	6871	*adj; lo*
corrotto		corrupt
	6872	*adj*
cadente		falling|sagging
	6873	*adj*
letterario		literary
	6879	*adj*
ventesimo		twentieth|twentieth
	6881	*adj*
mattutino		morning; matins
	6887	*adj; lo*
anale		anal
	6888	*adj*
degenerato		degenerate
	6892	*adj*
facciale		facial
	6896	*adj*
urbano		urban
	6898	*adj*
ottico		optical; optician
	6899	*adj; il*
sfruttato		tapped
	6909	*adj*
poetico		poetic
	6910	*adj*
armonico		harmonic
	6913	*adj*
seducente		seductive|enticing
	6915	*adj*
abominevole		abominable
	6916	*adj*
scorretto		incorrect|unfair
	6919	*adj*
inserito		inlaid
	6924	*adj*
psicotico		psychotic
	6930	*adj*
Vietnam		Vietnam
	6933	*adj*
vietnamita		Vietnamese
	6934	*adj*
distinto		separate|distinct
	6936	*adj*
scaltro		shrewd|cunning
	6948	*adj*
postumo		posthumous; aftereffect
	6949	*adj; il*
indiziato		suspect
	6955	*adj*
provvisorio		provisional|temporary
	6959	*adj*
malinconico		melancholy|pensive
	6964	*adj*
parziale		partial
	6966	*adj*
cheto		calm
	6970	*adj*
sindacale		union
	6972	*adj*
esotico		exotic
	6999	*adj*
misurato		measured
	7002	*adj*
esistente		existing|living
	7003	*adj*
artico		Arctic
	7008	*adj*
israeliano		Israeli
	7014	*adj*
addominale		abdominal
	7015	*adj*
irreale		unreal
	7017	*adj*
inconscio		unconscious
	7021	*adj*
sconveniente		improper|unseemly
	7028	*adj*
seccante		annoying|tiresome
	7029	*adj*
impulsivo		impulsive
	7030	*adj*
inseparabile		inseparable
	7033	*adj*
cupido		avid
	7036	*adj*
stecchito		lank

7041	*adj*
muscolare	muscular
7060	*adj*
bestiale	bestial|feral
7062	*adj*
terrorizzato	petrified
7063	*adj*
tirchio	stingy; miser
7066	*adj; il*
frottola	fib; flam
7072	*la; adj*
sleale	unfair
7076	*adj*
maggiorenne	adult; major
7092	*adj; il/la*
regionale	regional
7100	*adj*
intrigante	intriguing; schemer
7108	*adj; il/la*
piantato	planted
7110	*adj*
raggiante	radiant
7113	*adj*
cosmetico	cosmetic; cosmetic
7121	*adj; il*
inaffidabile	unreliable
7122	*adj*
filato	yarn; mohair
7130	*il; adj*
immaturo	immature|juvenile
7135	*adj*
fossile	fossil
7136	*adj*
emulo	emulator; emulous
7144	*lo; adj*
tollerante	tolerant|permissive
7145	*adj*
segnato	marked
7149	*adj*
educato	polite
7158	*adj*
onorario	honorary; fee
7163	*adj; il*
indistruttibile	indestructible
7167	*adj*
organico	organic; staff
7168	*adj; i*
superbo	superb
7171	*adj*
arancio	orange; orange
7180	*adj; gli*
investigativo	investigative|detective
7184	*adj*
accademico	academic; academic
7191	*adj; il*
qualificato	qualified
7194	*adj*
stolto	fool; foolish
7198	*lo; adj*
persiano	Persian; Persian
7201	*adj; il*
intollerabile	intolerable
7205	*adj*
purosangue	thoroughbred; full-blooded
7206	*i; adj*
schiacciante	overpowering
7214	*adj*
accurato	accurate|careful
7221	*adj*
spoglio	bare; examination
7229	*adj; lo*
indecente	indecent
7247	*adj*
esilarante	exhilarating
7253	*adj*
invernale	wintry
7257	*adj*
fenicio	Phoenician; Phoenician
7272	*adj; il*
protettivo	protective
7273	*adj*
deodorante	deodorant; deodorant
7274	*adj; il*
habitat	habitat; handicapped
7281	*gli; adj*
candido	white; white
7283	*adj; il*
strabiliante	amazing
7286	*adj*
relativo	relative|relevant
7287	*adj*
riluttante	reluctant|unwilling

7305 *adj*
prode stalwart

7307 *adj*
amoroso loving|amorous

7315 *adj*
impegnativo challenging

7316 *adj*
tifoso fan; fanatic

7319 *il; adj*
ovale oval; oval

7324 *adj; il*
miracoloso miraculous

7340 *adj*
scettico skeptic; sceptical

7341 *lo; adj*
anestetico anesthetic; anesthetic

7345 *adj; il*
chirurgico surgical

7352 *adj*
inopportuno inopportune|untimely

7354 *adj*
purgatorio purgatory; purgatorial

7357 *il; adj*
sgombro mackerel; clear

7359 *lo; adj*
confidente confidant; confident

7367 *il/la; adj*
bollito boiled

7370 *adj*
estinto extinct

7372 *adj*
dispari odd|unequal

7374 *adj*
cambogiano Cambodian; Cambodian

7381 *adj; il*
egregio excellent

7385 *adj*
allucinante incredible

7389 *adj*
prematuro premature|early

7400 *adj*
croccante crisp

7403 *adj*
malefico malefic

7406 *adj*
inspiegabile inexplicable

7408 *adj*
sovraccarico overload; overladen

7417 *il; adj*
mammifero mammal; mammalian

7420 *il; adj*
rapito rapt

7421 *adj*
tranquillante tranquilizer; tranquilizing

7428 *il; adj*
deceduto deceased

7432 *adj*
flagrante flagrant

7437 *adj*
influente influential

7438 *adj*
sudicio dirty|grimy

7441 *adj*
grafico graphic; chart

7449 *adj; il*
forestiero stranger; alien

7453 *il; adj*
lunatico moody|lunatic

7461 *adj*
atletico athletic

7467 *adj*
fattibile feasible

7469 *adj*
spedito quick

7474 *adj*
immacolato spotless|stainless

7483 *adj*
nomade nomadic; nomad

7484 *adj; il/la*
rovente hot|burning

7485 *adj*
carnale carnal

7486 *adj*
blindato armored|bulletproof

7489 *adj*
grottesco grotesque|uncouth

7492 *adj*
galleggiante floating; float

7502 *adj; il*
filiale branch; filial

7504 *la; adj*
coerente consistent

7507 *adj*
accessibile accessible|attainable

7515 *adj*
residuo residue; residual

7516 *il; adj*
ammalato sick; sick person

7518 *adj; il*
colombiano Columbian

7523 *adj*
lucente shiny|lucent

7524 *adj*

Adverbs

Italian	English Translation
Rank	Part of Speech
sommare	add; all in all; all things considered
5046	*vb; adv; phr*
mentalmente	mentally
5051	*adv*
esclusivamente	exclusively
5070	*adv*
inutilmente	uselessly
5288	*adv*
strettamente	closely|tightly
5297	*adv*
accidentalmente	accidentally
5400	*adv*
temporaneamente	temporarily
5421	*adv*
segretamente	underground
5429	*adv*
alias	alias
5496	*adv*
volontariamente	voluntarily
5500	*adv*
generalmente	generally|as a rule
5524	*adv*
deliberatamente	deliberately
5532	*adv*
tuttora	still
5537	*adv*
essenzialmente	essentially
5544	*adv*
relativamente	relatively
5602	*adv*
appresso	near; lateral
5608	*prp; adv*
venturo	next; proximo
5634	*adj; adv*
indubbiamente	undoubtedly
5646	*adv*
intensamente	intensely
5680	*adv*
solennemente	solemnly
5706	*adv*
ulteriormente	further
5735	*adv*
politicamente	politically
5789	*adv*
puramente	purely|only
5830	*adv*
intenzionalmente	purposely
5965	*adv*
viceversa	vice versa
5986	*adv*
adagio	adage; adagio
5988	*il; adv*
gradualmente	gradually
6013	*adv*
moralmente	morally
6020	*adv*
innanzi	before; forward
6047	*prp; adv*
delicatamente	gently
6050	*adv*
fermamente	firmly|strongly
6079	*adv*
presumibilmente	supposedly
6164	*adv*
ripetutamente	repeatedly
6254	*adv*
accuratamente	carefully
6270	*adv*
sufficientemente	enough
6353	*adv*
successivamente	subsequently
6459	*adv*
minimamente	least
6513	*adv*
severamente	severely
6546	*adv*
bensì	very well
6588	*adv*
anziché	rather than
6600	*adv*
giustamente	rightly|correctly
6633	*adv*
indipendentemente	independently
6646	*adv*
ingiustamente	wrongly
6689	*adv*
eternamente	eternally
6730	*adv*

assolo solo; solo
6776 *adv; gli*
potenzialmente virtually
6807 *adv*
unicamente only
6829 *adv*
follemente madly|wildly
6960 *adv*
maggiormente most
6975 *adv*
separatamente separately|apart
7000 *adv*
gratuitamente free
7004 *adv*
pesantemente heavily
7007 *adv*
magnificamente beautifully
7073 *adv*
originariamente originally
7174 *adv*
appositamente specially
7261 *adv*
precedentemente previously
7342 *adv*
approssimativamente approximately
7363 *adv*
giammai never
7407 *adv*

Conjunctions

Italian		English Translation
Rank		Part of Speech
ossia		namely
	5716	*con*
altro che		but; but
	5729	*con; prp*

Prepositions

Italian		English Translation
Rank		Part of Speech
al di là		outside
	5080	*prp*
appresso		near; lateral
	5608	*prp; adv*
altro che		but; but
	5729	*con; prp*
innanzi		before; forward
	6047	*prp; adv*
mediante		through
	7503	*prp*

Pronouns

Italian	English Translation
Rank	Part of Speech
colei	she
5489	*prn*

Nouns

Italian	English Translation
Rank	Part of Speech
portavoce	spokesman
5006	*il*
sauna	sauna
5008	*la*
strage	massacre
5009	*la*
shuttle	space shuttle
5010	*lo*
precipitato	precipitate
5011	*il*
traiettoria	trajectory|path
5013	*la*
asse	axis|axle
5014	*il*
Messia	Messiah
5015	*il*
scozzese	Scottish; Scots
5016	*adj; il*
tuffo	dip|dive
5019	*il*
bombardiere	bomber
5020	*il*
incanto	charm|enchantment
5021	*il*
insegnamento	teaching|tuition
5022	*il*
proteina	protein
5028	*la*
sessione	session|term
5029	*la*
varietà	variety|vaudeville
5030	*la*
miliardario	billionaire
5031	*il*
tiranno	tyrant
5032	*il*
tranquillità	tranquility|peace
5033	*la*
forchetta	fork
5035	*la*
coniglietto	bunny
5037	*il*
altitudine	altitude
5040	*le*
sponda	bank
5041	*la*
concentramento	concentration
5042	*il*
giornalismo	journalism
5043	*il*
impermeabile	waterproof; raincoat
5044	*adj; il*
adesivo	adhesive; adhesive
5045	*adj; il*
etto	hectogram
5047	*lo*
e-mail	e-mail
5048	*il*
mania	mania|craze
5049	*la*
tenerezza	tenderness|sweetness
5050	*la*
oppio	opium
5052	*il*
decreto	decree
5053	*il*
torrente	torrent
5054	*il*
rappresentazione	representation|performance
5055	*la*
intrusione	intrusion
5056	*la*
indirizzo	address
5057	*i*
equivoco	misunderstanding; equivocal
5058	*il; adj*
stabilimento	establishment|plant
5059	*lo*
rapinatore	robber
5060	*il*
palpebra	eyelid
5065	*la*
navigatore	navigator
5066	*il*
comunione	Communion
5067	*la*
paranoia	paranoia
5069	*la*
truffatore	crook|cheat

5072 *il*
telescopio telescope
5073 *il*
bevanda drink|fizz
5075 *la*
filosofo philosopher
5076 *il*
vettura car|coach
5078 *la*
babbeo sucker|dupe
5079 *il*
bilancio balance
5082 *il*
cinico cynical; cynic
5083 *adj; il*
flipper pinball
5085 *il*
pezzetto piece|bit
5086 *il*
cappellano chaplain
5088 *il*
celibato celibacy
5089 *il*
modifica modification
5090 *la*
consolazione consolation|joy
5091 *la*
Iddio God
5092 *il*
diffusione spread
5093 *la*
prestigio prestige|glamor
5094 *il*
pretesto pretext|excuse
5095 *il*
rivincita revenge
5097 *la*
rogo stake
5098 *il*
illuminazione lighting
5099 *la*
delirio delirium
5102 *il*
socialista socialist; socialist
5105 *adj; il/la*
pannolino diaper
5106 *il*
dragone dragoon
5109 *il*
condannato convict
5110 *il*
luna moon
5112 *la*
aspirapolvere vacuum cleaner
5114 *gli*
istituzione institution|establishment
5115 *la*
sepoltura burial|grave
5116 *la*
sistemazione accommodation|placing
5117 *la*
resoconto report|statement
5119 *il*
amnesia amnesia
5120 *le*
viaggiatore traveler; traveling
5122 *il; adj*
vocazione vocation|call
5123 *la*
calo drop|slump
5124 *il*
plasma plasma; plasm
5125 *la; sfx*
ronzio buzz|hum
5126 *il*
microonda microwave
5127 *la*
barbaro barbarian; barbarian
5129 *adj; il*
idolo idol
5133 *il*
caposquadra foreman
5135 *il*
picco peak
5137 *lo*
lattina can
5138 *la*
espulsione expulsion
5140 *la*
bancario banking; bank clerk
5142 *adj; il*
puzzle puzzle

5144 *il*
polpetta patty
5146 *la*
lottatore wrestler
5147 *il*
ricovero shelter
5148 *il*
meteorite meteorite
5149 *il*
crocifisso crucifix
5153 *il*
fogna sewer
5154 *la*
cercatore seeker
5156 *il*
elemosina alms
5157 *le*
combustibile fuel; combustible
5158 *il; adj*
composizione composition|settlement
5159 *la*
polmonite pneumonia
5163 *la*
danza dance
5164 *la*
riduzione reduction|cut
5167 *la*
ketchup ketchup
5168 *il*
aragosta lobster
5169 *la*
suspense suspense
5170 *la*
piramide pyramid
5171 *la*
estinzione extinction
5172 *le*
lampadina bulb
5173 *la*
capitalismo capitalism
5174 *il*
urina urine
5175 *la*
soprano soprano|descant
5176 *il*
piaga sore|nuisance
5177 *la*
risarcimento compensation|reparation
5178 *il*
devoto devotee; devoted
5181 *il; adj*
idiozia idiocy
5184 *la*
integrità integrity|entirety
5187 *la*
incognito incognito; incognito
5188 *adj; il*
oracolo oracle
5189 *il*
assedio siege
5191 *il*
alimentazione supply|feeding
5192 *le*
beccata peck
5193 *le*
rompiscatole nuisance
5195 *i*
caricatore loader|magazine
5196 *il*
gregge flock|herd
5197 *il*
irritante irritating; irritant
5198 *adj; il*
olimpiade Olympiad
5200 *le*
ariete battering-ram
5202 *gli*
interferenza interference
5203 *le*
donatore donor|contributor
5204 *il*
server server
5205 *i*
gelo frost; cold
5207 *il; adj*
pregiudizio prejudice|prepossession
5208 *il*
trasmettitore transmitter
5209 *il*
recluta recruit
5210 *la*
accusato defendant

5211 *i*
porzione portion|helping

5212 *la*
crosta crust

5213 *la*
sorvegliante supervisor

5215 *il/la*
risorsa resource

5217 *la*
prateria prairie

5218 *la*
convegno convention

5219 *il*
yogurt yogurt

5221 *lo*
lussuria lust

5222 *la*
vaccino vaccine

5223 *il*
sparto esparto

5224 *lo*
marketing marketing

5225 *il*
abuso abuse|excess

5226 *il*
emicrania migraine

5227 *la*
furfante villain; miscreant

5229 *il; adj*
cappuccio cap|hood

5231 *il*
stregoneria witchcraft

5232 *la*
barra bar

5234 *la*
magistrato magistrate

5235 *il*
profugo refugee; fugitive

5239 *il; adj*
ciglio edge|eyelash

5240 *il*
nuca nape

5244 *la*
opposizione opposition

5245 *le*
adattamento adaptation|adjustment

5248 *lo*
pidocchio louse

5250 *il*
tonfo thud|splash

5251 *il*
snob snob; snobbish

5253 *gli; adj*
riparazione repair|repairs

5254 *la*
igiene hygiene

5255 *le*
padella pan

5256 *la*
viale avenue|driveway

5258 *il*
Irlanda Ireland

5259 *la*
esattezza accuracy|exactness

5262 *le*
sugo sauce

5264 *il*
tavoletta tablet|bar

5265 *la*
esplorazione exploration

5268 *la*
boa buoy

5269 *lo*
soul soul

5270 *il*
moschea mosque

5271 *la*
avo grandfather

5272 *il*
composto composed; compound

5274 *adj; il*
budino pudding

5275 *il*
carnevale carnival

5276 *il*
saldo balance; firm

5278 *il; adj*
imitazione imitation|fake

5279 *le*
vestaglia dressing gown

5281 *la*
paragrafo paragraph

5282 *il*
componente component|member
5284 *la*
modella model
5286 *la*
sbarco landing
5289 *lo*
dormitorio dormitory
5290 *il*
diarrea diarrhea
5291 *la*
animazione animation
5295 *le*
radicale radical; radical
5299 *adj; il*
mercenario mercenary; mercenary
5300 *adj; il*
legione legion
5301 *la*
investigazione investigation
5302 *le*
caduta fall|falling
5303 *la*
avidità greed|avidity
5304 *le*
trincea trench
5305 *la*
manciata handful
5306 *la*
suocero father-in-law
5307 *il*
tubatura pipe|plumbing
5310 *la*
mischia melee|fray
5311 *la*
estrazione extraction
5312 *la*
istanza instance|application
5315 *le*
minerale mineral; mineral
5316 *adj; il*
costa coast|coastline
5317 *la*
retromarcia reverse
5318 *la*
reddito income
5319 *il*
vibrazione vibration|chatter
5321 *la*
calice cup|chalice
5322 *il*
scanner scanner
5326 *lo*
affermazione statement|claim
5327 *le*
guidatore driver
5329 *il*
citazione quote|quotation
5332 *la*
stimolante stimulant; stimulant
5333 *adj; lo*
corrente current; current
5337 *adj; la*
ammirazione admiration
5338 *le*
intruso intruder; intrusive
5340 *il; adj*
deviazione deviation|detour
5342 *la*
veterano veteran; veteran; vet
5343 *adj; il; abr*
ungherese Hungarian; Hungarian
5344 *adj; il/la*
bikini bikini
5346 *il*
prurito itch
5347 *il*
maionese mayonnaise
5348 *la*
ano anus
5349 *lo*
spaventapasseri scarecrow
5350 *lo*
avvoltoio vulture
5354 *il*
vegetariano vegetarian; vegetarian food
5355 *adj; il*
giudiziario judicial; judiciary
5356 *adj; lo*
ficcanaso nosy; busybody
5359 *adj; i*
semaforo traffic light

5361 *il*
getto jet|cast
5362 *il*
mirino viewfinder|sight
5364 *il*
tarlo woodworm
5365 *il*
cono cone
5366 *il*
omega omega
5367 *la*
tariffa rate
5368 *la*
colomba dove
5371 *la*
rotolo roll|reel
5372 *il*
pneumatico tire; pneumatic
5373 *lo; adj*
goal goal
5374 *il*
dentifricio toothpaste
5375 *il*
dedizione dedication
5376 *la*
schizzo sketch|splash
5377 *lo*
imbroglio cheat|imbroglio
5378 *il*
carota carrot
5379 *la*
permanenza stay|permanence
5382 *la*
referenza reference
5383 *la*
alveare hive
5385 *il*
manico handle|neck
5387 *il*
dilemma dilemma
5388 *il*
elmetto helmet
5389 *il*
squadriglia squadron
5390 *la*
motivazione motivation

5393 *la*
scansione scan
5394 *la*
dischetto diskette
5395 *il*
commesso salesman|clerk
5397 *il*
proverbio proverb|saying
5398 *il*
lepre hare
5401 *la*
scavo excavation|groundwork
5405 *lo*
scoop scoop
5406 *lo*
armeno Armenian; Armenian
5407 *adj; gli*
ananas pineapple
5408 *gli*
parroco vicar
5409 *il*
pivello greenhorn
5410 *il*
lavatrice washer
5414 *la*
siringa syringe
5415 *la*
rimpianto regret
5417 *il*
invio sending|dispatch
5419 *lo*
determinazione determination
5420 *la*
nascondino hide-and-seek
5425 *il*
sipario curtain
5427 *il*
subconscio subconscious
5430 *il*
arteria artery
5431 *le*
violoncello cello
5432 *il*
prototipo prototype
5433 *il*
penitenza penance|forfeit

5434 *la*
esorcismo exorcism
5436 *il*
celia badinage
5437 *la*
concessione grant|bestowal
5438 *la*
festeggiamento celebration
5439 *il*
taverna tavern
5440 *la*
velluto velvet
5441 *il*
miglioramento improvement|amelioration
5443 *il*
vipera viper
5444 *la*
provino specimen
5446 *il*
buca hole|pit
5447 *la*
impiccagione hanging
5448 *le*
negligenza negligence|laxity
5450 *la*
molecola molecule
5451 *la*
dialetto dialect
5452 *il*
performance performance
5453 *le*
ostilità hostility
5454 *le*
camminata walk|gait
5455 *la*
discendente descending; descendant
5456 *adj; il/la*
spogliatoio dressing room
5458 *lo*
esploratore explorer|scout
5459 *il*
prosperità prosperity
5460 *la*
pezzente tramp
5461 *il/la*
inversione inversion
5462 *le*
vascello vessel
5465 *il*
portico portico
5466 *il*
boccata mouthful
5467 *la*
superstar superstar
5468 *lo*
compratore buyer
5469 *il*
speaker speaker
5470 *lo*
clone clone
5471 *il*
bebè baby
5473 *il*
spirale spiral; spiral
5475 *adj; la*
riproduzione reproduction|breeding
5476 *la*
pergamena parchment
5477 *la*
divinità divinity|divine
5478 *le*
acuto acute; high note
5479 *adj; il*
cinghiale boar
5480 *il*
dinastia dynasty
5481 *la*
eleganza elegance
5482 *le*
alga alga
5485 *la*
meridionale southern; meridional
5486 *adj; il/la*
osservatore observer
5488 *il*
cristianesimo Christianity
5490 *il*
meeting meeting
5492 *il*
sacramento sacrament
5493 *il*
olmo elm

5494 *il*
bluff bluff

5497 *il*
ricostruzione reconstruction

5498 *la*
stupidità stupidity|silliness

5499 *la*
inventore inventor

5502 *il*
rapa turnip

5504 *la*
entità entity

5508 *le*
buffet buffet

5509 *il*
ingrediente ingredient

5510 *gli*
quattrino dough

5512 *il*
emendamento amendment

5513 *lo*
favorito favorite; favorite

5514 *adj; il*
lucertola lizard

5515 *la*
ciccia flesh

5517 *la*
cubo cube; cubic

5519 *il; adj*
forca fork|gallows

5522 *la*
indigeno indigenous; native

5527 *adj; il*
dizionario dictionary

5528 *il*
pizzico pinch|nip

5529 *i*
flauto flute

5530 *il*
sermone sermon

5531 *il*
filtro filter|strainer

5533 *il*
azionista shareholder

5535 *il/la*
calvo bald; baldhead

5536 *adj; il*
portoghese Portuguese; Portuguese

5539 *adj; il/la*
vaniglia vanilla

5540 *la*
maratona marathon

5541 *la*
fibra fiber|texture

5542 *la*
remo oar

5546 *il*
intestino intestine; internecine

5548 *il; adj*
predatore predator; predatory

5549 *il; adj*
pegno gage|pledge

5550 *il*
cesso bog

5551 *il*
luogotenente lieutenant

5552 *il*
bambolina dolly

5553 *la*
soprabito overcoat|coat

5555 *il*
cartuccia cartridge

5556 *la*
timbro stamp|timbre

5558 *il*
doccia shower

5561 *la*
risoluzione resolution|decision

5562 *la*
quadrato square; square

5563 *adj; il*
superstite survivor

5565 *il/la*
velivolo aircraft

5566 *il*
augusto august

5567 *il*
misto mixed; mixture

5568 *adj; il*
espansione expansion

5569 *le*
bancomat cash machine

5570 *il*
cupola dome
5571 *la*
lasciapassare pass
5573 *il*
ospizio hospice
5575 *il*
manifesto manifest; poster
5577 *adj; il*
sanità soundness
5578 *la*
rame copper
5580 *il*
palloncino balloon
5582 *il*
abate abbot
5583 *il*
allevamento breeding|farm
5585 *il*
estremità end|butt
5586 *le*
dottorato doctorate
5587 *il*
delizia delight
5588 *la*
cruscotto dashboard
5589 *il*
gamberetto shrimp
5591 *il*
cantante singer; singing
5592 *il/la; adj*
rullo roller|reel
5596 *il*
camionista truck driver
5597 *il*
iris iris
5599 *gli*
briciola crumb
5604 *la*
disertore deserter
5609 *il*
camioncino pick-up
5614 *il*
prigionia imprisonment
5619 *la*
fotografo photographer
5622 *il*
fieno hay
5623 *il*
bisturi scalpel
5625 *il*
collaboratore collaborator
5626 *il*
binocolo binoculars
5627 *il*
diabete diabetes
5629 *il*
tavolino table
5631 *il*
cratere crater
5632 *il*
disoccupazione unemployment
5636 *la*
terraferma mainland
5638 *la*
capro billygoat
5639 *il*
mirtillo blueberry
5640 *il*
biografia biography
5641 *la*
latta tin
5643 *la*
cortina curtain
5649 *la*
universitario university; academic
5652 *adj; il*
colpevolezza guilt|culpability
5653 *la*
diligenza diligence
5654 *la*
gong gong
5655 *il*
liberale liberal; liberal
5656 *adj; il/la*
libbra pound
5659 *la*
confezione package
5660 *la*
commozione emotion
5662 *la*
mensile monthly; salary

5663 *adj; il*
ordigno device
5664 *il*
aggiornamento updating
5665 *il*
rodeo rodeo
5666 *il*
botola trap-door
5668 *la*
inquinamento pollution
5671 *il*
vangelo gospel
5672 *il*
baldoria spree|revelry
5673 *la*
mendicante beggar; beggarly
5675 *il/la; adj*
successore successor
5676 *il*
salame salami
5677 *il*
sostenitore supporter|advocate
5679 *il*
massiccio solid; massif
5681 *adj; il*
zoppo lame; lame person
5682 *adj; lo*
agricoltura agriculture
5683 *la*
perizia expertise
5684 *la*
lima file
5687 *la*
grillo cricket
5688 *il*
germe germ|seed
5691 *il*
efficienza efficiency
5692 *la*
contenimento restraint
5696 *il*
percezione perception
5697 *la*
apice apex|peak
5700 *il*
cospetto presence
5702 *lo*
mulino mill
5704 *il*
lastra plate
5705 *la*
belva wild beast
5708 *la*
motocicletta motorcycle
5711 *la*
Saturno Saturn
5712 *il*
zen Zen
5713 *lo*
iracheno Iraqi
5714 *il/la*
poeta poet
5715 *il*
rifugiato refugee
5717 *il*
porcheria rubbish|filth
5718 *la*
pinza tongs|nipper
5720 *la*
tovagliolo napkin
5721 *il*
fardello burden
5722 *il*
licenziato discharged; graduate
5723 *adj; lo*
debutto debut
5725 *il*
lardo lard
5727 *il*
distrazione distraction
5730 *la*
corriera coach
5731 *la*
messinscena staging
5732 *la*
dittatore dictator
5737 *il*
scherma fencing
5740 *la*
investitore investor
5742 *il*
mozione motion

5743 *la*
spezia spice
5744 *la*
trattativa negotiation|deal
5745 *la*
prostituzione prostitution
5746 *la*
esigenza need|requirement
5747 *le*
falegname carpenter
5748 *il*
passatempo pastime|hobby
5750 *il*
oblio oblivion
5751 *il*
pattuglia patrol
5752 *la*
lanterna lantern
5755 *la*
anestesia anesthesia|anesthetization
5756 *le*
atomo atom|atomy
5758 *il*
coperchio cover|lid
5761 *il*
foro hole
5763 *il*
pacare placate
5764 *il*
utero uterus|matrix
5765 *il*
viscere bowels|viscera
5767 *lo*
camicetta blouse
5768 *la*
rotazione rotation|spin
5770 *la*
petizione petition
5772 *la*
egoismo selfishness
5774 *il*
ridotto reduced; foyer
5775 *adj; il*
senape mustard
5777 *la*
cartellino tag|label

5782 *il*
sicario killer
5787 *il*
adozione adoption
5788 *la*
debitore debtor
5790 *il*
veggente clairvoyant
5792 *il/la*
sublime sublime; sublime
5793 *adj; il*
nuora daughter-in-law
5794 *la*
cancellata railing
5795 *la*
frammento fragment|snippet
5797 *il*
suddito subject
5798 *il*
servitù bondage
5799 *le*
orsacchiotto teddy bear
5800 *il*
poema poem
5802 *il*
redazione drafting
5804 *la*
successione succession
5806 *la*
scoppio outbreak
5810 *lo*
quercia oak
5811 *la*
intensità intensity
5812 *le*
vigilanza supervision|surveillance
5813 *la*
ente entity
5815 *lo*
patriota patriot
5816 *il/la*
residente resident; resident
5818 *adj; il/la*
cordiale cordial; cordial
5819 *adj; il*
pera pear

5821 *la*
palma palm

5822 *la*
tabella table

5823 *la*
umidità humidity|moisture

5824 *le*
furgoncino van

5825 *il*
usanza custom|practice

5828 *la*
fondatore founder; founding

5829 *il; adj*
superstizione superstition

5831 *la*
rimorso remorse

5835 *il*
sporcizia dirt|filth

5838 *la*
colletto collar|neck

5839 *il*
laguna lagoon

5840 *la*
corrispondente corresponding; correspondent

5841 *adj; il*
sos SOS

5843 *gli*
insonnia insomnia

5845 *la*
prodigio prodigy|wonder

5846 *il*
ricetta recipe|prescription

5847 *la*
liquidazione liquidation|closeout

5849 *la*
segnalazione signal

5850 *la*
curvatura curvature|bending

5851 *la*
collisione collision|crash

5852 *la*
duce leader

5853 *il*
controfigura double

5854 *la*
pornografia pornography

5855 *la*
fumatore smoker

5856 *il*
cena dinner

5857 *la*
parabrezza windscreen

5861 *il*
malaria malaria

5862 *la*
swing swing

5863 *lo*
sabotaggio sabotage

5865 *il*
ruga wrinkle|pucker

5867 *la*
titolare holder

5870 *il/la*
caldaia boiler

5871 *la*
zebra zebra

5873 *la*
umiltà humility

5874 *la*
verginità virginity

5876 *la*
matrice matrix|die

5881 *la*
rinoceronte rhinoceros

5882 *il*
inquilino tenant|lodger

5884 *il*
decenza decency

5885 *la*
vincita win

5886 *la*
contrattempo setback

5887 *il*
ordinazione order|purchase order

5888 *le*
carovana caravan

5889 *la*
urto impact|hit

5890 *il*
disgusto disgust|distaste

5891 *il*
handicap handicap

5892 *gli*
sfogo vent|outburst
5893 *lo*
motorino moped
5894 *il*
equazione equation
5895 *la*
decorazione decoration|decor
5897 *la*
conduttore conductor
5899 *il*
astuzia cunning|astuteness
5900 *la*
espiatorio whipping boy
5901 *lo*
spinello reefer
5902 *lo*
bufera storm
5903 *la*
bacetto peck
5904 *il*
pantofola slipper
5906 *la*
vigore force|vigor
5907 *il*
testone blockhead
5909 *il*
orientamento orientation
5912 *il*
cigolio creaking|squeaking
5913 *il*
bastoncino stick
5915 *il*
mango mango
5916 *il*
cimice bug
5917 *la*
scaffale shelf
5919 *lo*
passeggio lift|passage
5921 *il*
normalità normality
5922 *la*
portatore bearer
5923 *il*
macchinista machinist|engineer
5924 *il*
squadrone squadron
5925 *lo*
pasticceria confectionery
5927 *la*
incoraggiamento encouragement
5929 *il*
litigio quarrel|squabble
5930 *il*
tournée tour
5931 *la*
colmo full; ridge
5933 *adj; il*
laccio lace|snare
5936 *il*
sentinella sentinel
5938 *la*
canarino canary
5939 *il*
stupore amazement|wonder
5940 *lo*
risatina giggle
5941 *la*
sadico sadistic; sadist
5943 *adj; il*
clemenza clemency|leniency
5944 *la*
cactus cactus
5945 *i*
macchinario machinery
5947 *il*
retata haul|round-up
5950 *la*
cripta crypt
5951 *la*
emporio emporium
5952 *il*
zattera raft
5954 *la*
gradimento liking
5955 *il*
strambo wacky; weirdo
5956 *adj; lo*
maniglia handle
5958 *la*
dispensa pantry|dispensation

	5959	*la*		5996	*il*
cerotto		plaster	**redattore**		editor
	5960	*il*		5997	*il*
alluminio		aluminum	**vescica**		bladder
	5963	*lo*		5998	*la*
repentaglio		jeopardy	**amuleto**		amulet
	5964	*lo*		5999	*il*
reincarnazione		reincarnation	**metano**		methane
	5966	*la*		6000	*il*
allergia		allergy	**asfalto**		asphalt
	5967	*le*		6001	*il*
scultura		sculpture	**giustificazione**		justification|excuse
	5968	*la*		6002	*la*
contrasto		contrast	**recinzione**		enclosure
	5970	*il*		6003	*la*
cinta		belt	**ricorso**		appeal|resort
	5971	*la*		6004	*il*
piantagione		plantation	**argo**		argon
	5975	*la*		6005	*gli*
spadaccino		swordsman	**steroide**		steroid
	5977	*lo*		6007	*lo*
elmo		helmet	**trio**		trio
	5978	*il*		6009	*il*
aceto		vinegar	**rimorchio**		trailer
	5979	*il*		6010	*il*
parentesi		parenthesis|bracket	**abitazione**		home|house
	5980	*la*		6012	*le*
spillo		pin	**sventura**		misfortune
	5983	*lo*		6015	*la*
puntura		puncture|sting	**lumaca**		snail
	5985	*la*		6018	*la*
disperso		missing; missing person	**pattino**		runner
	5987	*adj; il*		6021	*il*
adagio		adage; adagio	**sfacciato**		cheeky; jackanapes
	5988	*il; adv*		6024	*adj; lo*
stanchezza		fatigue|lassitude	**ipnosi**		hypnosis
	5989	*la*		6025	*le*
pettinatura		combing|hairstyle	**ombelico**		navel
	5990	*la*		6027	*il*
raccomandazione		recommendation	**fornitore**		supplier
	5991	*la*		6028	*il*
assoluzione		absolution	**previdenza**		foresight
	5993	*la*		6029	*la*
annata		vintage	**padiglione**		pavilion
	5995	*la*		6030	*il*
capolinea		terminus	**uranio**		uranium

6031 *il*
bacca berry
6032 *la*
propulsore propeller
6033 *il*
sospiro sigh
6034 *il*
freezer freezer
6035 *il*
frittata omelette
6036 *la*
mustang mustang
6037 *i*
container container
6038 *i*
rintocco stroke
6041 *il*
zanzara mosquito
6042 *la*
marziano Martian; Martian
6044 *adj; il*
mignolo pinkie
6046 *il*
ventina around twenty
6049 *la*
villano rude; villein
6054 *adj; il*
clausola clause|provision
6055 *la*
caffetteria cafeteria
6056 *la*
broncio pout|sulk
6057 *il*
firma signature
6059 *la*
terminal terminal
6062 *il*
orgia orgy|profusion
6063 *la*
meditazione meditation|reflection
6064 *la*
letame manure|dung
6065 *il*
breccia breach
6066 *la*
moschettiere musketeer
6067 *il*
partigiano partisan; partisan
6069 *adj; il*
scenografia scenography
6070 *la*
accessorio accessory; subsidiary
6071 *il; adj*
scoglio rock
6072 *lo*
anarchia anarchy
6073 *le*
locomotiva locomotive|railway engine
6075 *la*
briciolo bit
6078 *lo*
colera cholera
6080 *il*
gioielleria jewelry|jewelry store
6082 *la*
scheggia splinter|chip
6083 *la*
portabagagli trunk|rack
6084 *il*
lapide tombstone
6086 *la*
declino decline|wane
6087 *il*
picchio woodpecker
6088 *lo*
psichiatria psychiatry
6089 *la*
segretezza secrecy
6090 *la*
elettore voter|constituent
6091 *il*
riforma reform
6092 *la*
trimestre quarter
6093 *il*
rilevamento survey
6095 *il*
insulina insulin
6096 *la*
elite elite
6098 *le*
riscontro reply

6099 *il*
ricercatore researcher|searcher
6100 *il*
crampo cramp
6101 *il*
adulterio adultery
6102 *il*
notaio notary|solicitor
6103 *il*
cilindro cylinder
6105 *il*
scialuppa boat
6106 *la*
gotta gout
6107 *la*
crociato crusader; cruciate
6108 *il; adj*
montatura mount|frames
6109 *la*
malvagità evil|malice
6110 *la*
accompagnatore companion
6113 *il*
passeggiata walk
6114 *la*
paralisi paralysis
6115 *la*
chiacchierone chatterbox; mouthy
6116 *il; adj*
spaccone braggart|swank
6118 *lo*
bronzo bronze
6119 *il*
mezz'ora half an hour
6120 *la*
sommergibile submarine
6121 *il*
cricket cricket
6124 *il*
polpettone meatloaf
6125 *il*
musa muse
6127 *la*
vocabolario vocabulary
6128 *il*
terapista therapist
6129 *il/la*
norvegese Norwegian; Norwegian
6131 *adj; il/la*
farmacista pharmacist
6132 *il/la*
proporzione proportion|ratio
6133 *la*
tiglio lime|son
6134 *il*
vetta summit
6135 *la*
trasloco move
6136 *il*
scorpione scorpio
6137 *lo*
controllore controller
6138 *il*
carneficina carnage|shambles
6139 *la*
anatomia anatomy
6140 *le*
valanga avalanche
6141 *la*
patriottismo patriotism
6144 *il*
mentore mentor
6146 *il*
imputato defendant
6147 *il*
Medioevo Middle Ages
6148 *il*
incisione engraving
6149 *la*
sonnellino nap|doze
6150 *il*
trattore tractor
6151 *il*
peperone pepper
6153 *il*
trance trance
6154 *la*
carato carat
6155 *il*
cordone cord
6156 *il*
feto fetus

6157 *il*
rosetta rose-cut diamond
6161 *la*
presentatore presenter
6162 *il*
multiplo multiple; multiple
6163 *adj; il*
medaglione medallion
6165 *il*
moralità morality
6166 *la*
delicatezza delicacy|gentleness
6169 *la*
aperitivo aperitif|appetizer
6170 *il*
mentalità mentality
6171 *la*
parametro parameter
6174 *il*
bufalo buffalo
6175 *il*
imprenditore entrepreneur
6176 *lo*
mitologia mythology
6177 *la*
jumbo jumbo
6178 *i*
guarnigione garrison
6179 *la*
pasticca tablet|pastille
6180 *la*
travestimento disguise
6181 *il*
mancino left; left-hander
6182 *adj; il*
demente demented; madman
6183 *adj; la*
repertorio repertoire|inventory
6184 *il*
detrito debris
6185 *il*
raso satin
6187 *il*
fascismo fascism
6189 *il*
sonnifero sleeping pill; somniferous
6190 *il; adj*
bollettino bulletin|report
6191 *il*
acconto account|deposit
6193 *lo*
bando announcement|ban
6195 *il*
contabilità accounting|bookkeeping
6199 *la*
millimetro millimeter
6200 *lo*
riflettore reflector
6202 *il*
rimborso refund|reimbursement
6205 *il*
arciere archer
6207 *il*
ricezione reception
6208 *la*
melone melon
6211 *il*
commando commando
6212 *il*
segugio hound
6215 *il*
cracker cracker
6217 *i*
ceco Czech; Czech
6218 *adj; il*
olocausto holocaust
6220 *il*
videocassetta video
6221 *la*
rave rave
6222 *i*
tutela protection|safeguard
6224 *la*
insediamento settlement
6225 *il*
incenso incense
6226 *il*
gobbo hunchbacked; humpback
6228 *adj; il*
cabaret cabaret
6229 *il*
mistico mystical; mystic

6230 *adj; il*
giada jade
6231 *la*
vortice vortex|whirl
6233 *il*
bullo bulldozer
6235 *il*
rapitore kidnapper
6236 *il*
compera purchase
6237 *la*
virgola comma
6238 *la*
programmazione programming|planning
6239 *la*
sognatore dreamer
6240 *il*
ricciolo curl|lovelock
6242 *il*
riservatezza discretion
6243 *la*
aggressore attacker
6244 *il*
lucchetto padlock
6245 *il*
vichingo viking
6246 *il*
imposta tax
6247 *la*
piccino little; child
6248 *adj; il*
smeraldo emerald
6249 *lo*
angolazione angulation
6251 *la*
socialismo socialism
6253 *il*
pinna fin|paddle
6255 *la*
morbo disease
6256 *il*
raccolto crop; collected
6257 *il; adj*
genitale genital; genitals
6258 *adj; lo*
corteccia bark
6259 *la*
divo star
6261 *il*
moquette fitted carpet
6262 *la*
arredamento furnishings|decor
6263 *il*
affronto affront|snub
6264 *lo*
sterminio extermination
6265 *lo*
finta feint|pretense
6267 *la*
punch punch
6268 *il*
avorio ivory
6269 *il*
argilla clay
6271 *la*
scosso shaken; upset
6273 *il; adj*
finanza finance
6274 *la*
malora ruin
6275 *la*
lavagna blackboard
6276 *la*
licenziamento dismissal|redundancy
6278 *il*
comodino bedside table
6279 *il*
cooperazione cooperation
6280 *la*
condominio condominium
6282 *il*
scarabeo scarab
6284 *lo*
convenzione convention
6286 *la*
quiz quiz
6290 *i*
attivazione activation
6291 *la*
giuliano Julian
6292 *i*
minoranza minority

6294 *la*
alfabeto alphabet
6295 *il*
staffa stirrup
6296 *la*
studioso scholar; studious
6298 *lo; adj*
trucchetto sleight of hand
6300 *il*
armamento armament|equipment
6301 *il*
obbedienza obedience
6302 *le*
credenza belief|sideboard
6303 *la*
itinerario itinerary
6304 *il*
rubino ruby
6305 *lo*
zolfo sulfur|brimstone
6306 *lo*
lavanda lavender
6307 *la*
avamposto outpost
6310 *il*
bisnonno great grandfather
6311 *il*
lino linen
6312 *il*
sifilide syphilis
6313 *la*
barbone tramp
6315 *il*
rugby rugby
6316 *il*
condor condor
6317 *i*
sarcasmo sarcasm
6319 *il*
bassofondo shoal
6321 *il*
malinconia melancholy|sadness
6323 *la*
mattatoio slaughterhouse
6326 *il*
risentimento resentment
6328 *il*
antiquariato antique trade
6329 *il*
galoppo gallop
6330 *il*
crepuscolo dusk
6331 *il*
sceneggiatore screenwriter
6333 *lo*
corteo procession
6334 *il*
salma body
6335 *la*
temperamento temperament|temper
6337 *il*
cavia guinea pig
6341 *la*
ragionamento reasoning
6342 *il*
sintonia tuning
6343 *la*
sonaglio rattle
6344 *il*
maturità maturity|ripeness
6345 *la*
mafioso member of the mafia
6346 *il*
pinguino penguin
6347 *il*
pascolo pasture|grazing
6348 *il*
nobiltà nobility|nobleness
6349 *la*
picca pike
6351 *la*
guastafeste damper|spoilsport
6352 *il/la*
repressione repression
6354 *la*
invasore invader; invading
6358 *il; adj*
grembiule apron
6359 *il*
caprone billygoat
6360 *il*
partecipante participant; participating

6361 *il/la; adj*
romanticismo romance
6362 *il*
pozza pool
6365 *la*
capitano captain|leader
6371 *il*
frustrazione frustration
6372 *la*
fetore stench
6373 *il*
aspirante aspirant; aspiring
6374 *il/la; adj*
requisito requirement|qualification
6375 *il*
cacciavite screwdriver
6376 *il*
flessione flexion|decrease
6377 *la*
albanese Albanian; Albanian
6379 *adj; il/la*
stecca cue
6381 *la*
vincolo bond|link
6382 *il*
parà para
6384 *i*
scemenza folly
6386 *la*
inflazione inflation
6388 *la*
dorso back
6389 *il*
zitella spinster|maid
6390 *la*
inconveniente drawback
6391 *gli*
autostop hitch-hiking
6392 *il*
estorsione extortion
6395 *le*
sgabello stool
6396 *lo*
pulmino minibus
6397 *il*
pallacanestro basketball
6398 *la*
condanna condemnation|doom
6400 *la*
omelette omelette
6401 *le*
schizofrenia schizophrenia
6403 *la*
pianura plain
6404 *la*
eliminazione elimination
6405 *la*
indovinello riddle|quiz
6406 *il*
ruggine rust; russet
6407 *la; adj*
didietro backside
6408 *il*
tostapane toaster
6410 *il*
transizione transition
6411 *la*
rigore severity|strictness
6412 *il*
aura aura
6415 *la*
riva shore
6417 *la*
fratellastro stepbrother
6418 *il*
razione ration
6419 *la*
supervisione supervision
6420 *la*
ciarlatano charlatan|quack
6422 *il*
canoa canoe
6423 *la*
passerella gangway
6424 *la*
caminetto fireplace
6426 *il*
primogenito first-born
6429 *il*
scasso break-in
6431 *lo*
paragone comparison|paragon

6432 *il*
benevolenza benevolence|kindness

6433 *la*
mannaro werewolf

6434 *lo*
porcellana porcelain

6436 *la*
arsenale arsenal|dockyard

6438 *il*
credente believer

6439 *il/la*
sandalo sandal

6440 *il*
distaccamento detachment

6442 *il*
rupia rupee

6443 *la*
perversione perversion

6444 *la*
panda panda

6446 *i*
utente user

6447 *il/la*
gergo jargon

6448 *il*
indifferenza indifference|disregard

6449 *le*
cinghia belt

6450 *la*
immunità immunity

6451 *le*
comandamento commandment

6452 *il*
sinfonia symphony

6453 *la*
realizzazione realization|achievement

6455 *la*
immortalità immortality

6463 *le*
spazzola brush

6464 *la*
lume light

6466 *il*
tastiera keyboard

6470 *la*
ricevitore receiver

6471 *il*
ventaglio fan

6472 *il*
iceberg iceberg

6473 *gli*
guerriglia guerrilla

6474 *la*
ottone brass

6475 *il*
burocrazia bureaucracy

6476 *la*
casco helmet

6479 *il*
extraterrestre extraterrestrial; alien

6480 *adj; il*
introduzione introduction|input

6481 *la*
pensionato retired; pensioner

6483 *adj; il*
risonanza resonance

6485 *la*
vespa wasp

6486 *la*
elastico elastic; rubber band

6487 *adj; il*
razzismo racism

6488 *il*
sciamano shaman

6489 *lo*
terme spa

6490 *le*
tolleranza tolerance|toleration

6491 *la*
sardina sardine

6494 *la*
tirapiedi minion

6495 *i*
aquilone kite

6497 *il*
franchezza frankness|openness

6499 *la*
virile virile; manliness

6501 *adj; il*
concubina concubine

6502 *la*
rinvio postponement

6503 *il*
prassi practice|usual procedure
6504 *la*
promemoria reminder; memo
6506 *i; abr*
canile kennel
6507 *il*
provvedimento measure
6508 *il*
frizione clutch
6511 *la*
oppressione oppression
6515 *le*
grinta grit
6516 *la*
ventilazione ventilation
6517 *la*
protesi prosthesis
6519 *le*
cisterna tank
6521 *la*
quadrante dial
6522 *il*
rissa fight|brawl
6527 *la*
sondaggio survey
6528 *il*
chicco berry
6530 *il*
lettino bed|cot
6532 *il*
culmine culmination|height
6533 *il*
turismo tourism
6534 *il*
meteora meteor
6536 *la*
riccio curly; hedgehog
6537 *adj; il*
divorziato divorced; divorcee
6538 *adj; il*
carcerato prisoner|inmate
6539 *il*
microchip microchip
6541 *il*
spostamento shift|moving
6542 *lo*
branda cot
6545 *la*
osservatorio observatory
6547 *il*
paesino hamlet
6548 *il*
clientela clientele
6552 *la*
brandello shred
6553 *il*
recensione review
6554 *la*
squilibrato unbalanced; madman
6556 *adj; lo*
porcellino piggy|little pig
6557 *il*
ammutinamento mutiny
6560 *il*
caloria calorie
6562 *la*
transazione transaction
6564 *la*
svantaggio disadvantage
6567 *lo*
concezione conception
6569 *la*
vialetto alleyway
6570 *il*
correzione correction
6571 *la*
alce elk
6572 *il*
astinenza abstinence
6573 *le*
Corano Koran
6574 *il*
elfo elf
6575 *il*
settentrionale northern; northerner
6577 *adj; il/la*
ulna ulna
6580 *la*
rinascita rebirth|revival
6581 *la*
intermediario intermediary; intermediary

6582 *adj; il*
sembianza appearance
6583 *le*
disaccordo disagreement|odds
6585 *il*
maialino piglet
6587 *il*
pubblicazione publication|release
6589 *la*
aggancio couple
6590 *il*
batterio bacterium
6591 *il*
pacca slap
6592 *la*
burrone ravine
6597 *il*
fischio whistle|hiss
6601 *il*
accettazione acceptance
6602 *le*
applicazione application
6603 *le*
ceppo log
6604 *il*
monopolio monopoly
6605 *il*
bronco bronchus
6606 *il*
battitore beater
6608 *il*
granello grain
6609 *il*
madrina godmother
6612 *la*
predetto aforesaid; above-mentioned
6613 *adj; il*
costoletta cutlet
6614 *la*
scettro scepter
6615 *lo*
buonsenso common sense|sanity
6617 *il*
caffeina caffeine
6618 *la*
ipocrisia hypocrisy
6619 *la*
agricoltore farmer|agriculturist
6620 *il*
concittadino fellow citizen
6622 *il*
redenzione redemption
6624 *la*
furore fury|rage
6625 *il*
carcassa carcass
6626 *la*
gabbiano seagull|mew
6628 *il*
folletto elf; elfin
6630 *il; adj*
roulette roulette
6632 *la*
ustione burn
6635 *le*
verbo verb
6636 *il*
cafone peasant; raffish
6637 *il; adj*
specchietto table
6638 *lo*
ginecologo gynecologist
6640 *il*
trota trout
6641 *la*
certificato certificate; certified
6642 *il; adj*
cerniera hinge
6643 *la*
stimolo stimulus|urge
6644 *lo*
cornetta receiver
6645 *la*
dittatura dictatorship
6648 *la*
detonazione detonation
6649 *la*
leggerezza lightness|levity
6651 *la*
orto garden|vegetable garden
6652 *lo*
consulenza advice

6653 *la*
nirvana nirvana
6654 *la*
egiziano Egyptian; Egyptian
6656 *adj; il*
sopravvento upper hand
6657 *il*
ladruncolo petty thief
6663 *il*
cargo freighter
6665 *il*
cucito sewing
6667 *il*
cianfrusaglia gimcrackery|knick-knacks
6668 *la*
leopardo leopard
6670 *il*
cappio loop
6672 *il*
stupefacente amazing; drug
6673 *adj; lo*
ritrovamento find
6674 *il*
granaio barn
6676 *il*
sfruttamento exploitation
6678 *lo*
mutazione mutation
6679 *la*
voga vogue
6680 *la*
antibiotico antibiotic; antibiotic
6681 *adj; il*
colesterolo cholesterol
6682 *il*
rianimazione resuscitation
6684 *la*
omino little man
6690 *il*
scimpanzé chimpanzee
6691 *lo*
nocciolo core|hazel
6692 *il*
precipizio precipice
6693 *il*
reame kingdom
6694 *il*
manicure manicure
6695 *il/la*
torretta turret
6696 *la*
bagliore glare|flare
6698 *il*
mittente sender
6701 *il/la*
pesciolino minnow
6702 *il*
anca hip
6703 *le*
interessamento interest
6705 *il*
avena oats
6706 *le*
serenità serenity|tranquility
6707 *la*
solista soloist
6708 *il/la*
invalido invalid; invalid
6709 *adj; il*
busto bust|torso
6710 *il*
levata rising
6711 *la*
smalto enamel
6712 *lo*
miccia fuse
6713 *la*
collezionista collector
6714 *il/la*
terrazzo terrace
6715 *il*
ghinea guinea
6716 *la*
narratore narrator|writer
6717 *il*
australiano Australian; Australian
6719 *adj; il*
broccolo broccoli
6720 *il*
consumatore consumer
6721 *il*
campanile bell tower|steeple

6723 *il*
celebrazione celebration
6724 *la*
gala gala
6725 *le*
giglio lily
6726 *il*
diletto delight; beloved
6727 *il; adj*
prostata prostate
6728 *la*
millennio millennium
6729 *il*
candidatura candidacy
6731 *la*
ebbrezza intoxication|thrill
6732 *le*
isterico hysterical; hysteric
6734 *adj; il*
prugna plum
6735 *la*
baionetta bayonet
6737 *la*
porcile pigsty
6738 *il*
trambusto bustle|commotion
6739 *il*
ippodromo racecourse|hippodrome
6741 *il*
solidarietà solidarity
6743 *la*
scompartimento compartment
6744 *lo*
statura stature
6746 *la*
astro star
6747 *gli*
facchino porter
6748 *il*
ettaro hectare; ha
6750 *il; abr*
templare Templar
6751 *il*
cadetto cadet
6752 *il*
integrale integral; integral

6754 *adj; il*
microscopio microscope
6755 *il*
sosia double
6757 *il*
utilità utility|use
6758 *le*
cannella cinnamon
6759 *la*
macao macaw
6760 *il*
paradosso paradox
6761 *il*
puntino dot
6762 *il*
fessura slot|slit
6763 *la*
cittadinanza citizenship
6764 *la*
pareggio draw|balance
6765 *il*
plutonio plutonium
6767 *il*
asiatico Asian; Asian
6768 *adj; il*
magnate magnate
6772 *il*
tenuta estate
6773 *la*
carretta cart
6774 *la*
assolo solo; solo
6776 *adv; gli*
annullamento annulment|cancellation
6777 *il*
decomposizione decomposition
6779 *la*
evidenza evidence
6781 *la*
psicosi psychosis
6784 *la*
referto report
6786 *il*
elettricista electrician
6787 *il*
pascià pasha

6790 *il*
priore prior
6791 *il*
erbaccia weed
6793 *le*
stallo stall
6794 *lo*
antidolorifico painkiller; analgesic
6795 *il; adj*
buddista Buddhist
6797 *il/la*
rendimento performance|return
6798 *il*
alligatore alligator
6799 *il*
marchesa marquise|marquis
6801 *la*
stupratore rapist
6803 *lo*
triade triad
6805 *la*
cassonetto pelmet
6806 *il*
svago fun|amusement
6808 *lo*
invidioso envious; envier
6809 *adj; il*
chiosco kiosk|stand
6810 *il*
rilievo relief
6812 *il*
riconoscenza gratitude
6813 *la*
inserviente attendant
6815 *il/la*
cavalcata ride
6816 *la*
gentaglia rabble|riffraff
6818 *la*
autodistruzione self-destruction
6819 *le*
stringa string
6820 *la*
garante guarantor|guarantee
6821 *il*
cuffia headset|headphones

6824 *la*
digiuno fasting; fast
6826 *adj; il*
carestia famine
6833 *la*
brigante brigand
6834 *il*
incursione raid|incursion
6836 *le*
rimozione removal|dismissal
6837 *la*
sanguisuga leech
6838 *la*
giardinaggio gardening
6840 *il*
commerciante dealer|merchant
6842 *il/la*
radiatore radiator
6843 *il*
pizzeria pizzeria
6844 *la*
pellegrino pilgrim
6847 *il*
ticchettio ticking
6848 *il*
ucraino Ukrainian; Ukrainian
6849 *adj; lo*
presunzione presumption
6851 *la*
pastiglia tablet|pad
6853 *la*
arnese tool|thing
6854 *il*
sparizione disappearance
6855 *la*
utopia utopia
6859 *le*
località locality|resort
6865 *le*
real real
6866 *il*
lattuga lettuce
6867 *la*
frazione fraction
6868 *la*
processione procession

	6870	*la*
poltrone		lazybones; idler
	6871	*adj; lo*
ubicazione		site
	6875	*il*
contraddizione		contradiction
	6876	*la*
specializzazione		specialization|major
	6878	*la*
eroismo		heroism
	6880	*il*
marmocchio		kid
	6882	*il*
falò		bonfire
	6884	*i*
monello		urchin|brat
	6886	*il*
mattutino		morning; matins
	6887	*adj; lo*
pancake		pancake
	6889	*i*
peperoncino		chilli
	6890	*il*
sessualità		sexuality
	6891	*la*
esitazione		hesitation|hesitance
	6894	*le*
pezzettino		snippet
	6895	*il*
fisco		taxman
	6897	*il*
ottico		optical; optician
	6899	*adj; il*
licantropo		lycanthrope
	6900	*il*
emisfero		hemisphere
	6902	*il*
pupilla		pupil
	6905	*la*
somaro		donkey
	6906	*il*
taccuino		notebook
	6908	*il*
giraffa		giraffe
	6911	*la*
diesel		Diesel
	6912	*il*
genocidio		genocide
	6917	*il*
stabilità		stability
	6920	*la*
paraurti		bumper
	6921	*il*
twist		twist
	6922	*il*
fossato		moat|ditch
	6923	*il*
baita		chalet
	6925	*la*
diceria		rumor|gossip
	6926	*la*
bambù		bamboo
	6927	*il*
intelletto		intellect|nous
	6928	*il*
scudiero		squire
	6929	*lo*
trapano		drill
	6931	*il*
aggressività		aggression
	6932	*le*
enciclopedia		encyclopedia
	6935	*la*
ammenda		amends
	6938	*le*
cavalla		mare|stableman
	6940	*la*
spinacio		spinach
	6941	*lo*
telegrafo		telegraph
	6942	*il*
avanzo		remains|remnant
	6943	*il*
geografia		geography
	6944	*la*
intoppo		hitch|obstacle
	6945	*lo*
pretore		praetor
	6946	*il*
postumo		posthumous; aftereffect
	6949	*adj; il*
drogheria		grocery

	6950	*la*
montone		mutton
	6951	*il*
congregazione		congregation
	6952	*la*
marmotta		marmot
	6953	*la*
scivolata		slip|glide
	6954	*la*
ferramenta		hardware|ironmongery
	6956	*la*
nicotina		nicotine
	6957	*la*
involucro		casing|envelope
	6958	*lo*
trippa		tripe
	6961	*la*
chitarrista		guitarist
	6963	*il/la*
relax		relaxation
	6965	*il*
sterco		dung|shit
	6967	*lo*
asteroide		asteroid
	6969	*il*
provvidenza		providence
	6971	*la*
costruttore		builder
	6974	*il*
impresario		impresario|manager
	6976	*il*
grattacielo		skyscraper
	6977	*il*
pilastro		pillar
	6978	*il*
cannibale		cannibal
	6979	*il*
cornice		frame|picture frame
	6980	*la*
spione		sneak
	6981	*lo*
demolizione		demolition
	6982	*la*
alone		halo
	6984	*lo*
cappellino		bonnet
	6985	*il*
trave		beam
	6988	*la*
tribuna		tribune
	6989	*la*
audacia		audacity|boldness
	6990	*la*
replica		replica|reply
	6992	*la*
eruzione		eruption|rash
	6993	*la*
volantino		leaflet|handout
	6994	*il*
saetta		arrow
	6995	*la*
scrofa		sow
	6997	*la*
accappatoio		bathrobe
	6998	*il*
modalità		modality
	7001	*le*
costellazione		constellation
	7005	*la*
kamikaze		kamikaze
	7006	*i*
altalena		swing
	7010	*le*
discendenza		descent|offspring
	7011	*la*
effrazione		burglary
	7012	*le*
batista		batiste
	7013	*la*
usignolo		nightingale
	7016	*il*
pessimista		pessimist
	7018	*il/la*
cianuro		cyanide
	7019	*il*
consorte		consort
	7022	*il*
bacchetta		rod
	7024	*la*
elisir		elixir
	7025	*gli*
tuttofare		handyman

7026 *il*
anteprima preview

7027 *le*
fissazione fixing|obsession

7031 *la*
concime manure|compost

7032 *il*
avaria damage

7034 *la*
allevatore farmer

7037 *il*
massaggiatore masseur

7038 *il*
cavalletta grasshopper

7040 *la*
corporazione guild

7043 *la*
carrozzeria body

7045 *la*
volt volt

7048 *lo*
fetente stinker

7049 *il*
fuoristrada cross-country vehicle

7050 *il*
stemma arms

7051 *lo*
tintinnio jingle|clink

7052 *il*
Nettuno Neptune

7054 *il*
ricreazione recreation|playtime

7055 *la*
scaletta stile

7056 *la*
cambiavalute moneychanger

7057 *i*
logo logo

7058 *il*
presagio omen|foreboding

7061 *il*
collant tights

7065 *i*
tirchio stingy; miser

7066 *adj; il*
vedetta look-out

7067 *la*
votazione vote|score

7068 *la*
rotaia rail|rut

7069 *la*
scialle shawl

7070 *lo*
trust trust

7071 *il*
frottola fib; flam

7072 *la; adj*
vitto food

7075 *il*
tenore tenor

7077 *il*
antichità antiquity|antique

7080 *le*
pudore modesty

7082 *il*
assunzione assumption|engagement

7083 *le*
raffica gust|flurry

7084 *la*
restrizione restriction|restraint

7085 *la*
paracadutista parachutist

7086 *il*
obbligazione obligation

7087 *le*
fiala vial

7088 *la*
medusa jellyfish

7089 *la*
rugiada dew

7090 *la*
fracasso din|crash

7091 *il*
maggiorenne adult; major

7092 *adj; il/la*
bit bit

7093 *i*
rosmarino rosemary

7095 *il*
mestruazione menstruation

7096 *la*
dottrina doctrine|scholarship

7097 *la*
diametro diameter
7098 *il*
guru guru
7099 *il*
strazio torment
7101 *lo*
ventilatore fan
7102 *il*
insolenza insolence
7103 *la*
conservazione conservation|storage
7104 *la*
incentivo incentive|stimulant
7105 *il*
ronda patrol
7106 *la*
comodità comfort|convenience
7107 *la*
intrigante intriguing; schemer
7108 *adj; il/la*
fannullone slacker
7111 *il*
complicità complicity
7112 *la*
malloppo swag|bundle
7114 *il*
avvelenamento poisoning
7115 *il*
facilità facility|easiness
7116 *la*
scarpetta bootee
7118 *la*
festicciola social
7119 *la*
puledro foal
7120 *il*
cosmetico cosmetic; cosmetic
7121 *adj; il*
supposizione supposition|guess
7123 *la*
prestazione performance
7124 *la*
rinfresco refreshment
7127 *il*
congettura conjecture|calculation

7128 *la*
delegazione delegation
7129 *la*
filato yarn; mohair
7130 *il; adj*
barretta bar
7132 *la*
antipasto appetizer|hors d'oeuvre
7133 *il*
designer designer
7134 *i*
convulsione convulsion
7137 *la*
scooter scooter
7138 *lo*
anfetamina amphetamine
7139 *la*
integrazione integration
7140 *la*
penetrazione penetration
7141 *la*
accoppiamento coupling|connection
7142 *gli*
turbolenza turbulence
7143 *la*
emulo emulator; emulous
7144 *lo; adj*
eunuco eunuch
7146 *il*
harem harem
7148 *gli*
staccionata fence
7150 *la*
platino platinum
7151 *il*
allibratore bookmaker
7153 *gli*
accenno hint|reference
7154 *il*
benefattore benefactor
7155 *il*
aroma aroma|flavor
7157 *il*
agnellino lambkin
7159 *il*
credibilità credibility

7162 *la*
onorario honorary; fee
7163 *adj; il*
brutalità brutality
7165 *la*
organico organic; staff
7168 *adj; i*
argenteria silverware
7169 *la*
miniatura miniature
7170 *la*
ascoltatore listener
7173 *il*
puzzola skunk|fitchew
7176 *la*
addome abdomen
7177 *il*
transito transit
7179 *il*
arancio orange; orange
7180 *adj; gli*
safari safari
7181 *i*
direttiva directive|direction
7182 *la*
anguilla eel
7183 *la*
motoscafo motorboat
7185 *il*
proiettore projector
7188 *il*
cannuccia straw
7189 *la*
ardore ardor|heat
7190 *il*
accademico academic; academic
7191 *adj; il*
leucemia leukemia
7193 *la*
masturbazione masturbation
7196 *la*
titanio titanium
7197 *il*
stolto fool; foolish
7198 *lo; adj*
modestia modesty
7199 *la*
rinnegato renegade
7200 *il*
persiano Persian; Persian
7201 *adj; il*
secca shoal
7202 *la*
legname timber|wood
7204 *il*
purosangue thoroughbred; full-blooded
7206 *i; adj*
gallone gallon|chevron
7207 *il*
scalino step
7208 *lo*
decoro decor|decorum
7209 *il*
baleno flash
7210 *il*
alluce big toe
7212 *il*
eremita hermit|eremite
7215 *il*
acconciatura hairstyle|headdress
7216 *la*
apparato apparatus
7217 *il*
mantenimento maintenance
7218 *il*
racket racket
7219 *il*
ossequio respect
7220 *il*
traduttore translator
7222 *il*
pollaio hen-house
7223 *il*
piantina map|seedling
7225 *la*
melma mud
7226 *la*
fornitura supply|providing
7228 *la*
spoglio bare; examination
7229 *adj; lo*
mouse mouse

7230 *il*
ricetrasmittente transceiver
7231 *il/la*
esito outcome
7232 *il*
trasmittente transmitter
7233 *la*
lacca lacquer
7234 *la*
rublo ruble
7235 *il*
avvio start
7236 *lo*
demenza dementia
7237 *la*
cetriolo cucumber
7238 *il*
silicone silicone
7239 *il*
commercialista business consultant
7240 *il/la*
enzima enzyme
7241 *il*
verro boar
7243 *il*
reliquia relic
7244 *la*
contorno contour|outline
7245 *il*
depravazione depravity|wickedness
7246 *la*
fantino jockey
7248 *il*
fascia band
7250 *la*
realista realist
7251 *il/la*
granturco corn
7252 *il*
anidride anhydride
7254 *le*
ricaduta relapse
7255 *la*
semplicità simplicity|artlessness
7256 *la*
mostarda mustard
7258 *la*
infermiere nurse
7259 *il*
scivolo slide|slipway
7260 *lo*
neon neon
7262 *i*
notifica notification|serving
7263 *la*
reclutamento recruitment
7265 *il*
pseudonimo pseudonym|alias
7266 *lo*
conchiglia shell
7267 *la*
ribalta limelight
7268 *la*
ragazzaccio brat
7269 *il*
foca seal
7270 *la*
crinale ridge
7271 *il*
fenicio Phoenician; Phoenician
7272 *adj; il*
deodorante deodorant; deodorant
7274 *adj; il*
odissea odyssey
7275 *la*
talismano talisman
7277 *il*
campionato championship
7278 *il*
riflessione reflection|meditation
7279 *la*
carpa carp
7280 *la*
habitat habitat; handicapped
7281 *gli; adj*
poliziotta policewoman
7282 *la*
candido white; white
7283 *adj; il*
attivista activist
7284 *il/la*
annuario yearbook|almanac

7290 *il*
sottosuolo subsoil

7291 *il*
oncia ounce

7292 *le*
abbazia abbey

7295 *la*
castoro beaver

7296 *il*
merluzzo cod

7298 *il*
nesso link

7299 *il*
dentiera denture

7300 *la*
omosessualità homosexuality

7301 *la*
eresia heresy

7302 *la*
petalo petal

7303 *il*
ceramica ceramic

7308 *la*
felpa sweatshirt

7309 *la*
sciacallo jackal

7310 *lo*
contegno behavior|manner

7312 *il*
superiorità superiority

7313 *la*
tifoso fan; fanatic

7319 *il; adj*
artrite arthritis

7320 *la*
centurione centurion

7321 *il*
loto lotus

7323 *il*
ovale oval; oval

7324 *adj; il*
ciambellano chamberlain

7325 *la*
efficacia effectiveness

7327 *la*
ubriachezza drunkenness

7328 *le*
tentacolo tentacle

7329 *il*
disponibilità availability

7330 *la*
bruco caterpillar

7331 *il*
contrattacco counterattack

7332 *il*
babordo port

7333 *il*
cocchiere coachman

7334 *il*
restauro restoration|repair

7335 *il*
prelievo withdrawal

7336 *il*
conoscente acquaintance

7337 *il/la*
lesione lesion|injury

7339 *la*
scettico skeptic; sceptical

7341 *lo; adj*
crostata tart

7343 *la*
fragore crash|thunder

7344 *il*
anestetico anesthetic; anesthetic

7345 *adj; il*
lupus lupus

7346 *il*
visibilità visibility

7347 *la*
rogna mange|scabies

7348 *la*
sinagoga synagogue

7349 *la*
insurrezione insurrection|insurgency

7350 *le*
pagella report card|school report

7351 *la*
incertezza uncertainty|suspense

7353 *le*
scompiglio confusion|mess

7355 *lo*
ragnatela web

7356 *la*
purgatorio purgatory; purgatorial
7357 *il; adj*
pizzo lace
7358 *il*
sgombro mackerel; clear
7359 *lo; adj*
narice nostril
7360 *la*
spogliarello striptease
7361 *lo*
sidro cider
7362 *il*
inning inning
7364 *gli*
levatrice midwife
7366 *la*
confidente confidant; confident
7367 *il/la; adj*
fosforo phosphorus
7368 *il*
comizio meeting
7369 *il*
magnaccia ponce
7371 *i*
esca bait|tinder
7373 *le*
furetto ferret
7375 *il*
mandarino mandarin
7376 *il*
cavità cavity|hollow
7377 *le*
apparecchiatura equipment
7378 *le*
slip briefs
7379 *gli*
ozono ozone
7380 *il*
cambogiano Cambodian; Cambodian
7381 *adj; il*
offerente bidder
7382 *il/la*
supplica supplication|petition
7383 *la*
cumulo heap|drift
7384 *il*
ortografia spelling
7386 *la*
duna dune
7387 *la*
furbacchione dodger|slicker
7388 *il*
valletto valet
7390 *il*
porpora purple
7391 *la*
ciclone cyclone
7392 *il*
panca bench
7395 *la*
decennio decade
7397 *il*
cesta basket
7398 *la*
marionetta puppet
7399 *la*
eufemismo euphemism
7402 *il*
bisonte bison
7404 *il*
estintore fire extinguisher|quencher
7405 *il*
elica propeller
7409 *le*
provenienza origin|provenance
7411 *la*
incapacità inability
7412 *le*
dondolo rocking chair
7415 *il*
samba samba
7416 *la*
sovraccarico overload; overladen
7417 *il; adj*
abbronzatura tanning|tan
7418 *la*
puma puma
7419 *la*
mammifero mammal; mammalian
7420 *il; adj*
ranocchio frog

7422 *il*
latrina latrine

7423 *la*
telespettatore televiewer

7424 *il*
riviera coast

7425 *la*
ammontare amount; amount

7426 *il; vb*
indicatore indicator|gauge

7427 *il*
tranquillante tranquilizer; tranquilizing

7428 *il; adj*
escremento excrement|faeces

7429 *il*
erpete herpes

7430 *il*
graffito graffito

7433 *il*
incasso taking

7435 *il*
frattura fracture|break

7436 *la*
unicorno unicorn

7440 *il*
clessidra hourglass

7442 *la*
frutteto orchard

7444 *il*
psiche psyche

7447 *la*
ringhiera railing

7448 *la*
grafico graphic; chart

7449 *adj; il*
forestiero stranger; alien

7453 *il; adj*
spacco split|slit

7454 *lo*
interiora innards

7455 *le*
camerata dormitory|comrade

7456 *la*
zanna tusk

7457 *la*
scalo airport

7458 *lo*
osteria tavern|pub

7459 *le*
pattinaggio skating

7460 *il*
infrazione infringement|offense

7462 *le*
pellerossa redskin

7463 *il/la*
pezza piece|rag

7465 *la*
pedale pedal

7466 *il*
canguro kangaroo

7468 *il*
burocrate bureaucrat

7471 *il*
stridore scrape

7473 *lo*
scappatoia loophole

7475 *la*
nozione notion

7476 *la*
malavita underworld

7477 *la*
incitamento incitement

7478 *il*
evo ages

7479 *il*
pugilato boxing

7480 *il*
provocazione provocation

7481 *la*
metrò tube

7482 *il*
nomade nomadic; nomad

7484 *adj; il/la*
creatività creativeness

7487 *la*
cruciverba crossword

7488 *i*
pianificazione planning

7490 *la*
emissione emission|issue

7491 *le*
tabellone billboard|bulletin board

7493 *il*
cacao cocoa
7494 *il*
videoregistratore video recorder
7495 *il*
falsità falsehood|falseness
7496 *le*
distinzione distinction
7497 *la*
sperimentazione experimentation
7498 *la*
inclinazione inclination|tilt
7499 *la*
compatriota compatriot
7500 *il/la*
galleggiante floating; float
7502 *adj; il*

Verbs

Italian	English Translation
Rank	Part of Speech
annusare	smell
5002	*vb*
imbrogliare	cheat|fool
5003	*vb*
insinuare	insinuate
5005	*vb*
bastonare	beat|club
5007	*vb*
percorrere	travel|walk
5018	*vb*
mimare	mimic
5023	*vb*
giustificare	justify|excuse
5024	*vb*
criticare	criticize|comment
5025	*vb*
annoiare	bore|get bored
5027	*vb*
commerciare	trade|traffic
5036	*vb*
coltivare	cultivate|grow
5038	*vb*
sommare	add; all in all; all things considered
5046	*vb; adv; phr*
apprendere	learn|understand
5061	*vb*
sussultare	wince
5064	*vb*
sciare	ski
5077	*vb*
sbarazzare	rid
5084	*vb*
localizzare	locate|localize
5087	*vb*
prevenire	prevent|forestall
5096	*vb*
azzardare	venture|dare
5104	*vb*
limare	file
5107	*vb*
convivere	live together
5108	*vb*
incantare	enchant|be charmed
5113	*vb*
assalire	attack|storm
5131	*vb*
impalare	impale
5134	*vb*
appendere	hang|append
5136	*vb*
paralizzare	paralyze
5139	*vb*
disperdere	disperse|disband
5143	*vb*
diffondere	spread|disseminate
5145	*vb*
processare	try
5151	*vb*
contribuire	contribute|concur
5155	*vb*
protestare	protest
5160	*vb*
evadere	escape|evade
5161	*vb*
dimettere	resign
5180	*vb*
massacrare	massacre
5182	*vb*
sbarrare	bar|cross
5186	*vb*
forzare	force|compel
5194	*vb*
belare	bleat
5199	*vb*
splendere	shine
5201	*vb*
sovrintendere	supervise
5216	*vb*
pressare	press
5230	*vb*
avviare	start|initiate
5237	*vb*
radere	shave|raze
5238	*vb*
qualificare	qualify|describe
5241	*vb*
bilanciare	balance
5246	*vb*

cucire sew|needle
5249 *vb*
ingoiare gobble
5257 *vb*
compromettere compromise
5260 *vb*
consultare consult|examine
5261 *vb*
scioccare shock
5263 *vb*
fondere melt|merge
5266 *vb*
infiltrare infiltrate
5267 *vb*
rimpiangere regret
5280 *vb*
invadere invade|raid
5287 *vb*
decifrare decipher|crack
5292 *vb*
blindare armor
5293 *vb*
citare quote|mention
5298 *vb*
preservare preserve|keep
5308 *vb*
adeguare adapt|adjust
5323 *vb*
classificare classify|rank
5324 *vb*
censurare censor
5328 *vb*
sospendere suspend
5330 *vb*
profumare perfume|smell
5334 *vb*
reclamare claim
5339 *vb*
modificare change|modify
5341 *vb*
rimorchiare tow
5353 *vb*
zuccherare sweeten
5358 *vb*
oltrepassare exceed|cross
5363 *vb*
rivivere relive
5370 *vb*
pungere sting|tingle
5381 *vb*
istruire instruct|educate
5391 *vb*
liquidare liquidate|settle
5396 *vb*
storcere twist|wrench
5402 *vb*
trarre draw|get
5403 *vb*
allenare train|exercise
5404 *vb*
elevare raise|rise
5411 *vb*
risvegliare awaken|revive
5412 *vb*
distrarre distract
5416 *vb*
abortire abort
5435 *vb*
rovesciare overthrow|topple
5445 *vb*
lusingare flatter
5449 *vb*
posare lay|rest
5457 *vb*
sgombrare clear
5463 *vb*
puzzare stink|smell
5487 *vb*
annegare drown
5491 *vb*
tollerare tolerate|overlook
5495 *vb*
depositare deposit
5503 *vb*
affollare crowd
5505 *vb*
intitolare call
5507 *vb*
piegare fold
5511 *vb*
implicare imply|entail
5520 *vb*

escludere exclude|rule out
5521 *vb*
chinare bow|bend down
5523 *vb*
perquisire search
5525 *vb*
riattaccare hang up
5534 *vb*
innervosire annoy
5547 *vb*
trasparire transpire
5557 *vb*
ricorrere resort|appeal
5559 *vb*
ammassare amass|mass
5560 *vb*
saldare weld|solder
5564 *vb*
tappare plug
5572 *vb*
ricoprire cover|hold
5574 *vb*
rinchiudere enclose|confine
5576 *vb*
distribuire distribute|deliver
5581 *vb*
generare generate|produce
5584 *vb*
immergere immerse|dip
5590 *vb*
equivalere amount
5595 *vb*
effettuare make|carry out
5598 *vb*
ulcerare ulcerate
5600 *vb*
ripagare pay|reward
5607 *vb*
concepire conceive
5610 *vb*
scatenare set off|rouse
5612 *vb*
manipolare manipulate|handle
5615 *vb*
spargere spread|shed
5617 *vb*
ricoverare shelter
5618 *vb*
acconsentire agree|consent
5628 *vb*
acquisire acquire
5630 *vb*
imporre impose|force
5635 *vb*
imitare imitate|mimic
5637 *vb*
appoggiare support|rest
5642 *vb*
illuminare illuminate|enlighten
5644 *vb*
navigare navigate
5645 *vb*
distendere stretch|relax
5647 *vb*
sganciare unhook
5648 *vb*
lucidare polish|rub
5650 *vb*
seminare sow|spread
5657 *vb*
santificare sanctify
5661 *vb*
sussidiare assist
5667 *vb*
recare cause
5674 *vb*
affogare drown
5678 *vb*
prelevare withdraw|draw
5690 *vb*
svitare unscrew
5693 *vb*
laureare graduate
5695 *vb*
emergere emerge
5701 *vb*
calare fall|drop
5703 *vb*
ascendere ascend
5710 *vb*
segnalare report|signal
5719 *vb*

confidare trust|rely
5726 *vb*
bluffare bluff
5739 *vb*
silurare torpedo
5741 *vb*
regnare reign
5749 *vb*
gonfiare inflate|swell
5753 *vb*
accordare grant|tune
5754 *vb*
tassare tax|rate
5759 *vb*
installare install|wire
5766 *vb*
dissanguare drain
5769 *vb*
allargare enlarge|widen
5773 *vb*
svanire fade|vanish
5776 *vb*
frignare snivel
5778 *vb*
strillare scream|shriek
5779 *vb*
allevare raise|breed
5780 *vb*
avvolgere wrap|wind
5784 *vb*
minare undermine
5791 *vb*
accoltellare stab
5803 *vb*
barrare bar
5805 *vb*
scaldare heat|warm
5807 *vb*
sibilare hiss|whistle
5808 *vb*
deporre lay|testify
5814 *vb*
schiantare smash
5826 *vb*
sonare blow
5827 *vb*
prescegliere choose
5836 *vb*
sofisticare sophisticate
5868 *vb*
sottovalutare underestimate|understate
5869 *vb*
frustrare frustrate
5872 *vb*
tributare render
5877 *vb*
soffocare choke|smother
5879 *vb*
ghiacciare freeze
5883 *vb*
divorare devour
5898 *vb*
incassare cash|collect
5908 *vb*
cazzeggiare fuck around
5918 *vb*
ridire object
5932 *vb*
abilitare qualify
5942 *vb*
ruggire roar
5948 *vb*
riscuotere collect
5949 *vb*
radunare gather|muster
5957 *vb*
bombardare bomb|shell
5962 *vb*
arare plow|till
5969 *vb*
disattivare deactivate
5972 *vb*
imprigionare imprison|trap
5973 *vb*
vagare wander|roam
5976 *vb*
elaborare process|elaborate
5981 *vb*
connettere connect|joint
5992 *vb*
misurare measure|gauge
5994 *vb*

cacare shit
6006 *vb*
inciampare stumble|trip
6017 *vb*
percepire perceive|feel
6026 *vb*
impiegare use|take
6043 *vb*
centrare center
6060 *vb*
annettere annex|attach
6061 *vb*
odorare smell|scent
6068 *vb*
svuotare empty
6074 *vb*
sigillare seal|seal up
6081 *vb*
associare associate|combine
6085 *vb*
traslocare move
6094 *vb*
precipitare fall|dash
6104 *vb*
stivare stow
6111 *vb*
sussurrare whisper
6117 *vb*
sedurre seduce|entice
6122 *vb*
nevicare snow
6143 *vb*
sfiorare touch|brush
6145 *vb*
provvedere provide|provide for
6152 *vb*
rinascere revive
6158 *vb*
conteggiare count|charge
6159 *vb*
stuprare rape
6160 *vb*
ambire aspire
6167 *vb*
salpare sail
6168 *vb*
impaurire frighten|get frightened
6172 *vb*
pronunciarsi pronounce
6194 *vb*
sbarcare land
6196 *vb*
eccellere excel
6201 *vb*
rivolgersi apply
6203 *vb*
sottrarre subtract|steal
6204 *vb*
imbarazzare embarrass|perplex
6213 *vb*
improvvisare improvise|rig
6214 *vb*
allungare stretch|lengthen
6216 *vb*
elidere elide
6219 *vb*
trascurare neglect|overlook
6227 *vb*
compilare compile
6232 *vb*
agganciare hook
6252 *vb*
confortare comfort|encourage
6272 *vb*
smammare shove off
6277 *vb*
cooperare cooperate|pull together
6283 *vb*
rassicurare reassure|be reassured
6285 *vb*
bisbigliare whisper
6287 *vb*
mormorare murmur|whisper
6289 *vb*
rincrescere regret
6297 *vb*
esultare exult|glory
6309 *vb*
allacciare fasten|tie
6314 *vb*
ovviare remedy
6318 *vb*

ricavare obtain|extract
6340 *vb*
strangolare strangle|choke
6357 *vb*
arrugginire rust
6363 *vb*
inspirare inspire
6364 *vb*
schizzare splash|squirt
6366 *vb*
galleggiare float
6368 *vb*
rammaricare regret
6369 *vb*
respingere reject|dismiss
6370 *vb*
prescindere prescind
6380 *vb*
bocciare reject
6383 *vb*
fiatare breathe
6385 *vb*
truccare make up
6393 *vb*
assolvere absolve|discharge
6394 *vb*
intervistare interview
6402 *vb*
demolire demolish
6409 *vb*
civettare flirt|jilt
6425 *vb*
asciugare dry|wipe
6427 *vb*
accontentare please
6435 *vb*
strafare overdo it
6445 *vb*
ingrassare grease
6457 *vb*
decorare decorate
6458 *vb*
irritare irritate|anger
6467 *vb*
infuriare rage|rave
6468 *vb*
pedinare tail
6469 *vb*
diminuire decrease|reduce
6477 *vb*
diluviare pour|shower
6478 *vb*
adattare adapt|fit
6482 *vb*
copiare copy
6492 *vb*
scintillare sparkle|spark
6496 *vb*
maneggiare handle|use
6498 *vb*
stordire stun|stupefy
6500 *vb*
guastare spoil|damage
6514 *vb*
disfare undo|unpack
6518 *vb*
sporcare dirty|stain
6520 *vb*
incoraggiare encourage|foster
6524 *vb*
intralciare hinder|encumber
6526 *vb*
mascherare mask|hide
6529 *vb*
slegare untie|loose
6544 *vb*
sopraffare overwhelm|vanquish
6549 *vb*
ricreare recreate|relax
6550 *vb*
sbirciare peek
6565 *vb*
rinvenire find|revive
6568 *vb*
dimagrire lose weight|grow thin
6584 *vb*
infastidire annoy|irk
6596 *vb*
schermare shield
6598 *vb*
brigare intrigue
6599 *vb*

riaprire reopen
6607 *vb*
sporgere protrude|lean out
6610 *vb*
sbuffare snort|puff
6611 *vb*
dolere ache|be sorry
6627 *vb*
aggiornare update
6631 *vb*
applaudire applaud|cheer
6634 *vb*
calpestare trample|trample on
6647 *vb*
ledere damage
6650 *vb*
scovare find|flush out
6655 *vb*
infettare infect
6659 *vb*
incominciare begin
6660 *vb*
svelare reveal|unveil
6661 *vb*
applicare apply|put on
6666 *vb*
spazzare sweep
6669 *vb*
schiarire clear|brighten up
6671 *vb*
piagnucolare whine|whimper
6675 *vb*
indurre induce|bring
6677 *vb*
deviare divert|deflect
6699 *vb*
perseguitare persecute|haunt
6704 *vb*
annientare annihilate
6733 *vb*
vietare prohibit|ban
6736 *vb*
immischiare interfere
6745 *vb*
abboccare bite
6749 *vb*
perseguire pursue|prosecute
6756 *vb*
distaccare detach|second
6769 *vb*
iniettare inject
6775 *vb*
rimpiazzare replace|displace
6778 *vb*
curiosare browse
6788 *vb*
sommergere submerge|flood
6789 *vb*
selezionare select|sort
6792 *vb*
anticipare anticipate|advance
6796 *vb*
contaminare contaminate|defile
6802 *vb*
disobbedire disobey
6817 *vb*
inchiodare nail|rivet
6822 *vb*
ipotecare mortgage
6823 *vb*
rafforzare strengthen
6825 *vb*
dedurre deduce|conclude
6831 *vb*
tramandare hand down
6832 *vb*
ospitare accommodate|hold
6845 *vb*
intraprendere undertake
6856 *vb*
raffreddare cool|cool off
6857 *vb*
corazzare armor
6858 *vb*
mortificare mortify
6860 *vb*
raffinare refine|defecate
6864 *vb*
franare collapse|slide down
6874 *vb*
incriminare incriminate|indict
6877 *vb*

scartare discard
6883 *vb*
costituire constitute|form
6885 *vb*
disonorare dishonor|sully
6893 *vb*
ghigliottinare guillotine
6901 *vb*
contrariare upset|oppose
6903 *vb*
graffiare scratch
6904 *vb*
frullare whisk|flutter
6907 *vb*
congedare dismiss
6914 *vb*
compensare compensate|compensate for
6918 *vb*
assorbire absorb|adsorb
6937 *vb*
affilare sharpen
6939 *vb*
estendere extend|expand
6947 *vb*
tosare shear|clip
6962 *vb*
errare err|wander
6968 *vb*
incatenare enchain
6973 *vb*
tarare calibrate
6983 *vb*
sottolineare stress|underline
6986 *vb*
distorcere distort|twist
6987 *vb*
coccolare pet|pamper
6991 *vb*
entusiasmare enthuse
6996 *vb*
ricaricare recharge|refill
7009 *vb*
aggirare bypass
7020 *vb*
sfinire exhaust|wear out
7023 *vb*
pattinare skate
7035 *vb*
disputare dispute|argue
7039 *vb*
favorire promote|favor
7042 *vb*
flirtare flirt
7044 *vb*
lessare boil
7046 *vb*
incollare paste|stick
7047 *vb*
accecare blind
7053 *vb*
smontare disassemble|dismantle
7059 *vb*
prefiggere fix beforehand
7064 *vb*
falsificare falsify|forge
7074 *vb*
siglare sign
7078 *vb*
meravigliare wonder|surprise
7079 *vb*
predisporre predispose
7081 *vb*
espirare breathe out
7094 *vb*
balbettare stutter|babble
7109 *vb*
ripristinare restore
7117 *vb*
ispezionare inspect
7125 *vb*
rinnovare renew|renovate
7126 *vb*
monologare monologize
7131 *vb*
rimare rhyme
7147 *vb*
ripassare revise
7152 *vb*
arretrare draw back
7156 *vb*
frugare rummage
7160 *vb*

invertire reverse|be inverted
7161 *vb*
scodellare dish out
7164 *vb*
depravare deprave
7166 *vb*
intimidire intimidate|threaten
7172 *vb*
urtare bump|strike
7175 *vb*
consumare consume|use
7178 *vb*
devastare devastate|ravage
7186 *vb*
riscaldare heat|warm
7187 *vb*
erodere erode
7192 *vb*
ammanettare handcuff
7195 *vb*
decapitare decapitate
7203 *vb*
escogitare devise|think up
7211 *vb*
riprodurre reproduce
7213 *vb*
manomettere tamper
7227 *vb*
tacciare tax
7242 *vb*
prolungare extend|prolong
7249 *vb*
atterrire terrify|frighten
7264 *vb*
stridere screech|squeal
7276 *vb*
infestare infest|haunt
7285 *vb*
raddoppiare double|redouble
7288 *vb*
intrattenere entertain
7289 *vb*
smarrire lose|get lost
7293 *vb*
scacciare drive away|expel
7294 *vb*
blaterare chatter
7297 *vb*
mischiare mix|mingle
7304 *vb*
sbalordire astound|stun
7306 *vb*
fabbricare manufacture|make
7311 *vb*
mescolare mix|stir
7314 *vb*
sbucare come out of
7317 *vb*
reclutare recruit
7318 *vb*
ciondolare dangle
7322 *vb*
gareggiare compete|race
7326 *vb*
aggiudicare award
7338 *vb*
digerire digest
7365 *vb*
piccarsi be offended
7393 *vb*
friggere fry
7394 *vb*
intromettere intervene|come between
7396 *vb*
rotolare roll
7401 *vb*
vagliare sift|examine
7410 *vb*
tingere dye|color
7413 *vb*
illustrare illustrate
7414 *vb*
ammontare amount; amount
7426 *il; vb*
alterare alter|falsify
7431 *vb*
supplire make up
7434 *vb*
narrare tell|relate
7439 *vb*
dirottare hijack|divert
7443 *vb*

calzare fit|wear

7445 *vb*

vantare claim

7446 *vb*

manifestare manifest|express

7450 *vb*

disgustare disgust|put off

7451 *vb*

ristabilire restore|re-establish

7452 *vb*

erigere erect|build

7464 *vb*

delirare rave

7470 *vb*

accertare ascertain

7501 *vb*

Alphabetical order

A

Word	Translation	Rank	Part of speech
abate	abbot	5583	*il*
abbazia	abbey	7295	*la*
abboccare	bite	6749	*vb*
abbondante	abundant|plenty	6266	*adj*
abbronzatura	tanning|tan	7418	*la*
abilitare	qualify	5942	*vb*
abitazione	home|house	6012	*le*
abituale	usual|habitual	6197	*adj*
abominevole	abominable	6916	*adj*
abortire	abort	5435	*vb*
abuso	abuse|excess	5226	*il*
accademico	academic; academic	7191	*adj; il*
accappatoio	bathrobe	6998	*il*
accecare	blind	7053	*vb*
accenno	hint|reference	7154	*il*
accertare	ascertain	7501	*vb*
accessibile	accessible|attainable	7515	*adj*
accessorio	accessory; subsidiary	6071	*il; adj*
accettazione	acceptance	6602	*le*
accidentale	accidental|adventitious	6209	*adj*
accidentalmente	accidentally	5400	*adv*
accogliente	cozy|hospitable	5228	*adj*
accoltellare	stab	5803	*vb*
accompagnatore	companion	6113	*il*
acconciatura	hairstyle|headdress	7216	*la*
acconsentire	agree|consent	5628	*vb*
accontentare	please	6435	*vb*
acconto	account|deposit	6193	*lo*
accoppiamento	coupling|connection	7142	*gli*
accordare	grant|tune	5754	*vb*
accuratamente	carefully	6270	*adv*
accurato	accurate|careful	7221	*adj*
accusato	defendant	5211	*i*
aceto	vinegar	5979	*il*
acquisire	acquire	5630	*vb*
acre	acrid	5418	*adj*
acuto	acute; high note	5479	*adj; il*
adagio	adage; adagio	5988	*il; adv*
adattamento	adaptation|adjustment	5248	*lo*
adattare	adapt|fit	6482	*vb*
addolorato	pained|sorrowful	6862	*adj*
addome	abdomen	7177	*il*
addominale	abdominal	7015	*adj*
adeguare	adapt|adjust		

5323 *vb*
adesivo adhesive; adhesive
5045 *adj; il*
adozione adoption
5788 *la*
adulterio adultery
6102 *il*
affascinante charming|fascinating
5336 *adj*
affermazione statement|claim
5327 *le*
affettuoso affectionate|loving
5062 *adj*
affilare sharpen
6939 *vb*
affogare drown
5678 *vb*
affollare crowd
5505 *vb*
affronto affront|snub
6264 *lo*
agganciare hook
6252 *vb*
aggancio couple
6590 *il*
aggiornamento updating
5665 *il*
aggiornare update
6631 *vb*
aggiornato up-to-date
5762 *adj*
aggirare bypass
7020 *vb*
aggiudicare award
7338 *vb*
aggressività aggression
6932 *le*
aggressore attacker
6244 *il*
agile agile|lithe
6288 *adj*
agnellino lambkin
7159 *il*
agricoltore farmer|agriculturist
6620 *il*
agricoltura agriculture

5683 *la*
Ahimè! Alas!
5357 *int*
al di là outside
5080 *prp*
albanese Albanian; Albanian
6379 *adj; il/la*
alce elk
6572 *il*
alcolizzato alcoholic
5152 *adj*
alcuno any|some
5734 *adj*
alfabeto alphabet
6295 *il*
alga alga
5485 *la*
alias alias
5496 *adv*
alimentazione supply|feeding
5192 *le*
allacciare fasten|tie
6314 *vb*
allargare enlarge|widen
5773 *vb*
allenare train|exercise
5404 *vb*
allergia allergy
5967 *le*
allettante tempting|tantalizing
5483 *adj*
allevamento breeding|farm
5585 *il*
allevare raise|breed
5780 *vb*
allevatore farmer
7037 *il*
allibratore bookmaker
7153 *gli*
alligatore alligator
6799 *il*
alluce big toe
7212 *il*
allucinante incredible
7389 *adj*
alluminio aluminum

5963 *lo*

allungare stretch|lengthen
6216 *vb*

alone halo
6984 *lo*

altalena swing
7010 *le*

alterare alter|falsify
7431 *vb*

alterato altered
5934 *adj*

altitudine altitude
5040 *le*

altro che but; but
5729 *con; prp*

alveare hive
5385 *il*

amabile lovable|amiable
5864 *adj*

ambientale environmental
6126 *adj*

ambire aspire
6167 *vb*

ambulante itinerant
5832 *adj*

ammalato sick; sick person
7518 *adj; il*

ammanettare handcuff
7195 *vb*

ammassare amass|mass
5560 *vb*

ammenda amends
6938 *le*

ammirato delighted
6555 *adj*

ammirazione admiration
5338 *le*

ammirevole admirable
5848 *adj*

ammontare amount; amount
7426 *il; vb*

ammutinamento mutiny
6560 *il*

amnesia amnesia
5120 *le*

amorevole loving
6783 *adj*

amoroso loving|amorous
7315 *adj*

ampio large|wide
5426 *adj*

amuleto amulet
5999 *il*

anale anal
6888 *adj*

ananas pineapple
5408 *gli*

anarchia anarchy
6073 *le*

anatomia anatomy
6140 *le*

anca hip
6703 *le*

anestesia anesthesia|anesthetization
5756 *le*

anestetico anesthetic; anesthetic
7345 *adj; il*

anfetamina amphetamine
7139 *la*

angolazione angulation
6251 *la*

anguilla eel
7183 *la*

anidride anhydride
7254 *le*

animato animated|lively
6558 *adj*

animazione animation
5295 *le*

annata vintage
5995 *la*

annegare drown
5491 *vb*

annegato drowned
5179 *adj*

annettere annex|attach
6061 *vb*

annientare annihilate
6733 *vb*

annoiare bore|get bored
5027 *vb*

annuario yearbook|almanac

7290 *il*
annullamento annulment|cancellation
6777 *il*
annusare smell
5002 *vb*
ano anus
5349 *lo*
anormale abnormal
5837 *adj*
anteprima preview
7027 *le*
antibiotico antibiotic; antibiotic
6681 *adj; il*
antichità antiquity|antique
7080 *le*
anticipare anticipate|advance
6796 *vb*
anticipato premature
5313 *adj*
antidolorifico painkiller; analgesic
6795 *il; adj*
antipasto appetizer|hors d'oeuvre
7133 *il*
antipatico unpleasant|disagreeable
5809 *adj*
antiproiettile bulletproof
5386 *adj*
antiquariato antique trade
6329 *il*
anziché rather than
6600 *adv*
aperitivo aperitif|appetizer
6170 *il*
apice apex|peak
5700 *il*
apparato apparatus
7217 *il*
apparecchiatura equipment
7378 *le*
apparente apparent
6039 *adj*
appendere hang|append
5136 *vb*
applaudire applaud|cheer
6634 *vb*
applicare apply|put on
6666 *vb*
applicazione application
6603 *le*
appoggiare support|rest
5642 *vb*
appositamente specially
7261 *adv*
apprendere learn|understand
5061 *vb*
appresso near; lateral
5608 *prp; adv*
appropriato appropriate|proper
6173 *adj*
approssimativamente approximately
7363 *adv*
aquilone kite
6497 *il*
aragosta lobster
5169 *la*
arancio orange; orange
7180 *adj; gli*
arare plow|till
5969 *vb*
arciere archer
6207 *il*
ardente ardent|burning
5543 *adj*
ardore ardor|heat
7190 *il*
argenteria silverware
7169 *la*
argentino Argentine
5285 *adj*
argilla clay
6271 *la*
argo argon
6005 *gli*
ariete battering-ram
5202 *gli*
armamento armament|equipment
6301 *il*
armeno Armenian; Armenian
5407 *adj; gli*
armonico harmonic
6913 *adj*
arnese tool|thing

6854 *il*
aroma aroma|flavor
7157 *il*
arredamento furnishings|decor
6263 *il*
arretrare draw back
7156 *vb*
arrugginire rust
6363 *vb*
arsenale arsenal|dockyard
6438 *il*
arteria artery
5431 *le*
artico Arctic
7008 *adj*
artrite arthritis
7320 *la*
ascendere ascend
5710 *vb*
asciugare dry|wipe
6427 *vb*
ascoltatore listener
7173 *il*
asfalto asphalt
6001 *il*
asiatico Asian; Asian
6768 *adj; il*
aspirante aspirant; aspiring
6374 *il/la; adj*
aspirapolvere vacuum cleaner
5114 *gli*
assalire attack|storm
5131 *vb*
asse axis|axle
5014 *il*
assedio siege
5191 *il*
associare associate|combine
6085 *vb*
assolo solo; solo
6776 *adv; gli*
assoluzione absolution
5993 *la*
assolvere absolve|discharge
6394 *vb*
assorbire absorb|adsorb
6937 *vb*
assunzione assumption|engagement
7083 *le*
asteroide asteroid
6969 *il*
astinenza abstinence
6573 *le*
astro star
6747 *gli*
astuzia cunning|astuteness
5900 *la*
atletico athletic
7467 *adj*
atomo atom|atomy
5758 *il*
atterrire terrify|frighten
7264 *vb*
attivazione activation
6291 *la*
attivista activist
7284 *il/la*
audacia audacity|boldness
6990 *la*
augusto august
5567 *il*
aura aura
6415 *la*
australiano Australian; Australian
6719 *adj; il*
autodistruzione self-destruction
6819 *le*
autostop hitch-hiking
6392 *il*
avamposto outpost
6310 *il*
avanzo remains|remnant
6943 *il*
avaria damage
7034 *la*
avena oats
6706 *le*
avidità greed|avidity
5304 *le*
avido greedy|eager
5165 *adj*
avo grandfather

5272 *il*

avorio ivory
6269 *il*

avvelenamento poisoning
7115 *il*

avviare start|initiate
5237 *vb*

avvio start
7236 *lo*

avvolgere wrap|wind
5784 *vb*

avvoltoio vulture
5354 *il*

aziendale corporate
5423 *adj*

azionista shareholder
5535 *il/la*

azzardare venture|dare
5104 *vb*

B

babbeo sucker|dupe
5079 *il*

babordo port
7333 *il*

bacca berry
6032 *la*

bacchetta rod
7024 *la*

bacetto peck
5904 *il*

bagliore glare|flare
6698 *il*

Bah! Bah!
6664 *int*

baionetta bayonet
6737 *la*

baita chalet
6925 *la*

balbettare stutter|babble
7109 *vb*

baldoria spree|revelry
5673 *la*

baleno flash
7210 *il*

balzare jump|skip
7512 *vb*

bambolina dolly
5553 *la*

bambù bamboo
6927 *il*

bancario banking; bank clerk
5142 *adj; il*

bancomat cash machine
5570 *il*

bando announcement|ban
6195 *il*

barbaro barbarian; barbarian
5129 *adj; il*

barbone tramp
6315 *il*

barra bar
5234 *la*

barrare bar
5805 *vb*

barretta bar
7132 *la*

bassofondo shoal
6321 *il*

bastonare beat|club
5007 *vb*

bastoncino stick
5915 *il*

batista batiste
7013 *la*

batterio bacterium
6591 *il*

battitore beater
6608 *il*

battuto wrought
5757 *adj*

bebè baby
5473 *il*

beccata peck
5193 *le*

belare bleat
5199 *vb*

belva wild beast
5708 *la*

benefattore benefactor
7155 *il*

benevolenza benevolence|kindness
6433 *la*
bensì very well
6588 *adv*
bestiale bestial|feral
7062 *adj*
bevanda drink|fizz
5075 *la*
bikini bikini
5346 *il*
bilanciare balance
5246 *vb*
bilancio balance
5082 *il*
binocolo binoculars
5627 *il*
biografia biography
5641 *la*
bisbigliare whisper
6287 *vb*
bisnonno great grandfather
6311 *il*
bisonte bison
7404 *il*
bisturi scalpel
5625 *il*
bit bit
7093 *i*
blaterare chatter
7297 *vb*
blindare armor
5293 *vb*
blindato armored|bulletproof
7489 *adj*
bluff bluff
5497 *il*
bluffare bluff
5739 *vb*
boa buoy
5269 *lo*
boccata mouthful
5467 *la*
bocciare reject
6383 *vb*
bollettino bulletin|report
6191 *il*
bollito boiled
7370 *adj*
bombardare bomb|shell
5962 *vb*
bombardiere bomber
5020 *il*
botola trap-door
5668 *la*
brama craving|desire
7520 *la*
branda cot
6545 *la*
brandello shred
6553 *il*
breccia breach
6066 *la*
briciola crumb
5604 *la*
briciolo bit
6078 *lo*
brigante brigand
6834 *il*
brigare intrigue
6599 *vb*
broccolo broccoli
6720 *il*
broncio pout|sulk
6057 *il*
bronco bronchus
6606 *il*
bronzo bronze
6119 *il*
bruco caterpillar
7331 *il*
brusco abrupt|brusque
6509 *adj*
brutalità brutality
7165 *la*
buca hole|pit
5447 *la*
buddista Buddhist
6797 *il/la*
budino pudding
5275 *il*
bufalo buffalo
6175 *il*

bufera storm
5903 *la*
buffet buffet
5509 *il*
bullo bulldozer
6235 *il*
buonsenso common sense|sanity
6617 *il*
burocrate bureaucrat
7471 *il*
burocrazia bureaucracy
6476 *la*
burrone ravine
6597 *il*
busto bust|torso
6710 *il*

C

cabaret cabaret
6229 *il*
cacao cocoa
7494 *il*
cacare shit
6006 *vb*
cacciavite screwdriver
6376 *il*
cactus cactus
5945 *i*
cadente falling|sagging
6873 *adj*
cadetto cadet
6752 *il*
caduta fall|falling
5303 *la*
caffeina caffeine
6618 *la*
caffetteria cafeteria
6056 *la*
cafone peasant; raffish
6637 *il; adj*
calare fall|drop
5703 *vb*
caldaia boiler
5871 *la*
calice cup|chalice
5322 *il*
calo drop|slump
5124 *il*
caloria calorie
6562 *la*
caloroso warm
6740 *adj*
calpestare trample|trample on
6647 *vb*
calvo bald; baldhead
5536 *adj; il*
calzare fit|wear
7445 *vb*
cambiavalute moneychanger
7057 *i*
cambogiano Cambodian; Cambodian
7381 *adj; il*
camerata dormitory|comrade
7456 *la*
camicetta blouse
5768 *la*
caminetto fireplace
6426 *il*
camioncino pick-up
5614 *il*
camionista truck driver
5597 *il*
camminata walk|gait
5455 *la*
campanile bell tower|steeple
6723 *il*
campionato championship
7278 *il*
canarino canary
5939 *il*
cancellata railing
5795 *la*
candidatura candidacy
6731 *la*
candido white; white
7283 *adj; il*
canguro kangaroo
7468 *il*
canile kennel
6507 *il*
cannella cinnamon

6759 *la*

cannibale cannibal

6979 *il*

cannuccia straw

7189 *la*

canoa canoe

6423 *la*

cantante singer; singing

5592 *il/la; adj*

capitalismo capitalism

5174 *il*

capitano captain|leader

6371 *il*

capolinea terminus

5996 *il*

caposquadra foreman

5135 *il*

cappellano chaplain

5088 *il*

cappellino bonnet

6985 *il*

cappio loop

6672 *il*

cappuccio cap|hood

5231 *il*

capro billygoat

5639 *il*

caprone billygoat

6360 *il*

carato carat

6155 *il*

carcassa carcass

6626 *la*

carcerato prisoner|inmate

6539 *il*

carestia famine

6833 *la*

cargo freighter

6665 *il*

caricato loaded

5001 *adj*

caricatore loader|magazine

5196 *il*

carnale carnal

7486 *adj*

carneficina carnage|shambles

6139 *la*

carnevale carnival

5276 *il*

carota carrot

5379 *la*

carovana caravan

5889 *la*

carpa carp

7280 *la*

carretta cart

6774 *la*

carrozzeria body

7045 *la*

cartellino tag|label

5782 *il*

cartuccia cartridge

5556 *la*

casalingo home|homemade

5360 *adj*

casco helmet

6479 *il*

cassonetto pelmet

6806 *il*

castano brown

5859 *adj*

castoro beaver

7296 *il*

cattedra chair

7505 *la*

cauto cautious|wary

6559 *adj*

cavalcata ride

6816 *la*

cavalla mare|stableman

6940 *la*

cavalletta grasshopper

7040 *la*

cavia guinea pig

6341 *la*

cavità cavity|hollow

7377 *le*

cazzeggiare fuck around

5918 *vb*

ceco Czech; Czech

6218 *adj; il*

celebrazione celebration

6724 *la*

celebre famous|great

5100 *adj*

celia badinage

5437 *la*

celibato celibacy

5089 *il*

cena dinner

5857 *la*

censurare censor

5328 *vb*

centrare center

6060 *vb*

centurione centurion

7321 *il*

ceppo log

6604 *il*

ceramica ceramic

7308 *la*

cercatore seeker

5156 *il*

cerniera hinge

6643 *la*

cerotto plaster

5960 *il*

certificato certificate; certified

6642 *il; adj*

cesso bog

5551 *il*

cesta basket

7398 *la*

cetriolo cucumber

7238 *il*

cheto calm

6970 *adj*

chiacchierone chatterbox; mouthy

6116 *il; adj*

chicco berry

6530 *il*

chinare bow|bend down

5523 *vb*

chiosco kiosk|stand

6810 *il*

chirurgico surgical

7352 *adj*

chitarrista guitarist

6963 *il/la*

ciambellano chamberlain

7325 *la*

cianfrusaglia gimcrackery|knick-knacks

6668 *la*

cianuro cyanide

7019 *il*

ciarlatano charlatan|quack

6422 *il*

ciccia flesh

5517 *la*

ciclone cyclone

7392 *il*

ciglio edge|eyelash

5240 *il*

cigolio creaking|squeaking

5913 *il*

ciliegia cherry

7522 *la*

cilindro cylinder

6105 *il*

cimice bug

5917 *la*

cinematografico cinematographic

5606 *adj*

cinghia belt

6450 *la*

cinghiale boar

5480 *il*

cinico cynical; cynic

5083 *adj; il*

cinquecento five hundred

5012 *num*

cinta belt

5971 *la*

ciondolare dangle

7322 *vb*

cisterna tank

6521 *la*

citare quote|mention

5298 *vb*

citazione quote|quotation

5332 *la*

cittadinanza citizenship

6764 *la*

civettare flirt|jilt

6425 *vb*

clandestino clandestine|black

5771 *adj*

classificare classify|rank

5324 *vb*

clausola clause|provision

6055 *la*

clemente clement

5783 *adj*

clemenza clemency|leniency

5944 *la*

clessidra hourglass

7442 *la*

clientela clientele

6552 *la*

clone clone

5471 *il*

cocchiere coachman

7334 *il*

cocciuto stubborn

6766 *adj*

coccolare pet|pamper

6991 *vb*

coerente consistent

7507 *adj*

colei she

5489 *prn*

colera cholera

6080 *il*

colesterolo cholesterol

6682 *il*

collaboratore collaborator

5626 *il*

collant tights

7065 *i*

collettivo collective

6484 *adj*

colletto collar|neck

5839 *il*

collezionista collector

6714 *il/la*

collisione collision|crash

5852 *la*

colmo full; ridge

5933 *adj; il*

colomba dove

5371 *la*

colombiano Columbian

7523 *adj*

colossale colossal

6594 *adj*

colpevolezza guilt|culpability

5653 *la*

coltivare cultivate|grow

5038 *vb*

comandamento commandment

6452 *il*

combustibile fuel; combustible

5158 *il; adj*

comizio meeting

7369 *il*

commando commando

6212 *il*

commercialista business consultant

7240 *il/la*

commerciante dealer|merchant

6842 *il/la*

commerciare trade|traffic

5036 *vb*

commesso salesman|clerk

5397 *il*

commozione emotion

5662 *la*

comodino bedside table

6279 *il*

comodità comfort|convenience

7107 *la*

compatriota compatriot

7500 *il/la*

compensare compensate|compensate for

6918 *vb*

compera purchase

6237 *la*

compilare compile

6232 *vb*

complicità complicity

7112 *la*

componente component|member

5284 *la*

composizione composition|settlement

5159 *la*

composto composed; compound

5274 *adj; il*
compratore buyer
5469 *il*
comprensivo inclusive
5937 *adj*
compromettere compromise
5260 *vb*
comunione Communion
5067 *la*
concentramento concentration
5042 *il*
concepire conceive
5610 *vb*
concessione grant|bestowal
5438 *la*
concezione conception
6569 *la*
conchiglia shell
7267 *la*
concime manure|compost
7032 *il*
concittadino fellow citizen
6622 *il*
concreto concrete
5686 *adj*
concubina concubine
6502 *la*
condanna condemnation|doom
6400 *la*
condannato convict
5110 *il*
condizionale conditional
6293 *adj*
condominio condominium
6282 *il*
condor condor
6317 *i*
conduttore conductor
5899 *il*
confermato confirmed
5314 *adj*
confezione package
5660 *la*
confidare trust|rely
5726 *vb*
confidente confidant; confident

7367 *il/la; adj*
confidenziale confidential
5384 *adj*
confortare comfort|encourage
6272 *vb*
confortevole comfortable|cozy
5399 *adj*
congedare dismiss
6914 *vb*
congettura conjecture|calculation
7128 *la*
congregazione congregation
6952 *la*
coniglietto bunny
5037 *il*
connettere connect|joint
5992 *vb*
cono cone
5366 *il*
conoscente acquaintance
7337 *il/la*
conosciuto known
5252 *adj*
conquista conquest
7508 *la*
conservazione conservation|storage
7104 *la*
consolazione consolation|joy
5091 *la*
consorte consort
7022 *il*
consulenza advice
6653 *la*
consultare consult|examine
5261 *vb*
consumare consume|use
7178 *vb*
consumato consummate
5442 *adj*
consumatore consumer
6721 *il*
contabilità accounting|bookkeeping
6199 *la*
contagioso contagious|infectious
6753 *adj*
container container

6038 *i*

contaminare contaminate|defile
6802 *vb*

conteggiare count|charge
6159 *vb*

contegno behavior|manner
7312 *il*

contenimento restraint
5696 *il*

contorno contour|outline
7245 *il*

contraddizione contradiction
6876 *la*

contrariare upset|oppose
6903 *vb*

contrasto contrast
5970 *il*

contrattacco counterattack
7332 *il*

contrattempo setback
5887 *il*

contribuire contribute|concur
5155 *vb*

controfigura double
5854 *la*

controllore controller
6138 *il*

convegno convention
5219 *il*

convenzionale conventional
6510 *adj*

convenzione convention
6286 *la*

convivere live together
5108 *vb*

convulsione convulsion
7137 *la*

cooperare cooperate|pull together
6283 *vb*

cooperazione cooperation
6280 *la*

coperchio cover|lid
5761 *il*

copiare copy
6492 *vb*

Corano Koran
6574 *il*

corazzare armor
6858 *vb*

cordiale cordial; cordial
5819 *adj; il*

cordone cord
6156 *il*

cornetta receiver
6645 *la*

cornice frame|picture frame
6980 *la*

cornuto horned
5518 *adj*

corporazione guild
7043 *la*

corrente current; current
5337 *adj; la*

correzione correction
6571 *la*

corriera coach
5731 *la*

corrispondente corresponding; correspondent
5841 *adj; il*

corrotto corrupt
6872 *adj*

corteccia bark
6259 *la*

corteo procession
6334 *il*

cortina curtain
5649 *la*

cosiddetto so-called
5911 *adj*

cosmetico cosmetic; cosmetic
7121 *adj; il*

cosmico cosmic
5781 *adj*

cospetto presence
5702 *lo*

costa coast|coastline
5317 *la*

costellazione constellation
7005 *la*

costituire constitute|form
6885 *vb*

costoletta cutlet
6614 *la*
costruttore builder
6974 *il*
cracker cracker
6217 *i*
crampo cramp
6101 *il*
cratere crater
5632 *il*
creatività creativeness
7487 *la*
credente believer
6439 *il/la*
credenza belief|sideboard
6303 *la*
credibilità credibility
7162 *la*
crepuscolo dusk
6331 *il*
cricket cricket
6124 *il*
crinale ridge
7271 *il*
cripta crypt
5951 *la*
cristianesimo Christianity
5490 *il*
criticare criticize|comment
5025 *vb*
croccante crisp
7403 *adj*
crociato crusader; cruciate
6108 *il; adj*
crocifisso crucifix
5153 *il*
crosta crust
5213 *la*
crostata tart
7343 *la*
cruciverba crossword
7488 *i*
crudo raw|piping
6023 *adj*
cruscotto dashboard
5589 *il*
cubo cube; cubic
5519 *il; adj*
cucire sew|needle
5249 *vb*
cucito sewing
6667 *il*
cuffia headset|headphones
6824 *la*
culmine culmination|height
6533 *il*
cumulo heap|drift
7384 *il*
cupido avid
7036 *adj*
cupo dark|gloomy
6742 *adj*
cupola dome
5571 *la*
curiosare browse
6788 *vb*
curvatura curvature|bending
5851 *la*
curvo curved
5910 *adj*

D

d.C. A.D.
6586 *abr*
damasco damask
7224 *il*
danza dance
5164 *la*
debitore debtor
5790 *il*
debutto debut
5725 *il*
decapitare decapitate
7203 *vb*
deceduto deceased
7432 *adj*
decennio decade
7397 *il*
decenza decency
5885 *la*
decifrare decipher|crack

5292 *vb*

decisivo decisive
6623 *adj*

declino decline|wane
6087 *il*

decomposizione decomposition
6779 *la*

decorare decorate
6458 *vb*

decorazione decoration|decor
5897 *la*

decoro decor|decorum
7209 *il*

decreto decree
5053 *il*

dedizione dedication
5376 *la*

dedurre deduce|conclude
6831 *vb*

degenerato degenerate
6892 *adj*

delegazione delegation
7129 *la*

deliberatamente deliberately
5532 *adv*

delicatamente gently
6050 *adv*

delicatezza delicacy|gentleness
6169 *la*

delirare rave
7470 *vb*

delirio delirium
5102 *il*

delizia delight
5588 *la*

deluso disappointed
6525 *adj*

demente demented; madman
6183 *adj; la*

demenza dementia
7237 *la*

demolire demolish
6409 *vb*

demolizione demolition
6982 *la*

dentiera denture
7300 *la*

dentifricio toothpaste
5375 *il*

deodorante deodorant; deodorant
7274 *adj; il*

deporre lay|testify
5814 *vb*

depositare deposit
5503 *vb*

depravare deprave
7166 *vb*

depravazione depravity|wickedness
7246 *la*

designer designer
7134 *i*

determinato determined
5844 *adj*

determinazione determination
5420 *la*

detonazione detonation
6649 *la*

detrito debris
6185 *il*

devastante devastating
6053 *adj*

devastare devastate|ravage
7186 *vb*

deviare divert|deflect
6699 *vb*

deviazione deviation|detour
5342 *la*

devoto devotee; devoted
5181 *il; adj*

diabete diabetes
5629 *il*

diabolico diabolical
5320 *adj*

dialetto dialect
5452 *il*

diametro diameter
7098 *il*

diarrea diarrhea
5291 *la*

diceria rumor|gossip
6926 *la*

diciannove nineteen

5860 *num*

didietro backside

6408 *il*

diesel Diesel

6912 *il*

difensivo defensive

5516 *adj*

difettoso defective|bad

6563 *adj*

diffondere spread|disseminate

5145 *vb*

diffusione spread

5093 *la*

digerire digest

7365 *vb*

digiuno fasting; fast

6826 *adj; il*

dilemma dilemma

5388 *il*

diletto delight; beloved

6727 *il; adj*

diligenza diligence

5654 *la*

diluviare pour|shower

6478 *vb*

dimagrire lose weight|grow thin

6584 *vb*

dimettere resign

5180 *vb*

diminuire decrease|reduce

6477 *vb*

dinastia dynasty

5481 *la*

direttiva directive|direction

7182 *la*

dirottare hijack|divert

7443 *vb*

disaccordo disagreement|odds

6585 *il*

disattivare deactivate

5972 *vb*

discendente descending; descendant

5456 *adj; il/la*

discendenza descent|offspring

7011 *la*

dischetto diskette

5395 *il*

discutibile questionable|debatable

6828 *adj*

disertore deserter

5609 *il*

disfare undo|unpack

6518 *vb*

disgustare disgust|put off

7451 *vb*

disgusto disgust|distaste

5891 *il*

disobbedire disobey

6817 *vb*

disoccupazione unemployment

5636 *la*

disonesto dishonest

6051 *adj*

disonorare dishonor|sully

6893 *vb*

dispari odd|unequal

7374 *adj*

dispensa pantry|dispensation

5959 *la*

disperdere disperse|disband

5143 *vb*

disperso missing; missing person

5987 *adj; il*

disponibilità availability

7330 *la*

disputare dispute|argue

7039 *vb*

dissanguare drain

5769 *vb*

distaccamento detachment

6442 *il*

distaccare detach|second

6769 *vb*

distante distant|far

5760 *adj*

distendere stretch|relax

5647 *vb*

disteso outstretched

6465 *adj*

distinto separate|distinct

6936 *adj*

distinzione distinction

7497 *la*
distorcere distort|twist
6987 *vb*
distrarre distract
5416 *vb*
distrazione distraction
5730 *la*
distribuire distribute|deliver
5581 *vb*
dittatore dictator
5737 *il*
dittatura dictatorship
6648 *la*
divinità divinity|divine
5478 *le*
divo star
6261 *il*
divorare devour
5898 *vb*
divorziato divorced; divorcee
6538 *adj; il*
dizionario dictionary
5528 *il*
doccia shower
5561 *la*
dolere ache|be sorry
6627 *vb*
dominante dominant|dominating
6428 *adj*
donatore donor|contributor
5204 *il*
dondolo rocking chair
7415 *il*
dormitorio dormitory
5290 *il*
dorso back
6389 *il*
dottorato doctorate
5587 *il*
dottrina doctrine|scholarship
7097 *la*
dragone dragoon
5109 *il*
drogheria grocery
6950 *la*
duce leader
5853 *il*
duna dune
7387 *la*

E

ebbrezza intoxication|thrill
6732 *le*
eccellere excel
6201 *vb*
eccentrico eccentric|erratic
5928 *adj*
educato polite
7158 *adj*
effettuare make|carry out
5598 *vb*
efficacia effectiveness
7327 *la*
efficienza efficiency
5692 *la*
effrazione burglary
7012 *le*
egiziano Egyptian; Egyptian
6656 *adj; il*
egoismo selfishness
5774 *il*
egregio excellent
7385 *adj*
elaborare process|elaborate
5981 *vb*
elastico elastic; rubber band
6487 *adj; il*
eleganza elegance
5482 *le*
elemosina alms
5157 *le*
elettore voter|constituent
6091 *il*
elettricista electrician
6787 *il*
elettromagnetico electromagnetic
6441 *adj*
elevare raise|rise
5411 *vb*
elfo elf
6575 *il*

elica propeller
7409 *le*

elidere elide
6219 *vb*

eliminazione elimination
6405 *la*

elisir elixir
7025 *gli*

elite elite
6098 *le*

elmetto helmet
5389 *il*

elmo helmet
5978 *il*

e-mail e-mail
5048 *il*

emendamento amendment
5513 *lo*

emergere emerge
5701 *vb*

emicrania migraine
5227 *la*

emisfero hemisphere
6902 *il*

emissione emission|issue
7491 *le*

emporio emporium
5952 *il*

emulo emulator; emulous
7144 *lo; adj*

enciclopedia encyclopedia
6935 *la*

energetico energetic
6804 *adj*

ente entity
5815 *lo*

entità entity
5508 *le*

entusiasmare enthuse
6996 *vb*

enzima enzyme
7241 *il*

equazione equation
5895 *la*

equivalente equivalent
5689 *adj*

equivalere amount
5595 *vb*

equivoco misunderstanding; equivocal
5058 *il; adj*

equo fair
5961 *adj*

erbaccia weed
6793 *le*

ereditario hereditary
6579 *adj*

eremita hermit|eremite
7215 *il*

eresia heresy
7302 *la*

erigere erect|build
7464 *vb*

erodere erode
7192 *vb*

eroico heroic
5283 *adj*

eroismo heroism
6880 *il*

erotico erotic
6338 *adj*

erpete herpes
7430 *il*

errare err|wander
6968 *vb*

eruzione eruption|rash
6993 *la*

esattezza accuracy|exactness
5262 *le*

esca bait|tinder
7373 *le*

escludere exclude|rule out
5521 *vb*

esclusivamente exclusively
5070 *adv*

esclusivo exclusive|select
6241 *adj*

escogitare devise|think up
7211 *vb*

escremento excrement|faeces
7429 *il*

esigente demanding|exacting

6112 *adj*
esigenza need|requirement
5747 *le*
esilarante exhilarating
7253 *adj*
esistente existing|living
7003 *adj*
esitazione hesitation|hesitance
6894 *le*
esito outcome
7232 *il*
esorcismo exorcism
5436 *il*
esotico exotic
6999 *adj*
espansione expansion
5569 *le*
espiatorio whipping boy
5901 *lo*
espirare breathe out
7094 *vb*
esploratore explorer|scout
5459 *il*
esplorazione exploration
5268 *la*
espulsione expulsion
5140 *la*
essenzialmente essentially
5544 *adv*
estendere extend|expand
6947 *vb*
estinto extinct
7372 *adj*
estintore fire extinguisher|quencher
7405 *il*
estinzione extinction
5172 *le*
estorsione extortion
6395 *le*
estrazione extraction
5312 *la*
estremità end|butt
5586 *le*
esultare exult|glory
6309 *vb*
eternamente eternally
6730 *adv*
ettaro hectare; ha
6750 *il; abr*
etto hectogram
5047 *lo*
eufemismo euphemism
7402 *il*
eunuco eunuch
7146 *il*
evadere escape|evade
5161 *vb*
eventuale possible
6048 *adj*
evidenza evidence
6781 *la*
evo ages
7479 *il*
extraterrestre extraterrestrial; alien
6480 *adj; il*

F

fabbricare manufacture|make
7311 *vb*
facchino porter
6748 *il*
facciale facial
6896 *adj*
facilità facility|easiness
7116 *la*
falegname carpenter
5748 *il*
falò bonfire
6884 *i*
falsificare falsify|forge
7074 *vb*
falsità falsehood|falseness
7496 *le*
fannullone slacker
7111 *il*
fantino jockey
7248 *il*
fardello burden
5722 *il*
farmacista pharmacist
6132 *il/la*

fascia band
7250 *la*
fascismo fascism
6189 *il*
fastidioso annoying|troublesome
5392 *adj*
fasullo phoney
6437 *adj*
fattibile feasible
7469 *adj*
favorevole favorable|favor
5233 *adj*
favorire promote|favor
7042 *vb*
favorito favorite; favorite
5514 *adj; il*
felpa sweatshirt
7309 *la*
fenicio Phoenician; Phoenician
7272 *adj; il*
fenomenale phenomenal
5506 *adj*
fermamente firmly|strongly
6079 *adv*
ferramenta hardware|ironmongery
6956 *la*
fertile fertile|fruitful
6543 *adj*
fessura slot|slit
6763 *la*
festeggiamento celebration
5439 *il*
festicciola social
7119 *la*
fetente stinker
7049 *il*
feto fetus
6157 *il*
fetore stench
6373 *il*
fiala vial
7088 *la*
fiatare breathe
6385 *vb*
fibra fiber|texture
5542 *la*
ficcanaso nosy; busybody
5359 *adj; i*
fieno hay
5623 *il*
filato yarn; mohair
7130 *il; adj*
filiale branch; filial
7504 *la; adj*
filosofo philosopher
5076 *il*
filtro filter|strainer
5533 *il*
finanza finance
6274 *la*
finta feint|pretense
6267 *la*
firma signature
6059 *la*
fiscale fiscal
5651 *adj*
fischio whistle|hiss
6601 *il*
fisco taxman
6897 *il*
fissazione fixing|obsession
7031 *la*
fitto dense|thick
6493 *adj*
flagrante flagrant
7437 *adj*
flauto flute
5530 *il*
flessibile flexible|supple
6770 *adj*
flessione flexion|decrease
6377 *la*
flipper pinball
5085 *il*
flirtare flirt
7044 *vb*
fluido fluid
5220 *adj*
foca seal
7270 *la*
fogna sewer
5154 *la*

follemente madly|wildly
6960 *adv*
folletto elf; elfin
6630 *il; adj*
fondatore founder; founding
5829 *il; adj*
fondere melt|merge
5266 *vb*
forca fork|gallows
5522 *la*
forchetta fork
5035 *la*
forestiero stranger; alien
7453 *il; adj*
fornitore supplier
6028 *il*
fornitura supply|providing
7228 *la*
foro hole
5763 *il*
forzare force|compel
5194 *vb*
forzato forced|far-fetched
5953 *adj*
fosforo phosphorus
7368 *il*
fossato moat|ditch
6923 *il*
fossile fossil
7136 *adj*
fotografo photographer
5622 *il*
fracasso din|crash
7091 *il*
fradicio wet|soggy
5424 *adj*
fragore crash|thunder
7344 *il*
frammento fragment|snippet
5797 *il*
franare collapse|slide down
6874 *vb*
franchezza frankness|openness
6499 *la*
fratellastro stepbrother
6418 *il*

frattura fracture|break
7436 *la*
frazione fraction
6868 *la*
freezer freezer
6035 *il*
friggere fry
7394 *vb*
frignare snivel
5778 *vb*
frittata omelette
6036 *la*
frizione clutch
6511 *la*
frontale front|frontal
5733 *adj*
frottola fib; flam
7072 *la; adj*
frugare rummage
7160 *vb*
frullare whisk|flutter
6907 *vb*
frustrare frustrate
5872 *vb*
frustrazione frustration
6372 *la*
frutteto orchard
7444 *il*
fuggitivo fugitive
5685 *adj*
fumatore smoker
5856 *il*
funzionante working
6658 *adj*
fuoristrada cross-country vehicle
7050 *il*
furbacchione dodger|slicker
7388 *il*
furetto ferret
7375 *il*
furfante villain; miscreant
5229 *il; adj*
furgoncino van
5825 *il*
furore fury|rage
6625 *il*

G

gabbiano seagull|mew
6628 *il*
gala gala
6725 *le*
galleggiante floating; float
7502 *adj; il*
galleggiare float
6368 *vb*
gallone gallon|chevron
7207 *il*
galoppo gallop
6330 *il*
gamberetto shrimp
5591 *il*
garante guarantor|guarantee
6821 *il*
gareggiare compete|race
7326 *vb*
gelido frosty|icy
6662 *adj*
gelo frost; cold
5207 *il; adj*
generalmente generally|as a rule
5524 *adv*
generare generate|produce
5584 *vb*
genitale genital; genitals
6258 *adj; lo*
genocidio genocide
6917 *il*
gentaglia rabble|riffraff
6818 *la*
geografia geography
6944 *la*
gergo jargon
6448 *il*
germe germ|seed
5691 *il*
getto jet|cast
5362 *il*
ghiacciare freeze
5883 *vb*
ghigliottinare guillotine
6901 *vb*
ghinea guinea
6716 *la*
giada jade
6231 *la*
giammai never
7407 *adv*
giardinaggio gardening
6840 *il*
giglio lily
6726 *il*
ginecologo gynecologist
6640 *il*
gioielleria jewelry|jewelry store
6082 *la*
giornalismo journalism
5043 *il*
giovanile youth
5484 *adj*
giraffa giraffe
6911 *la*
giudeo Judean
6234 *adj*
giudiziario judicial; judiciary
5356 *adj; lo*
giuliano Julian
6292 *i*
giustamente rightly|correctly
6633 *adv*
giustificare justify|excuse
5024 *vb*
giustificazione justification|excuse
6002 *la*
glorioso glorious
5132 *adj*
goal goal
5374 *il*
gobbo hunchbacked; humpback
6228 *adj; il*
gonfiare inflate|swell
5753 *vb*
gonfio swollen
5545 *adj*
gong gong
5655 *il*
gotta gout

6107 *la*

gradimento liking
5955 *il*

gradualmente gradually
6013 *adv*

graffiare scratch
6904 *vb*

graffito graffito
7433 *il*

grafico graphic; chart
7449 *adj; il*

granaio barn
6676 *il*

granello grain
6609 *il*

granturco corn
7252 *il*

grattacielo skyscraper
6977 *il*

gratuitamente free
7004 *adv*

gratuito free|pointless
5724 *adj*

gregge flock|herd
5197 *il*

grembiule apron
6359 *il*

grillo cricket
5688 *il*

grinta grit
6516 *la*

grottesco grotesque|uncouth
7492 *adj*

guarnigione garrison
6179 *la*

guastafeste damper|spoilsport
6352 *il/la*

guastare spoil|damage
6514 *vb*

guerriglia guerrilla
6474 *la*

guidatore driver
5329 *il*

guru guru
7099 *il*

H

habitat habitat; handicapped
7281 *gli; adj*

handicap handicap
5892 *gli*

harem harem
7148 *gli*

I

iceberg iceberg
6473 *gli*

Iddio God
5092 *il*

idiozia idiocy
5184 *la*

idolo idol
5133 *il*

igiene hygiene
5255 *le*

ignobile ignoble
6399 *adj*

ignoto unknown
5472 *adj*

illuminare illuminate|enlighten
5644 *vb*

illuminato illuminated
5034 *adj*

illuminazione lighting
5099 *la*

illustrare illustrate
7414 *vb*

illustre illustrious|distinguished
6040 *adj*

imbarazzare embarrass|perplex
6213 *vb*

imbrogliare cheat|fool
5003 *vb*

imbroglio cheat|imbroglio
5378 *il*

imitare imitate|mimic
5637 *vb*

imitazione imitation|fake
5279 *le*

immacolato spotless|stainless

7483 *adj*

immaginario imaginary|fictitious
5707 *adj*

immaturo immature|juvenile
7135 *adj*

immergere immerse|dip
5590 *vb*

immigrato immigrant
5331 *adj*

immischiare interfere
6745 *vb*

immorale immoral
5039 *adj*

immortalità immortality
6463 *le*

immune immune
6350 *adj*

immunità immunity
6451 *le*

impalare impale
5134 *vb*

impaurire frighten|get frightened
6172 *vb*

impeccabile impeccable
5796 *adj*

impegnativo challenging
7316 *adj*

impensabile unthinkable
6780 *adj*

imperdonabile unforgivable|irremissible
5736 *adj*

impermeabile waterproof; raincoat
5044 *adj; il*

impertinente impertinent|naughty
5984 *adj*

impiccagione hanging
5448 *le*

impiegare use|take
6043 *vb*

implicare imply|entail
5520 *vb*

imponente imposing|massive
6327 *adj*

imporre impose|force
5635 *vb*

imposta tax
6247 *la*

imprenditore entrepreneur
6176 *lo*

impresario impresario|manager
6976 *il*

imprevisto unexpected
5593 *adj*

imprigionare imprison|trap
5973 *vb*

improvvisare improvise|rig
6214 *vb*

imprudente imprudent
6367 *adj*

impulsivo impulsive
7030 *adj*

imputato defendant
6147 *il*

inaffidabile unreliable
7122 *adj*

inappropriato inappropriate
6540 *adj*

inaspettato unexpected
5601 *adj*

incantare enchant|be charmed
5113 *vb*

incanto charm|enchantment
5021 *il*

incapacità inability
7412 *le*

incassare cash|collect
5908 *vb*

incassato built-in
6387 *adj*

incasso taking
7435 *il*

incatenare enchain
6973 *vb*

incenso incense
6226 *il*

incentivo incentive|stimulant
7105 *il*

incertezza uncertainty|suspense
7353 *le*

incerto uncertain|doubtful
6551 *adj*

inchiodare nail|rivet

	6822	*vb*
inciampare		stumble|trip
	6017	*vb*
incisione		engraving
	6149	*la*
incitamento		incitement
	7478	*il*
inclinazione		inclination|tilt
	7499	*la*
incluso		included
	5141	*adj*
incognito		incognito; incognito
	5188	*adj; il*
incollare		paste|stick
	7047	*vb*
incominciare		begin
	6660	*vb*
incompetente		incompetent
	5669	*adj*
incomprensibile		incomprehensible
	5875	*adj*
inconscio		unconscious
	7021	*adj*
inconveniente		drawback
	6391	*gli*
incoraggiamento		encouragement
	5929	*il*
incoraggiare		encourage|foster
	6524	*vb*
incosciente		unconscious
	5166	*adj*
incriminare		incriminate|indict
	6877	*vb*
incursione		raid|incursion
	6836	*le*
indecente		indecent
	7247	*adj*
indegno		unworthy
	6811	*adj*
indicatore		indicator|gauge
	7427	*il*
indifeso		helpless|defenseless
	6332	*adj*
indifferenza		indifference|disregard
	6449	*le*
indigeno		indigenous; native
	5527	*adj; il*
indimenticabile		unforgettable
	6014	*adj*
indipendentemente		independently
	6646	*adv*
indirizzo		address
	5057	*i*
indistruttibile		indestructible
	7167	*adj*
individuale		individual|one-man
	6223	*adj*
indiziato		suspect
	6955	*adj*
indolore		painless
	6531	*adj*
indovinello		riddle|quiz
	6406	*il*
indubbiamente		undoubtedly
	5646	*adv*
indurre		induce|bring
	6677	*vb*
inestimabile		invaluable|inestimable
	6814	*adj*
infallibile		infallible|foolproof
	6206	*adj*
infastidire		annoy|irk
	6596	*vb*
infedele		unfaithful
	5111	*adj*
infermiere		nurse
	7259	*il*
infestare		infest|haunt
	7285	*vb*
infettare		infect
	6659	*vb*
infetto		infected
	5670	*adj*
infiltrare		infiltrate
	5267	*vb*
inflazione		inflation
	6388	*la*
influente		influential
	7438	*adj*
infrarosso		infrared
	6011	*adj*
infrazione		infringement|offense

7462 *le*

infuriare rage|rave

6468 *vb*

ingegnoso ingenious|patent

6142 *adj*

ingiustamente wrongly

6689 *adv*

ingoiare gobble

5257 *vb*

ingrassare grease

6457 *vb*

ingrediente ingredient

5510 *gli*

iniettare inject

6775 *vb*

innanzi before; forward

6047 *prp; adv*

innervosire annoy

5547 *vb*

inning inning

7364 *gli*

inopportuno inopportune|untimely

7354 *adj*

inquilino tenant|lodger

5884 *il*

inquinamento pollution

5671 *il*

insediamento settlement

6225 *il*

insegnamento teaching|tuition

5022 *il*

inseparabile inseparable

7033 *adj*

inserito inlaid

6924 *adj*

inserviente attendant

6815 *il/la*

insinuare insinuate

5005 *vb*

insistente insistent|persistent

6320 *adj*

insolenza insolence

7103 *la*

insonnia insomnia

5845 *la*

inspiegabile inexplicable

7408 *adj*

inspirare inspire

6364 *vb*

installare install|wire

5766 *vb*

insulina insulin

6096 *la*

insurrezione insurrection|insurgency

7350 *le*

intatto intact

5413 *adj*

integrale integral; integral

6754 *adj; il*

integrazione integration

7140 *la*

integrità integrity|entirety

5187 *la*

intelletto intellect|nous

6928 *il*

intensamente intensely

5680 *adv*

intensità intensity

5812 *le*

intensivo intensive

5935 *adj*

intenzionalmente purposely

5965 *adv*

interessamento interest

6705 *il*

interferenza interference

5203 *le*

interiora innards

7455 *le*

intermediario intermediary; intermediary

6582 *adj; il*

intervistare interview

6402 *vb*

intestino intestine; internecine

5548 *il; adj*

intimidire intimidate|threaten

7172 *vb*

intitolare call

5507 *vb*

intollerabile intolerable

7205 *adj*

intoppo hitch|obstacle

6945 *lo*

intralciare hinder|encumber

6526 *vb*

intraprendere undertake

6856 *vb*

intrattenere entertain

7289 *vb*

intrigante intriguing; schemer

7108 *adj; il/la*

introduzione introduction|input

6481 *la*

intromettere intervene|come between

7396 *vb*

intrusione intrusion

5056 *la*

intruso intruder; intrusive

5340 *il; adj*

inutilmente uselessly

5288 *adv*

invadere invade|raid

5287 *vb*

invalido invalid; invalid

6709 *adj; il*

invasore invader; invading

6358 *il; adj*

inventore inventor

5502 *il*

invernale wintry

7257 *adj*

inversione inversion

5462 *le*

invertire reverse|be inverted

7161 *vb*

investigativo investigative|detective

7184 *adj*

investigazione investigation

5302 *le*

investitore investor

5742 *il*

invidioso envious; envier

6809 *adj; il*

invincibile invincible

5351 *adj*

invio sending|dispatch

5419 *lo*

involucro casing|envelope

6958 *lo*

ipnosi hypnosis

6025 *le*

ipocrisia hypocrisy

6619 *la*

ipotecare mortgage

6823 *vb*

ippodromo racecourse|hippodrome

6741 *il*

iracheno Iraqi

5714 *il/la*

iris iris

5599 *gli*

Irlanda Ireland

5259 *la*

irragionevole unreasonable

6561 *adj*

irrazionale irrational

6785 *adj*

irreale unreal

7017 *adj*

irregolare irregular

6697 *adj*

irresistibile irresistible

5130 *adj*

irritante irritating; irritant

5198 *adj; il*

irritare irritate|anger

6467 *vb*

ispezionare inspect

7125 *vb*

israeliano Israeli

7014 *adj*

istantaneo instant|sudden

6841 *adj*

istanza instance|application

5315 *le*

isterico hysterical; hysteric

6734 *adj; il*

istituzione institution|establishment

5115 *la*

istruire instruct|educate

5391 *vb*

itinerario itinerary

6304 *il*

K

jumbo jumbo
6178 *i*
kamikaze kamikaze
7006 *i*
ketchup ketchup
5168 *il*

L

lacca lacquer
7234 *la*
laccio lace|snare
5936 *il*
ladruncolo petty thief
6663 *il*
laguna lagoon
5840 *la*
lampadina bulb
5173 *la*
lanterna lantern
5755 *la*
lapide tombstone
6086 *la*
lardo lard
5727 *il*
lasciapassare pass
5573 *il*
lastra plate
5705 *la*
laterale side
5728 *adj*
latrina latrine
7423 *la*
latta tin
5643 *la*
latteo milky
6260 *adj*
lattina can
5138 *la*
lattuga lettuce
6867 *la*
laureare graduate
5695 *vb*
lavagna blackboard
6276 *la*
lavanda lavender
6307 *la*
lavatrice washer
5414 *la*
ledere damage
6650 *vb*
leggendario legendary
5842 *adj*
leggerezza lightness|levity
6651 *la*
legione legion
5301 *la*
legname timber|wood
7204 *il*
leopardo leopard
6670 *il*
lepre hare
5401 *la*
lesione lesion|injury
7339 *la*
lessare boil
7046 *vb*
letame manure|dung
6065 *il*
letterario literary
6879 *adj*
lettino bed|cot
6532 *il*
leucemia leukemia
7193 *la*
levata rising
6711 *la*
levatrice midwife
7366 *la*
libbra pound
5659 *la*
liberale liberal; liberal
5656 *adj; il/la*
licantropo lycanthrope
6900 *il*
licenziamento dismissal|redundancy
6278 *il*
licenziato discharged; graduate
5723 *adj; lo*
lima file

5687 *la*

limare file

5107 *vb*

lino linen

6312 *il*

liquidare liquidate|settle

5396 *vb*

liquidazione liquidation|closeout

5849 *la*

litigio quarrel|squabble

5930 *il*

località locality|resort

6865 *le*

localizzare locate|localize

5087 *vb*

locomotiva locomotive|railway engine

6075 *la*

logo logo

7058 *il*

loto lotus

7323 *il*

lottatore wrestler

5147 *il*

lucchetto padlock

6245 *il*

lucente shiny|lucent

7524 *adj*

lucertola lizard

5515 *la*

lucidare polish|rub

5650 *vb*

lumaca snail

6018 *la*

lume light

6466 *il*

luna moon

5112 *la*

lunatico moody|lunatic

7461 *adj*

luogotenente lieutenant

5552 *il*

lupus lupus

7346 *il*

lusingare flatter

5449 *vb*

lussuria lust

5222 *la*

M

macao macaw

6760 *il*

macchiato spotted|soiled

5474 *adj*

macchinario machinery

5947 *il*

macchinista machinist|engineer

5924 *il*

madrina godmother

6612 *la*

mafioso member of the mafia

6346 *il*

maggiorenne adult; major

7092 *adj; il/la*

maggiormente most

6975 *adv*

magistrato magistrate

5235 *il*

magnaccia ponce

7371 *i*

magnate magnate

6772 *il*

magnetico magnetic

5068 *adj*

magnificamente beautifully

7073 *adv*

maialino piglet

6587 *il*

maionese mayonnaise

5348 *la*

malaria malaria

5862 *la*

malavita underworld

7477 *la*

malefico malefic

7406 *adj*

malinconia melancholy|sadness

6323 *la*

malinconico melancholy|pensive

6964 *adj*

malloppo swag|bundle

7114 *il*

malora ruin
6275 *la*
malvagità evil|malice
6110 *la*
mammifero mammal; mammalian
7420 *il; adj*
manciata handful
5306 *la*
mancino left; left-hander
6182 *adj; il*
mandarino mandarin
7376 *il*
maneggiare handle|use
6498 *vb*
mango mango
5916 *il*
mania mania|craze
5049 *la*
manico handle|neck
5387 *il*
manicure manicure
6695 *il/la*
manifestare manifest|express
7450 *vb*
manifesto manifest; poster
5577 *adj; il*
maniglia handle
5958 *la*
manipolare manipulate|handle
5615 *vb*
mannaro werewolf
6434 *lo*
manomettere tamper
7227 *vb*
mantenimento maintenance
7218 *il*
maratona marathon
5541 *la*
marchesa marquise|marquis
6801 *la*
marcio rotten
5128 *adj*
marionetta puppet
7399 *la*
marketing marketing
5225 *il*
marmocchio kid
6882 *il*
marmotta marmot
6953 *la*
marziano Martian; Martian
6044 *adj; il*
mascherare mask|hide
6529 *vb*
massacrare massacre
5182 *vb*
massaggiatore masseur
7038 *il*
massiccio solid; massif
5681 *adj; il*
masturbazione masturbation
7196 *la*
materno maternal
6324 *adj*
matrice matrix|die
5881 *la*
mattatoio slaughterhouse
6326 *il*
mattutino morning; matins
6887 *adj; lo*
maturità maturity|ripeness
6345 *la*
maturo mature|adult
5150 *adj*
medaglione medallion
6165 *il*
mediante through
7503 *prp*
medievale medieval
6462 *adj*
mediocre mediocre|poor
5538 *adj*
Medioevo Middle Ages
6148 *il*
meditazione meditation|reflection
6064 *la*
mediterraneo Mediterranean
6595 *adj*
medusa jellyfish
7089 *la*
meeting meeting
5492 *il*

melma mud
7226 *la*

melone melon
6211 *il*

memorabile memorable
5896 *adj*

mendicante beggar; beggarly
5675 *il/la; adj*

mensile monthly; salary
5663 *adj; il*

mentalità mentality
6171 *la*

mentalmente mentally
5051 *adv*

mentore mentor
6146 *il*

meravigliare wonder|surprise
7079 *vb*

mercenario mercenary; mercenary
5300 *adj; il*

merdoso shitty
5242 *adj*

meridionale southern; meridional
5486 *adj; il/la*

merluzzo cod
7298 *il*

meschino petty|mean
5121 *adj*

mescolare mix|stir
7314 *vb*

Messia Messiah
5015 *il*

messinscena staging
5732 *la*

mestruazione menstruation
7096 *la*

metallico metallic
5325 *adj*

metano methane
6000 *il*

meteora meteor
6536 *la*

meteorite meteorite
5149 *il*

metrò tube
7482 *il*

mezz'ora half an hour
6120 *la*

miccia fuse
6713 *la*

micidiale deadly|murderous
6835 *adj*

microchip microchip
6541 *il*

microonda microwave
5127 *la*

microscopio microscope
6755 *il*

miglioramento improvement|amelioration
5443 *il*

mignolo pinkie
6046 *il*

miliardario billionaire
5031 *il*

millennio millennium
6729 *il*

millimetro millimeter
6200 *lo*

mimare mimic
5023 *vb*

minare undermine
5791 *vb*

minatorio threatening
5786 *adj*

minerale mineral; mineral
5316 *adj; il*

miniatura miniature
7170 *la*

minimamente least
6513 *adv*

minoranza minority
6294 *la*

minorile juvenile
6686 *adj*

minuscolo tiny|lowercase
5699 *adj*

miracoloso miraculous
7340 *adj*

mirino viewfinder|sight
5364 *il*

mirtillo blueberry
5640 *il*

mischia melee|fray
5311 *la*

mischiare mix|mingle
7304 *vb*

misericordioso merciful
5017 *adj*

misero miserable|unfortunate
5206 *adj*

mistico mystical; mystic
6230 *adj; il*

misto mixed; mixture
5568 *adj; il*

misurare measure|gauge
5994 *vb*

misurato measured
7002 *adj*

mite mild|gentle
6505 *adj*

mitico mythical
6186 *adj*

mitologia mythology
6177 *la*

mittente sender
6701 *il/la*

modalità modality
7001 *le*

modella model
5286 *la*

modestia modesty
7199 *la*

modifica modification
5090 *la*

modificare change|modify
5341 *vb*

molecola molecule
5451 *la*

molecolare molecular
6800 *adj*

monello urchin|brat
6886 *il*

monetario monetary
6052 *adj*

monologare monologize
7131 *vb*

monopolio monopoly
6605 *il*

montatura mount|frames
6109 *la*

montone mutton
6951 *il*

moquette fitted carpet
6262 *la*

moralità morality
6166 *la*

moralmente morally
6020 *adv*

morbo disease
6256 *il*

morente dying
6339 *adj*

mormorare murmur|whisper
6289 *vb*

mortificare mortify
6860 *vb*

moschea mosque
5271 *la*

moschettiere musketeer
6067 *il*

mostarda mustard
7258 *la*

mostruoso monstrous
5162 *adj*

motivazione motivation
5393 *la*

motocicletta motorcycle
5711 *la*

motorino moped
5894 *il*

motoscafo motorboat
7185 *il*

mouse mouse
7230 *il*

mozione motion
5743 *la*

mulino mill
5704 *il*

multiplo multiple; multiple
6163 *adj; il*

municipale municipal
6322 *adj*

musa muse
6127 *la*

muscolare muscular
7060 *adj*
mustang mustang
6037 *i*
mutazione mutation
6679 *la*

N

narice nostril
7360 *la*
narrare tell|relate
7439 *vb*
narratore narrator|writer
6717 *il*
nascondino hide-and-seek
5425 *il*
natalizio Christmassy
6356 *adj*
nativo native
5880 *adj*
navale naval
5004 *adj*
navigare navigate
5645 *vb*
navigatore navigator
5066 *il*
negligenza negligence|laxity
5450 *la*
negoziato negotiation
7509 *il*
neon neon
7262 *i*
nesso link
7299 *il*
Nettuno Neptune
7054 *il*
neutrale neutral|neuter
5526 *adj*
nevicare snow
6143 *vb*
nicotina nicotine
6957 *la*
nirvana nirvana
6654 *la*
nobiltà nobility|nobleness
6349 *la*
nocciolo core|hazel
6692 *il*
nomade nomadic; nomad
7484 *adj; il/la*
nono ninth
5071 *num*
normalità normality
5922 *la*
norvegese Norwegian; Norwegian
6131 *adj; il/la*
notaio notary|solicitor
6103 *il*
notifica notification|serving
7263 *la*
novanta ninety
5428 *num*
nozione notion
7476 *la*
nubile maiden|single
6687 *adj*
nuca nape
5244 *la*
nume numen
7511 *il*
nuora daughter-in-law
5794 *la*

O

obbedienza obedience
6302 *le*
obbligatorio binding|mandatory
6192 *adj*
obbligazione obligation
7087 *le*
oblio oblivion
5751 *il*
oculare eye
6058 *adj*
odissea odyssey
7275 *la*
odorare smell|scent
6068 *vb*
offerente bidder
7382 *il/la*

olimpiade Olympiad
5200 *le*
olmo elm
5494 *il*
olocausto holocaust
6220 *il*
oltrepassare exceed|cross
5363 *vb*
ombelico navel
6027 *il*
omega omega
5367 *la*
omelette omelette
6401 *le*
omino little man
6690 *il*
omosessualità homosexuality
7301 *la*
oncia ounce
7292 *le*
onorario honorary; fee
7163 *adj; il*
oppio opium
5052 *il*
opposizione opposition
5245 *le*
oppressione oppression
6515 *le*
oracolo oracle
5189 *il*
orale oral
5273 *adj*
ordigno device
5664 *il*
ordinario ordinary|common
5709 *adj*
ordinato ordered
6621 *adj*
ordinazione order|purchase order
5888 *le*
organico organic; staff
7168 *adj; i*
organizzato organized
5380 *adj*
orgia orgy|profusion
6063 *la*
orientamento orientation
5912 *il*
originariamente originally
7174 *adv*
originario original
6863 *adj*
orizzontale horizontal
6869 *adj*
orsacchiotto teddy bear
5800 *il*
orsetto bear cub
7519 *il*
orto garden|vegetable garden
6652 *lo*
ortografia spelling
7386 *la*
osceno obscene|rude
6076 *adj*
ospitare accommodate|hold
6845 *vb*
ospizio hospice
5575 *il*
ossequio respect
7220 *il*
osservatore observer
5488 *il*
osservatorio observatory
6547 *il*
ossia namely
5716 *con*
osteria tavern|pub
7459 *le*
ostilità hostility
5454 *le*
ostinato stubborn|obstinate
6299 *adj*
ottanta eighty
6355 *num*
ottico optical; optician
6899 *adj; il*
ottone brass
6475 *il*
ovale oval; oval
7324 *adj; il*
ovviare remedy
6318 *vb*

ozono ozone
7380 *il*

P

pacare placate
5764 *il*
pacca slap
6592 *la*
pacifico Pacific|peaceful
5914 *adj*
padella pan
5256 *la*
padiglione pavilion
6030 *il*
paesino hamlet
6548 *il*
pagella report card|school report
7351 *la*
pallacanestro basketball
6398 *la*
palloncino balloon
5582 *il*
palma palm
5822 *la*
palpebra eyelid
5065 *la*
panca bench
7395 *la*
pancake pancake
6889 *i*
panda panda
6446 *i*
pannolino diaper
5106 *il*
panoramico panoramic
6123 *adj*
pantofola slipper
5906 *la*
parà para
6384 *i*
parabrezza windscreen
5861 *il*
paracadutista parachutist
7086 *il*
paradosso paradox
6761 *il*
paragone comparison|paragon
6432 *il*
paragrafo paragraph
5282 *il*
paralisi paralysis
6115 *la*
paralizzare paralyze
5139 *vb*
parallelo parallel
6718 *adj*
parametro parameter
6174 *il*
paranoia paranoia
5069 *la*
paranormale paranormal|psychic
6771 *adj*
paraurti bumper
6921 *il*
pareggio draw|balance
6765 *il*
parentesi parenthesis|bracket
5980 *la*
parlante speaking
5738 *adj*
parroco vicar
5409 *il*
partecipante participant; participating
6361 *il/la; adj*
partecipe sympathetic
6782 *adj*
partigiano partisan; partisan
6069 *adj; il*
parziale partial
6966 *adj*
pascià pasha
6790 *il*
pascolo pasture|grazing
6348 *il*
passatempo pastime|hobby
5750 *il*
passeggiata walk
6114 *la*
passeggio lift|passage
5921 *il*
passerella gangway

6424 *la*

passionale passionate

5866 *adj*

pasticca tablet|pastille

6180 *la*

pasticceria confectionery

5927 *la*

pastiglia tablet|pad

6853 *la*

patriota patriot

5816 *il/la*

patriottismo patriotism

6144 *il*

pattinaggio skating

7460 *il*

pattinare skate

7035 *vb*

pattino runner

6021 *il*

pattuglia patrol

5752 *la*

pauroso scary|fearful

6722 *adj*

pazzoide crazy

6460 *adj*

pedale pedal

7466 *il*

pedinare tail

6469 *vb*

pegno gage|pledge

5550 *il*

pelato peeled

5603 *adj*

pellegrinaggio pilgrimage

7514 *il*

pellegrino pilgrim

6847 *il*

pellerossa redskin

7463 *il/la*

peloso hairy|furry

5236 *adj*

penetrazione penetration

7141 *la*

penitenza penance|forfeit

5434 *la*

penoso painful

6456 *adj*

pensionato retired; pensioner

6483 *adj; il*

peperoncino chilli

6890 *il*

peperone pepper

6153 *il*

pera pear

5821 *la*

percepire perceive|feel

6026 *vb*

percezione perception

5697 *la*

percorrere travel|walk

5018 *vb*

perfido perfidious

6416 *adj*

performance performance

5453 *le*

pergamena parchment

5477 *la*

perizia expertise

5684 *la*

permanenza stay|permanence

5382 *la*

perquisire search

5525 *vb*

perseguire pursue|prosecute

6756 *vb*

perseguitare persecute|haunt

6704 *vb*

persiano Persian; Persian

7201 *adj; il*

perversione perversion

6444 *la*

perverso perverse

5026 *adj*

pesantemente heavily

7007 *adv*

pesciolino minnow

6702 *il*

pessimista pessimist

7018 *il/la*

petalo petal

7303 *il*

petizione petition

5772 *la*

pettinatura combing|hairstyle

5990 *la*

pezza piece|rag

7465 *la*

pezzente tramp

5461 *il/la*

pezzettino snippet

6895 *il*

pezzetto piece|bit

5086 *il*

piaga sore|nuisance

5177 *la*

piagnucolare whine|whimper

6675 *vb*

pianificazione planning

7490 *la*

piantagione plantation

5975 *la*

piantato planted

7110 *adj*

piantina map|seedling

7225 *la*

pianura plain

6404 *la*

picca pike

6351 *la*

piccarsi be offended

7393 *vb*

picchio woodpecker

6088 *lo*

piccino little; child

6248 *adj; il*

picco peak

5137 *lo*

pidocchio louse

5250 *il*

piegare fold

5511 *vb*

pietoso pitiful|merciful

6461 *adj*

pilastro pillar

6978 *il*

pinguino penguin

6347 *il*

pinna fin|paddle

6255 *la*

pinza tongs|nipper

5720 *la*

piramide pyramid

5171 *la*

pivello greenhorn

5410 *il*

pizzeria pizzeria

6844 *la*

pizzico pinch|nip

5529 *i*

pizzo lace

7358 *il*

plasma plasma; plasm

5125 *la; sfx*

plastico plastic

5785 *adj*

platino platinum

7151 *il*

plausibile plausible

5905 *adj*

plutonio plutonium

6767 *il*

pneumatico tire; pneumatic

5373 *lo; adj*

poema poem

5802 *il*

poeta poet

5715 *il*

poetico poetic

6910 *adj*

polare polar

6019 *adj*

politicamente politically

5789 *adv*

poliziotta policewoman

7282 *la*

pollaio hen-house

7223 *il*

polmonite pneumonia

5163 *la*

polpetta patty

5146 *la*

polpettone meatloaf

6125 *il*

poltrone lazybones; idler

6871 *adj; lo*

porcellana porcelain

6436 *la*

porcellino piggy|little pig

6557 *il*

porcheria rubbish|filth

5718 *la*

porcile pigsty

6738 *il*

pornografia pornography

5855 *la*

porpora purple

7391 *la*

portabagagli trunk|rack

6084 *il*

portatore bearer

5923 *il*

portavoce spokesman

5006 *il*

portico portico

5466 *il*

portoghese Portuguese; Portuguese

5539 *adj; il/la*

porzione portion|helping

5212 *la*

posare lay|rest

5457 *vb*

posato settled

6566 *adj*

possente mighty

6130 *adj*

postumo posthumous; aftereffect

6949 *adj; il*

potenzialmente virtually

6807 *adv*

pozza pool

6365 *la*

prassi practice|usual procedure

6504 *la*

prateria prairie

5218 *la*

precedentemente previously

7342 *adv*

precipitare fall|dash

6104 *vb*

precipitato precipitate

5011 *il*

precipizio precipice

6693 *il*

precoce early|premature

6250 *adj*

predatore predator; predatory

5549 *il; adj*

predetto aforesaid; above-mentioned

6613 *adj; il*

predisporre predispose

7081 *vb*

prefiggere fix beforehand

7064 *vb*

pregiudizio prejudice|prepossession

5208 *il*

prelevare withdraw|draw

5690 *vb*

prelievo withdrawal

7336 *il*

preliminare preliminary

5247 *adj*

prematuro premature|early

7400 *adj*

premeditare premeditate

7513 *vb*

premuroso considerate

5063 *adj*

preoccupante worrying|alarming

6378 *adj*

prepotente overbearing

5074 *adj*

presagio omen|foreboding

7061 *il*

prescegliere choose

5836 *vb*

prescindere prescind

6380 *vb*

presentatore presenter

6162 *il*

preservare preserve|keep

5308 *vb*

pressare press

5230 *vb*

prestazione performance

7124 *la*

prestigio prestige|glamor

5094 *il*

presumibilmente supposedly
6164 *adv*

presunto alleged
5309 *adj*

presunzione presumption
6851 *la*

pretesto pretext|excuse
5095 *il*

pretore praetor
6946 *il*

prevedibile predictable
5369 *adj*

prevenire prevent|forestall
5096 *vb*

previdenza foresight
6029 *la*

prigionia imprisonment
5619 *la*

primitivo primitive|original
5611 *adj*

primogenito first-born
6429 *il*

priore prior
6791 *il*

processare try
5151 *vb*

processione procession
6870 *la*

prode stalwart
7307 *adj*

prodigio prodigy|wonder
5846 *il*

profugo refugee; fugitive
5239 *il; adj*

profumare perfume|smell
5334 *vb*

programmazione programming|planning
6239 *la*

proiettore projector
7188 *il*

prolungare extend|prolong
7249 *vb*

promemoria reminder; memo
6506 *i; abr*

pronunciarsi pronounce

6194 *vb*

proporzione proportion|ratio
6133 *la*

propulsore propeller
6033 *il*

prosperità prosperity
5460 *la*

prostata prostate
6728 *la*

prostituzione prostitution
5746 *la*

proteina protein
5028 *la*

protesi prosthesis
6519 *le*

protestare protest
5160 *vb*

protettivo protective
7273 *adj*

prototipo prototype
5433 *il*

provenienza origin|provenance
7411 *la*

proverbio proverb|saying
5398 *il*

provinciale provincial
6097 *adj*

provino specimen
5446 *il*

provocazione provocation
7481 *la*

provvedere provide|provide for
6152 *vb*

provvedimento measure
6508 *il*

provvidenza providence
6971 *la*

provvisorio provisional|temporary
6959 *adj*

prugna plum
6735 *la*

prurito itch
5347 *il*

pseudonimo pseudonym|alias
7266 *lo*

psiche psyche

7447 *la*

psichiatria psychiatry
6089 *la*

psicosi psychosis
6784 *la*

psicotico psychotic
6930 *adj*

pubblicazione publication|release
6589 *la*

pubblicitario advertising
5605 *adj*

pudore modesty
7082 *il*

pugilato boxing
7480 *il*

puledro foal
7120 *il*

pulmino minibus
6397 *il*

puma puma
7419 *la*

punch punch
6268 *il*

pungere sting|tingle
5381 *vb*

puntino dot
6762 *il*

puntura puncture|sting
5985 *la*

pupilla pupil
6905 *la*

puramente purely|only
5830 *adv*

purgatorio purgatory; purgatorial
7357 *il; adj*

purosangue thoroughbred; full-blooded
7206 *i; adj*

puzzare stink|smell
5487 *vb*

puzzle puzzle
5144 *il*

puzzola skunk|fitchew
7176 *la*

Q

quadrante dial
6522 *il*

quadrato square; square
5563 *adj; il*

qualificare qualify|describe
5241 *vb*

qualificato qualified
7194 *adj*

quattrino dough
5512 *il*

quattrocento four hundred
7472 *num*

quercia oak
5811 *la*

questura police force
7517 *la*

quieto quiet
5190 *adj*

quiz quiz
6290 *i*

R

rabbioso angry|rabid
6454 *adj*

raccolto crop; collected
6257 *il; adj*

raccomandazione recommendation
5991 *la*

racket racket
7219 *il*

raddoppiare double|redouble
7288 *vb*

radere shave|raze
5238 *vb*

radiatore radiator
6843 *il*

radicale radical; radical
5299 *adj; il*

radioattivo radioactive
6616 *adj*

radunare gather|muster
5957 *vb*

raffica gust|flurry
7084 *la*

raffinare refine|defecate

6864 *vb*
raffinato refined|fine
5101 *adj*
rafforzare strengthen
6825 *vb*
raffreddare cool|cool off
6857 *vb*
ragazzaccio brat
7269 *il*
raggiante radiant
7113 *adj*
ragionamento reasoning
6342 *il*
ragnatela web
7356 *la*
rame copper
5580 *il*
rammaricare regret
6369 *vb*
randagio stray
6210 *adj*
ranocchio frog
7422 *il*
rapa turnip
5504 *la*
rapinatore robber
5060 *il*
rapito rapt
7421 *adj*
rapitore kidnapper
6236 *il*
rappresentazione representation|performance
5055 *la*
rasato shaven
6700 *adj*
raso satin
6187 *il*
rassicurare reassure|be reassured
6285 *vb*
rave rave
6222 *i*
razione ration
6419 *la*
razzismo racism
6488 *il*
real real
6866 *il*
realista realist
7251 *il/la*
realizzazione realization|achievement
6455 *la*
reame kingdom
6694 *il*
recare cause
5674 *vb*
recensione review
6554 *la*
recinzione enclosure
6003 *la*
reclamare claim
5339 *vb*
recluta recruit
5210 *la*
reclutamento recruitment
7265 *il*
reclutare recruit
7318 *vb*
redattore editor
5997 *il*
redazione drafting
5804 *la*
reddito income
5319 *il*
redenzione redemption
6624 *la*
referenza reference
5383 *la*
referto report
6786 *il*
regionale regional
7100 *adj*
regnare reign
5749 *vb*
reincarnazione reincarnation
5966 *la*
relativamente relatively
5602 *adv*
relativo relative|relevant
7287 *adj*
relax relaxation
6965 *il*
reliquia relic

7244 *la*

remo oar

5546 *il*

remoto remote|back

5858 *adj*

rendimento performance|return

6798 *il*

repentaglio jeopardy

5964 *lo*

repertorio repertoire|inventory

6184 *il*

replica replica|reply

6992 *la*

repressione repression

6354 *la*

repubblicano republican; Rep

5183 *adj; abr*

requisito requirement|qualification

6375 *il*

residente resident; resident

5818 *adj; il/la*

residuo residue; residual

7516 *il; adj*

resistente resistant

5352 *adj*

resoconto report|statement

5119 *il*

respingere reject|dismiss

6370 *vb*

restauro restoration|repair

7335 *il*

restrizione restriction|restraint

7085 *la*

retata haul|round-up

5950 *la*

retorico rhetorical

6413 *adj*

retromarcia reverse

5318 *la*

rianimazione resuscitation

6684 *la*

riaprire reopen

6607 *vb*

riattaccare hang up

5534 *vb*

ribalta limelight

7268 *la*

ricaduta relapse

7255 *la*

ricaricare recharge|refill

7009 *vb*

ricavare obtain|extract

6340 *vb*

riccio curly; hedgehog

6537 *adj; il*

ricciolo curl|lovelock

6242 *il*

ricercato refined|wanted

5345 *adj*

ricercatore researcher|searcher

6100 *il*

ricetrasmittente transceiver

7231 *il/la*

ricetta recipe|prescription

5847 *la*

ricevitore receiver

6471 *il*

ricezione reception

6208 *la*

riconoscenza gratitude

6813 *la*

ricoprire cover|hold

5574 *vb*

ricorrere resort|appeal

5559 *vb*

ricorso appeal|resort

6004 *il*

ricostruzione reconstruction

5498 *la*

ricoverare shelter

5618 *vb*

ricovero shelter

5148 *il*

ricreare recreate|relax

6550 *vb*

ricreazione recreation|playtime

7055 *la*

ridire object

5932 *vb*

ridotto reduced; foyer

5775 *adj; il*

riduzione reduction|cut

5167 *la*

riflessione reflection|meditation

7279 *la*

riflettore reflector

6202 *il*

riforma reform

6092 *la*

rifugiato refugee

5717 *il*

rigore severity|strictness

6412 *il*

rilevamento survey

6095 *il*

rilevante considerable

5294 *adj*

rilievo relief

6812 *il*

riluttante reluctant|unwilling

7305 *adj*

rimare rhyme

7147 *vb*

rimbambito senile

6629 *adj*

rimborso refund|reimbursement

6205 *il*

rimorchiare tow

5353 *vb*

rimorchio trailer

6010 *il*

rimorso remorse

5835 *il*

rimozione removal|dismissal

6837 *la*

rimpiangere regret

5280 *vb*

rimpianto regret

5417 *il*

rimpiazzare replace|displace

6778 *vb*

rinascere revive

6158 *vb*

rinascita rebirth|revival

6581 *la*

rinchiudere enclose|confine

5576 *vb*

rincrescere regret

6297 *vb*

rinfresco refreshment

7127 *il*

ringhiera railing

7448 *la*

rinnegato renegade

7200 *il*

rinnovare renew|renovate

7126 *vb*

rinoceronte rhinoceros

5882 *il*

rintocco stroke

6041 *il*

rinvenire find|revive

6568 *vb*

rinvio postponement

6503 *il*

ripagare pay|reward

5607 *vb*

riparazione repair|repairs

5254 *la*

ripassare revise

7152 *vb*

ripetutamente repeatedly

6254 *adv*

ripristinare restore

7117 *vb*

riprodurre reproduce

7213 *vb*

riproduzione reproduction|breeding

5476 *la*

risarcimento compensation|reparation

5178 *il*

risatina giggle

5941 *la*

riscaldare heat|warm

7187 *vb*

riscontro reply

6099 *il*

riscuotere collect

5949 *vb*

risentimento resentment

6328 *il*

riservatezza discretion

6243 *la*

riservato reserved|confidential

5613 *adj*

risoluzione resolution|decision
5562 *la*

risonanza resonance
6485 *la*

risorsa resource
5217 *la*

rissa fight|brawl
6527 *la*

ristabilire restore|re-establish
7452 *vb*

ristretto limited
6308 *adj*

risvegliare awaken|revive
5412 *vb*

ritrovamento find
6674 *il*

riunito collected
6688 *adj*

riva shore
6417 *la*

riviera coast
7425 *la*

rivincita revenge
5097 *la*

rivivere relive
5370 *vb*

rivolgersi apply
6203 *vb*

rodeo rodeo
5666 *il*

rogna mange|scabies
7348 *la*

rogo stake
5098 *il*

romanticismo romance
6362 *il*

rompiscatole nuisance
5195 *i*

ronda patrol
7106 *la*

ronzio buzz|hum
5126 *il*

rosetta rose-cut diamond
6161 *la*

rosmarino rosemary
7095 *il*

rotaia rail|rut
7069 *la*

rotazione rotation|spin
5770 *la*

rotolare roll
7401 *vb*

rotolo roll|reel
5372 *il*

rotondo round
6045 *adj*

roulette roulette
6632 *la*

rovente hot|burning
7485 *adj*

rovesciare overthrow|topple
5445 *vb*

rozzo rough|coarse
6008 *adj*

rubino ruby
6305 *lo*

rublo ruble
7235 *il*

rude rude|rough
5833 *adj*

ruga wrinkle|pucker
5867 *la*

rugby rugby
6316 *il*

ruggine rust; russet
6407 *la; adj*

ruggire roar
5948 *vb*

rugiada dew
7090 *la*

rullo roller|reel
5596 *il*

rumoroso noisy|loud
6336 *adj*

rupia rupee
6443 *la*

S

sabotaggio sabotage
5865 *il*

sacramento sacrament
5493 *il*
sadico sadistic; sadist
5943 *adj; il*
saetta arrow
6995 *la*
safari safari
7181 *i*
salame salami
5677 *il*
saldare weld|solder
5564 *vb*
saldo balance; firm
5278 *il; adj*
salma body
6335 *la*
salpare sail
6168 *vb*
samba samba
7416 *la*
sandalo sandal
6440 *il*
sanguigno blood
5554 *adj*
sanguisuga leech
6838 *la*
sanità soundness
5578 *la*
santificare sanctify
5661 *vb*
sarcasmo sarcasm
6319 *il*
sardina sardine
6494 *la*
satellitare satellite
5296 *adj*
Saturno Saturn
5712 *il*
sauna sauna
5008 *la*
sbalordire astound|stun
7306 *vb*
sbarazzare rid
5084 *vb*
sbarcare land
6196 *vb*
sbarco landing
5289 *lo*
sbarrare bar|cross
5186 *vb*
sbirciare peek
6565 *vb*
sbucare come out of
7317 *vb*
sbuffare snort|puff
6611 *vb*
scacciare drive away|expel
7294 *vb*
scaffale shelf
5919 *lo*
scaldare heat|warm
5807 *vb*
scaletta stile
7056 *la*
scalino step
7208 *lo*
scalo airport
7458 *lo*
scaltro shrewd|cunning
6948 *adj*
scandaloso scandalous
6414 *adj*
scanner scanner
5326 *lo*
scansione scan
5394 *la*
scappatoia loophole
7475 *la*
scarabeo scarab
6284 *lo*
scarpetta bootee
7118 *la*
scarso poor|low
5820 *adj*
scartare discard
6883 *vb*
scasso break-in
6431 *lo*
scatenare set off|rouse
5612 *vb*
scavo excavation|groundwork
5405 *lo*

scemenza folly
6386 *la*
sceneggiatore screenwriter
6333 *lo*
scenografia scenography
6070 *la*
scettico skeptic; sceptical
7341 *lo; adj*
scettro scepter
6615 *lo*
scheggia splinter|chip
6083 *la*
scherma fencing
5740 *la*
schermare shield
6598 *vb*
schiacciante overpowering
7214 *adj*
schiantare smash
5826 *vb*
schiarire clear|brighten up
6671 *vb*
schierare deploy|line up
7510 *vb*
schizofrenia schizophrenia
6403 *la*
schizzare splash|squirt
6366 *vb*
schizzo sketch|splash
5377 *lo*
sciacallo jackal
7310 *lo*
scialle shawl
7070 *lo*
scialuppa boat
6106 *la*
sciamano shaman
6489 *lo*
sciare ski
5077 *vb*
scimpanzé chimpanzee
6691 *lo*
scintillare sparkle|spark
6496 *vb*
scioccare shock
5263 *vb*
scivolata slip|glide
6954 *la*
scivolo slide|slipway
7260 *lo*
scodellare dish out
7164 *vb*
scoglio rock
6072 *lo*
scomodo uncomfortable|inconvenient
5624 *adj*
scompartimento compartment
6744 *lo*
scompiglio confusion|mess
7355 *lo*
sconveniente improper|unseemly
7028 *adj*
scoop scoop
5406 *lo*
scooter scooter
7138 *lo*
scoppio outbreak
5810 *lo*
scorpione scorpio
6137 *lo*
scorretto incorrect|unfair
6919 *adj*
scosso shaken; upset
6273 *il; adj*
scovare find|flush out
6655 *vb*
scozzese Scottish; Scots
5016 *adj; il*
scrofa sow
6997 *la*
scudiero squire
6929 *lo*
scultura sculpture
5968 *la*
secca shoal
7202 *la*
seccante annoying|tiresome
7029 *adj*
seccato annoyed
5974 *adj*
secondario secondary
5982 *adj*

seducente seductive|enticing
6915 *adj*
sedurre seduce|entice
6122 *vb*
segnalare report|signal
5719 *vb*
segnalazione signal
5850 *la*
segnato marked
7149 *adj*
segretamente underground
5429 *adv*
segretezza secrecy
6090 *la*
segugio hound
6215 *il*
selezionare select|sort
6792 *vb*
selvatico wild
5801 *adj*
semaforo traffic light
5361 *il*
sembianza appearance
6583 *le*
seminare sow|spread
5657 *vb*
semplicità simplicity|artlessness
7256 *la*
senape mustard
5777 *la*
sensato sensible
6430 *adj*
sensitivo sensitive; psychic
5658 *adj; il*
sensuale sensual|sensuous
5616 *adj*
sentinella sentinel
5938 *la*
separatamente separately|apart
7000 *adv*
sepoltura burial|grave
5116 *la*
sequestrato sequestered
5621 *adj*
serale evening
6022 *adj*
serenità serenity|tranquility
6707 *la*
sermone sermon
5531 *il*
server server
5205 *i*
servitù bondage
5799 *le*
sessione session|term
5029 *la*
sessualità sexuality
6891 *la*
settanta seventy
6578 *num*
settentrionale northern; northerner
6577 *adj; il/la*
settimanale weekly
6325 *adj*
severamente severely
6546 *adv*
sfacciato cheeky; jackanapes
6024 *adj; lo*
sfinire exhaust|wear out
7023 *vb*
sfiorare touch|brush
6145 *vb*
sfogo vent|outburst
5893 *lo*
sfruttamento exploitation
6678 *lo*
sfruttato tapped
6909 *adj*
sgabello stool
6396 *lo*
sganciare unhook
5648 *vb*
sgombrare clear
5463 *vb*
sgombro mackerel; clear
7359 *lo; adj*
shuttle space shuttle
5010 *lo*
sibilare hiss|whistle
5808 *vb*
sicario killer
5787 *il*

sidro cider
7362 *il*

sifilide syphilis
6313 *la*

sigillare seal|seal up
6081 *vb*

siglare sign
7078 *vb*

significativo significant|meaningful
5464 *adj*

silicone silicone
7239 *il*

silurare torpedo
5741 *vb*

sinagoga synagogue
7349 *la*

sindacale union
6972 *adj*

sinfonia symphony
6453 *la*

singolare singular|unusual
5946 *adj*

sintonia tuning
6343 *la*

sipario curtain
5427 *il*

siringa syringe
5415 *la*

sistemazione accommodation|placing
5117 *la*

sleale unfair
7076 *adj*

slegare untie|loose
6544 *vb*

slip briefs
7379 *gli*

smalto enamel
6712 *lo*

smammare shove off
6277 *vb*

smarrire lose|get lost
7293 *vb*

smarrito lost
5277 *adj*

smeraldo emerald
6249 *lo*

smontare disassemble|dismantle
7059 *vb*

snob snob; snobbish
5253 *gli; adj*

socialismo socialism
6253 *il*

socialista socialist; socialist
5105 *adj; il/la*

soddisfacente satisfactory|satisfying
6077 *adj*

soffice soft
5694 *adj*

soffocare choke|smother
5879 *vb*

soffocato dull
6188 *adj*

sofisticare sophisticate
5868 *vb*

sofisticato sophisticated
6827 *adj*

sognatore dreamer
6240 *il*

solenne solemn|impressive
5422 *adj*

solennemente solemnly
5706 *adv*

solidarietà solidarity
6743 *la*

solista soloist
6708 *il/la*

somaro donkey
6906 *il*

sommare add; all in all; all things considered
5046 *vb; adv; phr*

sommergere submerge|flood
6789 *vb*

sommergibile submarine
6121 *il*

sonaglio rattle
6344 *il*

sonare blow
5827 *vb*

sondaggio survey
6528 *il*

sonnellino nap|doze

6150 *il*

sonnifero sleeping pill; somniferous
6190 *il; adj*

soprabito overcoat|coat
5555 *il*

sopraffare overwhelm|vanquish
6549 *vb*

soprannaturale supernatural|unearthly
5834 *adj*

soprano soprano|descant
5176 *il*

sopravvento upper hand
6657 *il*

sorridente smiling
5920 *adj*

sorvegliante supervisor
5215 *il/la*

sos SOS
5843 *gli*

sosia double
6757 *il*

sospendere suspend
5330 *vb*

sospettoso suspicious|distrustful
6839 *adj*

sospiro sigh
6034 *il*

sostenitore supporter|advocate
5679 *il*

sottolineare stress|underline
6986 *vb*

sottoposto subject
5103 *adj*

sottoscritto undersigned
5926 *adj*

sottosuolo subsoil
7291 *il*

sottovalutare underestimate|understate
5869 *vb*

sottrarre subtract|steal
6204 *vb*

soul soul
5270 *il*

sovraccarico overload; overladen
7417 *il; adj*

sovrintendere supervise

5216 *vb*

spacco split|slit
7454 *lo*

spaccone braggart|swank
6118 *lo*

spadaccino swordsman
5977 *lo*

spargere spread|shed
5617 *vb*

sparizione disappearance
6855 *la*

sparso stray
5243 *adj*

spartano Spartan
6846 *adj*

sparto esparto
5224 *lo*

spaventapasseri scarecrow
5350 *lo*

spazzare sweep
6669 *vb*

spazzola brush
6464 *la*

speaker speaker
5470 *lo*

specchietto table
6638 *lo*

specializzato specialized
5633 *adj*

specializzazione specialization|major
6878 *la*

spedito quick
7474 *adj*

sperduto lost
6421 *adj*

sperimentale experimental
5579 *adj*

sperimentazione experimentation
7498 *la*

spezia spice
5744 *la*

spiacente afraid
6861 *adj*

spillo pin
5983 *lo*

spinacio spinach

6941 *lo*
spinello reefer
5902 *lo*
spione sneak
6981 *lo*
spirale spiral; spiral
5475 *adj; la*
splendere shine
5201 *vb*
spogliarello striptease
7361 *lo*
spogliatoio dressing room
5458 *lo*
spoglio bare; examination
7229 *adj; lo*
sponda bank
5041 *la*
spontaneo spontaneous|natural
5081 *adj*
sporcare dirty|stain
6520 *vb*
sporcizia dirt|filth
5838 *la*
sporgere protrude|lean out
6610 *vb*
spostamento shift|moving
6542 *lo*
squadriglia squadron
5390 *la*
squadrone squadron
5925 *lo*
squallido shabby|squalid
5817 *adj*
squilibrato unbalanced; madman
6556 *adj; lo*
stabilimento establishment|plant
5059 *lo*
stabilità stability
6920 *la*
staccionata fence
7150 *la*
staffa stirrup
6296 *la*
stallo stall
6794 *lo*
stanchezza fatigue|lassitude
5989 *la*
statura stature
6746 *la*
stecca cue
6381 *la*
stecchito lank
7041 *adj*
stemma arms
7051 *lo*
sterco dung|shit
6967 *lo*
sterile sterile|barren
5878 *adj*
sterminio extermination
6265 *lo*
steroide steroid
6007 *lo*
stimolante stimulant; stimulant
5333 *adj; lo*
stimolo stimulus|urge
6644 *lo*
stirare iron|stretch
7506 *vb*
stivare stow
6111 *vb*
stolto fool; foolish
7198 *lo; adj*
storcere twist|wrench
5402 *vb*
stordire stun|stupefy
6500 *vb*
storpio cripple
5214 *adj*
strabiliante amazing
7286 *adj*
strafare overdo it
6445 *vb*
strage massacre
5009 *la*
strambo wacky; weirdo
5956 *adj; lo*
strangolare strangle|choke
6357 *vb*
strazio torment
7101 *lo*
stregoneria witchcraft

5232 *la*

stressante stressful
6683 *adj*

strettamente closely|tightly
5297 *adv*

stridere screech|squeal
7276 *vb*

stridore scrape
7473 *lo*

strillare scream|shriek
5779 *vb*

stringa string
6820 *la*

studentesco student
6850 *adj*

studioso scholar; studious
6298 *lo; adj*

stupefacente amazing; drug
6673 *adj; lo*

stupidità stupidity|silliness
5499 *la*

stupore amazement|wonder
5940 *lo*

stuprare rape
6160 *vb*

stupratore rapist
6803 *lo*

subconscio subconscious
5430 *il*

sublime sublime; sublime
5793 *adj; il*

successione succession
5806 *la*

successivamente subsequently
6459 *adv*

successore successor
5676 *il*

suddito subject
5798 *il*

sudicio dirty|grimy
7441 *adj*

sufficientemente enough
6353 *adv*

sugo sauce
5264 *il*

suocero father-in-law
5307 *il*

superbo superb
7171 *adj*

superiorità superiority
7313 *la*

superstar superstar
5468 *lo*

superstite survivor
5565 *il/la*

superstizione superstition
5831 *la*

supervisione supervision
6420 *la*

supplica supplication|petition
7383 *la*

supplire make up
7434 *vb*

supposizione supposition|guess
7123 *la*

suspense suspense
5170 *la*

sussidiare assist
5667 *vb*

sussultare wince
5064 *vb*

sussurrare whisper
6117 *vb*

svago fun|amusement
6808 *lo*

svanire fade|vanish
5776 *vb*

svantaggio disadvantage
6567 *lo*

svelare reveal|unveil
6661 *vb*

sventura misfortune
6015 *la*

svitare unscrew
5693 *vb*

svuotare empty
6074 *vb*

swing swing
5863 *lo*

T

tabella table
5823 *la*

tabellone billboard|bulletin board
7493 *il*

tacciare tax
7242 *vb*

taccuino notebook
6908 *il*

talismano talisman
7277 *il*

tappare plug
5572 *vb*

tarare calibrate
6983 *vb*

tardo late|slow
6198 *adj*

tariffa rate
5368 *la*

tarlo woodworm
5365 *il*

tassare tax|rate
5759 *vb*

tastiera keyboard
6470 *la*

taverna tavern
5440 *la*

tavoletta tablet|bar
5265 *la*

tavolino table
5631 *il*

telegrafo telegraph
6942 *il*

telescopio telescope
5073 *il*

telespettatore televiewer
7424 *il*

temperamento temperament|temper
6337 *il*

templare Templar
6751 *il*

temporaneamente temporarily
5421 *adv*

tenace tenacious|strong
6852 *adj*

tenerezza tenderness|sweetness
5050 *la*

tenore tenor
7077 *il*

tentacolo tentacle
7329 *il*

tenuta estate
6773 *la*

terapista therapist
6129 *il/la*

terme spa
6490 *le*

terminal terminal
6062 *il*

terraferma mainland
5638 *la*

terrazzo terrace
6715 *il*

terrorizzato petrified
7063 *adj*

testone blockhead
5909 *il*

ticchettio ticking
6848 *il*

tifoso fan; fanatic
7319 *il; adj*

tiglio lime|son
6134 *il*

timbro stamp|timbre
5558 *il*

tingere dye|color
7413 *vb*

tintinnio jingle|clink
7052 *il*

tiranno tyrant
5032 *il*

tirapiedi minion
6495 *i*

tirchio stingy; miser
7066 *adj; il*

titanio titanium
7197 *il*

titolare holder
5870 *il/la*

toccante touching
6535 *adj*

tollerante tolerant|permissive
7145 *adj*

tolleranza tolerance|toleration
6491 *la*
tollerare tolerate|overlook
5495 *vb*
tonfo thud|splash
5251 *il*
torrente torrent
5054 *il*
torretta turret
6696 *la*
tosare shear|clip
6962 *vb*
tostapane toaster
6410 *il*
tournée tour
5931 *la*
tovagliolo napkin
5721 *il*
traduttore translator
7222 *il*
traiettoria trajectory|path
5013 *la*
tramandare hand down
6832 *vb*
trambusto bustle|commotion
6739 *il*
trance trance
6154 *la*
tranquillante tranquilizer; tranquilizing
7428 *il; adj*
tranquillità tranquility|peace
5033 *la*
transazione transaction
6564 *la*
transito transit
7179 *il*
transizione transition
6411 *la*
trapano drill
6931 *il*
trarre draw|get
5403 *vb*
trascurare neglect|overlook
6227 *vb*
traslocare move
6094 *vb*
trasloco move
6136 *il*
trasmettitore transmitter
5209 *il*
trasmittente transmitter
7233 *la*
trasparire transpire
5557 *vb*
trattativa negotiation|deal
5745 *la*
trattore tractor
6151 *il*
traumatico traumatic
6685 *adj*
trave beam
6988 *la*
traverso cross|oblique
6523 *adj*
travestimento disguise
6181 *il*
triade triad
6805 *la*
tribuna tribune
6989 *la*
tributare render
5877 *vb*
trimestre quarter
6093 *il*
trincea trench
5305 *la*
trio trio
6009 *il*
triplo triple|triplicate
5118 *adj*
trippa tripe
6961 *la*
tropicale tropical
6593 *adj*
trota trout
6641 *la*
truccare make up
6393 *vb*
trucchetto sleight of hand
6300 *il*
truffatore crook|cheat
5072 *il*

trust trust
7071 *il*
tubatura pipe|plumbing
5310 *la*
tubercoloso tuberculous
6512 *adj*
tuffo dip|dive
5019 *il*
turbolenza turbulence
7143 *la*
turismo tourism
6534 *il*
turistico tourist's
5594 *adj*
tutela protection|safeguard
6224 *la*
tuttofare handyman
7026 *il*
tuttora still
5537 *adv*
twist twist
6922 *il*

U

ubicazione site
6875 *il*
ubriachezza drunkenness
7328 *le*
ucraino Ukrainian; Ukrainian
6849 *adj; lo*
ulcerare ulcerate
5600 *vb*
ulna ulna
6580 *la*
ulteriormente further
5735 *adv*
ultimatum ultimatum
7525 *gli*
ultra- ultra-
6639 *pfx*
umidità humidity|moisture
5824 *le*
umiltà humility
5874 *la*
ungherese Hungarian; Hungarian
5344 *adj; il/la*
unicamente only
6829 *adv*
unicorno unicorn
7440 *il*
universitario university; academic
5652 *adj; il*
uranio uranium
6031 *il*
urbano urban
6898 *adj*
urina urine
5175 *la*
urtare bump|strike
7175 *vb*
urto impact|hit
5890 *il*
usanza custom|practice
5828 *la*
usignolo nightingale
7016 *il*
ustione burn
6635 *le*
utente user
6447 *il/la*
utero uterus|matrix
5765 *il*
utilità utility|use
6758 *le*
utopia utopia
6859 *le*

V

vaccino vaccine
5223 *il*
vagare wander|roam
5976 *vb*
vagliare sift|examine
7410 *vb*
valanga avalanche
6141 *la*
vallata valley
7521 *la*
valletto valet
7390 *il*

valoroso valiant|gallant
5335 *adj*
vangelo gospel
5672 *il*
vaniglia vanilla
5540 *la*
vantare claim
7446 *vb*
varietà variety|vaudeville
5030 *la*
vascello vessel
5465 *il*
vedetta look-out
7067 *la*
vegetale vegetable
5185 *adj*
vegetariano vegetarian; vegetarian food
5355 *adj; il*
veggente clairvoyant
5792 *il/la*
velenoso poisonous|baneful
5698 *adj*
velivolo aircraft
5566 *il*
velluto velvet
5441 *il*
ventaglio fan
6472 *il*
ventesimo twentieth|twentieth
6881 *adj*
ventilatore fan
7102 *il*
ventilazione ventilation
6517 *la*
ventina around twenty
6049 *la*
venturo next; proximo
5634 *adj; adv*
verbo verb
6636 *il*
verginità virginity
5876 *la*
vergognoso shameful|ashamed
5620 *adj*
verro boar
7243 *il*
verticale vertical|plumb
5501 *adj*
vescica bladder
5998 *la*
vespa wasp
6486 *la*
vestaglia dressing gown
5281 *la*
veterano veteran; veteran; vet
5343 *adj; il; abr*
vetta summit
6135 *la*
vettura car|coach
5078 *la*
viaggiatore traveler; traveling
5122 *il; adj*
viale avenue|driveway
5258 *il*
vialetto alleyway
6570 *il*
vibrazione vibration|chatter
5321 *la*
viceversa vice versa
5986 *adv*
vichingo viking
6246 *il*
videocassetta video
6221 *la*
videoregistratore video recorder
7495 *il*
vietare prohibit|ban
6736 *vb*
Vietnam Vietnam
6933 *adj*
vietnamita Vietnamese
6934 *adj*
vieto antiquated
6281 *adj*
vigilanza supervision|surveillance
5813 *la*
vigore force|vigor
5907 *il*
villano rude; villein
6054 *adj; il*
vincita win
5886 *la*

vincolo bond|link
6382 *il*
violoncello cello
5432 *il*
vipera viper
5444 *la*
virgola comma
6238 *la*
virile virile; manliness
6501 *adj; il*
virtuale virtual
6576 *adj*
viscere bowels|viscera
5767 *lo*
visibilità visibility
7347 *la*
vitto food
7075 *il*
viziato vitiated
6016 *adj*
vocabolario vocabulary
6128 *il*
vocazione vocation|call
5123 *la*
voga vogue
6680 *la*
volantino leaflet|handout
6994 *il*
volontariamente voluntarily
5500 *adv*
volt volt
7048 *lo*
voluto would; intentional
6830 *av; adj*
vortice vortex|whirl
6233 *il*
votazione vote|score
7068 *la*

Y

yogurt yogurt
5221 *lo*
zanna tusk
7457 *la*

Z

zanzara mosquito
6042 *la*
zattera raft
5954 *la*
zebra zebra
5873 *la*
zen Zen
5713 *lo*
zitella spinster|maid
6390 *la*
zolfo sulfur|brimstone
6306 *lo*
zoppo lame; lame person
5682 *adj; lo*
zuccherare sweeten
5358 *vb*

Contact, Further Reading and Resources

For more tools, tips & tricks visit our site www.mostusedwords.com. We publish various language learning resources.

If you have a great idea you want to pitch us, please send an e-mail to info@mostusedwords.com.

Frequency Dictionaries

Italian Frequency Dictionaries in this series:

Italian Frequency Dictionary 1 – Essential Vocabulary – 2500 Most Common Italian Words
Italian Frequency Dictionary 2 - Intermediate Vocabulary – 2501-5000 Most Common Italian Words
Italian Frequency Dictionary 3 - Advanced Vocabulary – 5001-7500 Most Common Italian Words
Italian Frequency Dictionary 4 - Intermediate Vocabulary – 7500-10000 Most Common Italian Words

Please visit our website www.mostusedwords.com/frequency-dictionary/italian for more inforation.

Our goal is to provide language learnings with frequency dictionaries for every major and minor language there is to be found on this planet. You can view our selection on www.mostusedwords.com/frequency-dictionary

Bilingual books

We're creating a selection of parallel texts, and our selection is ever expanding.

To further help you in your language learning journey, all our bilingual books come with a dictionary included, created for that particular book.

Current bilingual books available are English, Spanish, Portuguese, Italian, French, and German

For more information, check www.mostusedwords.com/parallel-texts. Check back regularly for new books and languages.

Other language learning methods

You'll find reviews of other 3rd party language learning applications, software, audio courses, and apps. There are so many available, and some are (much) better than others.

Check out our reviews at www.mostusedwords.com/reviews.

Contact

If you have any questions, you can contact us through e-mail info@mostusedwords.com.

www.ingramcontent.com/pod-product-compliance
Lightning Source LLC
Chambersburg PA
CBHW081529120626
46550CB00009B/2660

* 9 7 8 9 4 9 2 6 3 7 0 2 4 *